Sammlung

DAS EINSAME GEWISSEN

BAND VIII

CIP-Kurztitelaufnahme der Deutschen Bibliothek

Rebhann, Fritz M.:
Wien war die Schule. – Wien, München : Herold, 1978.
(Sammlung das einsame Gewissen; Bd. 8)
Forts. bildet: Rebhann, Fritz M.: Das braune Glück zu Wien.

ISBN 3–7008–0143–2

Entwurf des Einbandes
Eva Hawryluk

Das Umschlagbild zeigt eine Gruppe des „Bundes Deutscher Mädchen" bei gymnastischen Vorführungen anläßlich des „Großen Sportfestes der Banne und Gaue", Wien 1938

Druck: Herold, Wien VIII

INHALT

EINFÜHRUNG

Das vorliegende Buch, das den ersten Band einer Trilogie bildet, in der Wien während der Zeit zwischen 1938 und 1945 unter besonderer Berücksichtigung seiner kulturellen Funktionen dargestellt wird, erhielt im Frühsommer 1975 am Semmering seine endgültige Form. Merkwürdigerweise waren zu diesem Zeitpunkt die Bände 2 und 3 bereits seit einiger Zeit am Markt, was wohl mit verlegerischen Zielsetzungen erklärt werden muß. Jedenfalls hofft der Autor, mit der Fertigstellung dieses ersten Bandes eine leidlich abgerundete Schilderung jener Zeitläufe, da Österreich von den Landkarten verschwunden und Wien deutsche Reichs- und Gaustadt war, vollendet zu haben. Sein Wunsch wäre ein 4. Band, der eine Dokumentation samt dem Quellenverzeichnis und einer Liste der benutzten Darstellungen aus anderer Feder enthält. An Unterlagen hiefür fehlt es nicht, allein die materielle Sicherung dieses Vorhabens steht aus.

Ein Semmeringaufenthalt im Frühsommer verleitet den Historiker so recht zur Nachdenklichkeit. Trotz des jahrzehntelangen Aufschwungs der österreichischen Fremdenverkehrswirtschaft in allen Bundesländern erblickt er vor den Fenstern seines Hotels ein touristisches Trümmerfeld schmerzlichen Ausmaßes. Die stolze Tradition großbürgerlicher Gastlichkeit scheint im Gegensatz zu anderswo in die Abgründe der Landschaft gestürzt zu sein. Bis zu den schneegesprenkelten Bergriesen im Westen, hinter denen der magyarische Exilkardinal soeben in seine Gruft gebettet wurde, dehnt sich das Areal wirtschaftlicher Fehlschläge, versäumter Gelegenheiten und falsch geplanter Investitionen. Dazu passen die Nachrichten vom Schicksal fernöstlicher Riesenstädte und ihrer merkantilen Schichten, die im großen Konflikt unseres Jahrhunderts untergegangen sind, sowie die Meldungen vom Aufbruch gigantischer Volksmassen, die ihre Führer mit nationalistischen und sozialistischen Parolen vorantreiben. Eine neuerliche Zeitenwende scheint sich anzukündigen, welche die Struktur des nach dem Zweiten Weltkrieg errichteten Friedensgebäudes mit seinen Gleichgewichten zu erschüttern imstande wäre. Die äußere und innere Krise der großen Demokratien zeigt sich als Endpunkt einer Entwicklung, die der bürgerlich-westlichen Gesellschaft schon seit 1914 zuwiderläuft und damit andererseits deren erstaunliche Zähigkeit unter Beweis stellt.

Die Jahre zwischen 1938 und 1945 in Wien und Österreich passen, behutsam eingeordnet, in dieses Mosaik unseres Säkulums. Merkwürdig, wie am Beginn jeder antidemokratischen Neuerungsbewegung das Singen und Musizieren steht. In Südostasien lernen heute zehntausende „Umerziehbare" das politische Gemeinschaftssingen. Im Wien des Jahres 1938 hatten die Polit-Chöre mit Volksliedeinlagen Permanenzdienst, dauernd hallten die Landsknechttrommeln und Fanfaren der Hitlerjugend durch die Straßen, Schulen und Büros vereinigten sich zu außerordentlichen Singstunden.

Früher klangen Österreichs Lieder anders. Aber wer sang schon gemeinsam, außer in Kirchen und beim Heurigen? Die Geringschätzung der parlamentarischen Demokratie, die während der dreißiger Jahre in Österreich allgemein wurde, hat sich jedoch durch den Zweiten Weltkrieg so sehr gewandelt, daß heute die zumindest zeitweise Abkehr von dieser Regierungsform in weiten Teilen dieser Erde übersehen wird. Freilich, für die Preisgabe des demokratischen Gedankens, wie auch für den Verzicht auf die österreichische Position überhaupt, gab es damals gewichtige Gründe, die sich in abgewandelter Form gegenwärtig anderswo zu wiederholen scheinen.

Um beim österreichischen Exempel der Vergangenheit zu bleiben, müssen wir stets des Zusammenbruches der alten Monarchie eingedenk sein, der innerlich nur von Leuten überwunden worden war, die entweder extrem alldeutschen oder extrem marxistischen Ideen nachhingen. Ungeachtet der Wahlergebnisse kann nämlich gesagt werden, daß die Mehrzahl der Bevölkerung an der seelischen Wunde des zerbrochenen Habsburgerreiches bis 1938 und darüber hinaus litt. Den Austromarxisten blieb überdies, von einigen Jahren in Wien selbst abgesehen, die Realisierung ihrer Wunschbilder versagt, und die Pangermanen erreichten die Verwirklichung ihrer Vorstellungen erst durch den Einmarsch Hitlers, der seinerseits unerwartete Ergänzungen anbrachte.

Zur Trauer über den Verlust der „guten alten Zeit" gesellten sich weitere negative Momente: die anscheinende Ausweglosigkeit einer wirtschaftlich drückenden Situation, die mangelnde Integrierung des heimischen und des frisch zugewanderten Judentums in den neuen Staat, die Ignoranz der Großgrundbesitzer, Rückschläge bei der Industrialisierung des Landes und bei der Rationalisierung seiner Landwirtschaft, das Machtstreben bestimmter katholischer Kreise, permanente Drohungen von Links sowie, last not least, ein Parlament und 9 Landtage, die in keiner Weise den Anforderungen der

Zeit entsprachen. Sehen wir doch bei den gegenwärtig etwas schärfer als bislang hervortretenden Fehlern im demokratischen Alltagsleben nach und übertragen wir diese auf jene problemgeladene Periode, dann werden wir mit dem Verdikt über die fahrlässigen oder interesselosen Wächter rund um die Volksvertretung von damals bedeutend vorsichtiger sein.

Die seelische Verrottung der Jugend und das Hintansetzen des Vaterlandes gegenüber der Parteiwerbung scheint dem Parlamentarismus als Erbkrankheit ebenso anzuhängen wie das Feilschen um Pfründe und Privilegien politischer Freunde. Darüber hinaus manifestiert er das dauernde Auseinanderbrechen und sich Neuverbinden der Gesellschaft mit ihrer Anfälligkeit für Korruption, Sittenlosigkeit sowie Sucht nach legistischer Absicherung und der damit verbundenen Flut schlechter Gesetze. Dem Anspruch des einzelnen auf individuelle Freiheit und soziale Sicherheit wird eine weitere Flut von Versprechungen und Bedingungen entgegengesetzt, welche schließlich gegen die öffentliche Moral sowie gegen die Begriffe von Treue und Glauben ausgespielt werden. Dazu ein Planungswirrwarr und das lähmende Gefühl, großen, dringlich gewordenen Vorhaben ohne Plan und ohne den Willen, eine rasche, allseits befriedigende Lösung herbeizuführen, gegenüberzustehen. Die Flucht in endlose Diskussionen, das prinzipienlose Anschmeißen an jede Art von Kunst und Kultur und die vielen unnötigen Reformen, die anstelle der Humanisierung einer länger bestehenden Situation treten, deren Nachteile man bereits erkannt hat und daher dämpfen könnte. Man wäre versucht, dieses Sündenregister des Parteienstaates und seiner Parlamente fortzusetzen. Die Frage lautet freilich, ob sich bei einem Systemwechsel all dies beheben ließe, ob das undemokratische Durchgreifen und Reorganisieren wirkliche Abhilfe schaffen würde, wie manche dies von der Todesstrafe bei chaotischen Sicherheitszuständen und Terrorlagen annehmen! Die Todesstrafe stand auch symbolhaft am Beginn der dreißiger Jahre und damit der Neuordnung in Österreich, als niemand der parlamentarischen Demokratie und ihren Zuständen eine Träne nachweinte: Man jammerte lediglich über den Verlust der eigenen Macht, die sozialdemokratischen Funktionäre anno 1934, die vaterlandischen Sachwalter anno 1938.

Man darf – und dies ist heute leichter möglich als für damalige Zeitgenossen – nicht übersehen, daß die Erste Republik sowohl in ihrer demokratischen wie in ihrer autoritär-ständischen Phase eine Reihe größerer Erfolge aufwies, die es durchaus angezeigt erscheinen ließen, zumindest an eine spätere Konsolidierung der Verhältnisse Österreichs zu glauben. Breiten Volksschichten blieb diese

Einsicht damals anscheinend verschlossen, wie die unaufhaltsam sinkenden Geburtenraten vor 1938 anzeigten. Übrigens ist auch die Geburtenfreudigkeit unserer Tage sehr gering, was wohl darauf schließen läßt, daß die österreichischen Regierungen vordem wie heute nicht die rechte Art zur Behandlung dieses Problems gefunden haben. Adolf Hitler und die Seinen hatten in dieser Hinsicht bedeutend mehr Erfolg.

Und noch etwas: Ein niederösterreichischer Lyriker, übrigens Jude, der nach England emigrieren konnte und dem wir einige besonders scharfe zeithistorische Bilder in Versform verdanken, schrieb das Gedicht auf den „toten Faschisten“, der in diesem Hingestreckt-Sein eigentlich einer Solidaritätserklärung wert ist. Sein Sehnen und Wollen, sein persönlicher Einsatz, die entsagungsvolle Härte gegen sich selbst, sein Gedankenflug, die ganze Tragik seiner Existenz haben es dem Autor angetan, der ihn zu begreifen glaubt. Dessen ungeachtet ist die Bezeichnung „Faschist“ gegenwärtig zu einem äußerst oberflächlichen und tückischen Modewort avanciert, das in den seltensten Fällen zutrifft. Die österreichischen Nationalsozialisten haben sich niemals für „Faschisten“ gehalten oder diesen Begriff auf sich angewandt.

Der Verfasser

I. KAPITEL
DIE LETZTEN JAHRE

Über den Anschluß Österreichs an Deutschland im März 1938 ist schon viel Offizielles gesagt worden, ohne daß damit alle Vorgänge erhellt oder befriedigend analysiert worden wären. Dies gilt auch für die Ereignisse in der Bundeshauptstadt Wien, in der die Wehmut über die verlorene Kaiserzeit insbesondere nach dem Schicksalsjahr 1934 auflebte und sich neben dem etwas nervösen politischen Katholizismus behauptete.

Das Ende der Doppelmonarchie hatte keineswegs den raschen Zerfall des Wiener Kulturlebens der Habsburgerzeit bedeutet, fast ungeschmälert leuchtete sein Glanz in die zwanziger und dreißiger Jahre hinüber: Gustav Mahler war noch nicht lange tot, Trakl, Klimt, Otto Wagner und Schiele erst am Weg geblieben. Die erneuernde Bewegung der Wiener Secession reichte über 1918 hinaus. Wohl hatte die Stadt weder den jungen Hitler, noch Stalin, Mussolini oder Trotzki auf Dauer zu halten vermocht. Auch die Parlamentarier Masaryk und De Gasperi waren von hier fortgezogen. Aber Arnold Schönberg, Alban Berg, Arthur Schnitzler, Josef Hoffmann, Oskar Kokoschka, Sigmund Freud, Adolf Loos, Franz Lehár und viele andere bewahrten ihre Bindung an Wien über den Zusammenbruch des Jahres 1918 hinweg oder gelangten überhaupt erst nachher ebenda zu stärkster Schaffensentfaltung. Noch lebten Rilke, Bahr und Hofmannsthal; Stefan Zweig und Richard Strauss suchten sich hier einzurichten.

In der Oper am Ring bzw. in den nahen Konzertsälen, wurde die elementare Niederlage Österreichs ohne Niveauverlust überwunden, und hinsichtlich der Folgezeit kann berichtet werden: „Wiener Musik und österreichische Musik haben während der nächsten Jahre ihre höchste Höhe erreicht. In strahlender Weise zeigten sie ihre Kraft, die Aufmerksamkeit der ganzen Welt auf sich zu lenken. Hier auch bestätigten sie noch einmal die große Denkungsart, durch welche sie berühmt geworden waren. Man sagt, daß Sterbende unmittelbar vor ihrem Tod Augenblicke größten Wohlgefühls haben . . . Ein solcher Moment im Wiener Musikleben wurde durch die Salzburger Festspiele herbeigeführt. Es schien, als ob alle mächtigen Kräfte der Wiener und der österreichischen Musik sich in ihnen wieder vereinigen würden und als ob Wien und Österreich wieder fähig wären, die Ideen auszustrahlen, die Wien zur Musikstadt der Welt gemacht hatten . . ." (nach Max Graf, Legende einer Musikstadt).

Wien debütierte übrigens seit 1920 als Festspielstadt in wiederholten erfolgreichen Versuchen. Ab damals gab es Musikfeste, die von der Gemeinde Wien mitveranstaltet wurden. Im Jahre 1924 führte man gleichzeitig zwei Theaterausstellungen durch, eine davon im Konzerthaus, in denen alle neuen Bestrebungen der Bühnenkunst zusammengefaßt waren. Das Schubertfest im Jahre 1928 und die darauffolgenden Musikfeste der Stadt Wien standen unter Leitung des zitierten Max Graf, und Stadtrat Breitner geizte nicht mit Subsidien. Die Institution der Wiener Musik- und Theaterwochen jeweils im Juni, die in den dreißiger Jahren bleibend wurde und ein Resümee des im Spieljahr Erfolgreichsten bot, verband sich häufig mit Ausstellungen besonderer Art. Darunter sind die Maria-Theresia-Ausstellung im Schloß Schönbrunn (1930), die Prinz-Eugen-Ausstellung im Belvedere (1933) und die Kaiser-Franz-Joseph-Ausstellung in Schönbrunn (1935) in bester Erinnerung. Der September 1936 brachte den Wiener Welttheaterkongreß im Anschluß an die Salzburger Festspiele mit zahlreichen in- und ausländischen Theaterereignissen in der Bundeshauptstadt. Mittelpunkt war die „Internationale Ausstellung für Theaterkunst" in 36 Sälen der Hofburg, wobei der Prunksaal der Nationalbibliothek nur als einer unter vielen rangierte. Bemerkenswert waren die Aufführung des nach dem Wiener Osterspiel gestalteten mittelalterlichen „Spiels von den drei Marien" sowie Barocktheaterszenen auf der Bühne des Redoutensaales, ferner einzelne Figuren des Großen Roßballetts, die von der Spanischen Reitschule im Barockkostüm an der klassischen Stätte des Burghofes geritten wurden.

Wien war seit 1934 kein eigenes Bundesland mehr, sondern einzige bundesunmittelbare Stadt Österreichs. Richard Schmitz, Vizekanzler außer Dienst und Bundesminister für soziale Verwaltung sowie Funktionär der Vaterländischen Front, dem später auch die Wiener Landesleitung übertragen wurde, hatte am 13. Februar 1934 die Stellung eines Bundeskommissars im Wiener Rathaus angetreten. Am 31. März 1934 wurde von ihm eine Stadtordnung erlassen, und er selbst am 6. April vom Bundeskanzler zum Bürgermeister ernannt. Schmitz gehört einer bis heute politisch außerordentlich tätigen Wiener Familie an. Er wird von Zeitgenossen als eine schwer zugängliche, strenge Persönlichkeit geschildert, deren Wissen und Fleiß jedoch unbestritten sind. Mit Ausnahme des Wiener Volksbildungswerkes zeigte er für kulturelle Belange nur dann Interesse, wenn sie seinen politischen Absichten oder der katholischen Glaubensverbreitung direkt förderlich waren. Die Geistigkeit des 1934 verstorbenen Polyhistors Richard von Kralik dürfte ihm richtunggebend gewesen sein: ,,Eine durch die Vorherrschaft des Religiösen charakterisierte Synthese von Christentum, antiker Kultur und Germanentum, sodann warmer österreichischer Patriotismus und Universalismus. Das alte Österreich als Fortsetzung des Heiligen Römischen Reiches Deutscher Nation und das heutige Österreich als Zelle einer neuen großen Aufgabe des Österreichertums für Deutschland und die Welt." Tatsächlich war bereits der jüdische Anteil am Wiener Kulturleben rückläufig geworden: Die Unterhaltungsbranche, in der die Nationalsozialisten immer wieder nach ,,semitischen Umtrieben" Ausschau hielten, hatte 1937 stark an Bedeutung verloren. Während der Spielzeit 1934/35 waren noch 92 Operetten und Revuen in Wien aufgeführt worden, 1936/37 nur noch 35. Die Filmproduktion und der Verleih wurden fühlbar von Deutschland kontrolliert, Versuche der aus Spitzenpositionen des deutschen Filmschaffens vertriebenen Nichtarier, in Wien beruflich Fuß zu fassen, höherenorts unterbunden. Die Erziehungsarbeit und die künstlerische Leistung waren überall von ,,vaterländischer Hand" behütet, die auch den Kulturkonsum über diverse Kunststellen zu dirigieren suchte.

Kommende Ereignisse warfen ihre Schatten voraus: Während deutsche Theoretiker des Katholizismus sich im Refugium Wien sammelten, kehrten Max Reinhardt und Stefan Zweig der Donaumetropole den Rücken. Zu diesem Schritt hatte sie ihre Einsicht in die Entwicklung der Dinge, die von vielen Lyrikern und Erzählern unabhängig von deren Herkunft vorausgefühlt wurde, bewogen. Ein Zitat aus der Rechtfertigungsschrift des Generalkulturreferenten Walter Thomas über sein Wirken unter dem Reichsstatthalter Baldur von Schirach kennzeichnet die Situation: ,,. . . es waren vor allem die Dichter und Romanciers seit der Jahrhundertwende, die dieses ‚Österreichische' als seelisch-geistiges Ingrediens immer stärker aufleuchten ließen: in Anton Wildgans' poetisch umspielter Melancholie, in Franz Werfels mystisch-menschlicher Tiefe der epischen Darstellung . . ., in der prophetischen Vorausschau Karl Kraus'. Die bedeutende Entwicklung der Wiener Epik kurz vor dem Einbruch des Nationalsozialismus wendet sich vom Literaturbetrieb ab, ja in den jüngsten Meisterwerken dieser damals jungen Generation, in Brochs ‚Schlafwandler', Musils ‚Mann ohne Eigenschaften', Roths ‚Radetzkymarsch', ertönt unüberhörbar die Warnung, sich nicht länger in dieser österreichischen Idyllik wohlzufühlen, sondern aufzuwachen, ehe es zu spät ist." Den Dramatiker Ödön von Horváth hat Thomas hiebei zweifellos unabsichtlich übergangen, desgleichen jene, deren Warnung ihm wahrscheinlich nicht aufgefallen ist, also etwa den Theaterdichter F. Bruckner, den Romancier R. Brunngraber sowie später Habeck, Hochwälder, Torberg und Weigel. Jedenfalls, die großen literarischen Gruppen der österreichischen Bundeshauptstadt sahen sich in den geistigen Zweifrontenkrieg gegen landeseigene Schwächen und den drohenden deutschen Imperialismus verwickelt.

Die jüngere Literatur war bis in die dreißiger Jahre durch den Kreis um Stefan Zweig in der Kochgasse 8 repräsentiert worden, zu dem Robert Musil, Franz Werfel, Joseph Roth, Hermann Broch, Felix Braun, Alfred Grünewald, F. Th. Czokor und Ernst Lothar gehörten. Die Gruppe „Jung Wien", die aber in Wirklichkeit ältere Jahrgänge umfaßte, hatte aus Hofmannsthal, Schnitzler, Beer-Hofmann, Wassermann, Kassner, Bahr, Auernheimer und Salten bestanden. Eine dritte Gruppierung kann mit Wildgans, Mell, F. K. Ginzkey und Hans Müller (der ältere Bruder E. Lothars) angenommen werden. Zum Grenzziehen um die damalige österreichisch-wienerische Dichtung gehörten weitere Namen wie Altenberg, Polgar, Friedell, Than, ja selbst Roda-Roda und aus den Schwesterstädten Prag und Budapest – Brod, Urzidil und Molnár. Das literarische Frauenschaffen einer Paula von Preradović, Martina Wied, Käthe Braun-Prager bis zur jungen Ilse Aichinger stand in bemerkenswerten Anfangsstadien, der Historiker Richard Charmatz und der Kritikerautor Oskar Maurus Fontana waren unermüdlich am Werk. Die Gefahr eines weltanschaulichen Einbruches in die österreichischen Linien ergab sich eigentlich nur innerhalb der Neuromantiker und der Heimatdichtung, weil dort einerseits Reichsideenreste und andererseits Blut- und Bodenverwandtschaft bestanden. Bei dem hervorragenden Heinrich Suso Waldeck, dem 1934 verstorbenen Richard von Kralik, bei den Zernattos und beim Bundeskommissar für Kulturpropaganda, Hammerstein-Equord, war dies völlig aussichtslos, der „Lueger"-Volkspoet Dr. Naderer zeigte sich der Werbung nicht würdig, auch Enrica von Handel-Mazzetti, Richard Schaukal, selbst der junge Werner Riemerschmied kamen nicht weiter in Frage. Diesbezügliche Erfolge bei Mell, Ginzkey, Schreyvogl und einigen Bundesländerpoeten erwiesen sich als nicht weitreichend. Für sie gilt eher das nachmalige, erfahrungsreiche Sich-Verwahren Billingers vor jedwedem politischen Liebeswerben. Die antiösterreichische Dichterstellung in Wien war sonach schwach besetzt. Sie lehnte am Sudetendeutschtum, wie nach dem mißbrauchten George-Wort „Apollo geheim an Baldur lehnt". Auf die Spuren ihrer Bewährung werden wir später stoßen. Immerhin sammelten sich im Bund Deutscher Schriftsteller Österreichs etwa 70 Poeten.

Erhard Buschbeck schreibt 1945 in der Augustnummer von „Der Turm", daß „die Wiener Literatur, seit altersher ein Stiefkind innerhalb des deutschen Geisteslebens, es um die Jahrhundertwende zu einer Art von europäischer Geltung gebracht hatte. Die nachfolgende Generation konnte sich als Erbe einer reichen Vergangenheit fühlen und wollte es gleichzeitig doch auch wieder nicht sein. Sie rang sich vielfach zur besonderen Note durch . . . Was sie dabei an leichter Umsetzbarkeit ihrer Werke verlor, ersetzte sie durch inneren Charakter, auf den bauend sie sich der Zeit vertrauen zu dürfen glaubte." Im Schweizer Exil sollte Musil auf den ebenfalls emigrierten Wiener Bildhauer Fritz Wotruba treffen, der ihm den Eindruck vermittelte, er, Musil, befände sich „auf Urlaub in einer höheren Welt". Eine höhere Welt ist jedenfalls von den Schriftstellern Felix Grafe, Max Fleischer, Eugenie Fink, Hanns Georg Heintschel-Heinegg, Camill Hoffmann, Alma Johanna Koenig, Walter Lindenbaum, Emil Arnold-Holm, Herbert Gsur, Emil Alphons Rheinhardt, Moriz Seeler, Jura Soyfer, Heinrich Steinitz, Adolf Unger, Richard Zach, dem Klosterneuburger Chorherrn Roman Karl Scholz u. a. durch den Tod aus Henkershand, durch „ins Gas gehen" oder Sterben infolge der KZ-Methodik erreicht worden. Hiezu kommen einige ermordete Schauspieler, Komponisten und Sänger. Die Geigerin Alma Maria Rosé soll noch im Konzentrationslager Auschwitz den Todgeweihten aufgespielt und sich dann freiwillig dem Marsch zur Gaskammer angeschlossen haben.

Lassen wir die Abreise der Operettendichter, wie Robert Stolz, Oscar Straus, Abraham, Ascher oder Kreisler, die Emigration vieler Theaterfachleute, Librettisten, Übersetzer u. dgl. unberücksichtigt, übergehen wir die Auswanderung der jüdischen Hochschullehrer und Ärzte bzw. das Arbeitsverbot für ihre allzu „vaterländischen" Kollegen und wenden wir uns wieder den eigentlichen Literaten zu:

Die Reiselust erfaßte nahezu die gesamte Spitzengarnitur, die entweder das Ausland während der Jahre 1938 und 1939 in leidlicher Legalität erreichte oder, von den Ereignissen außerhalb Österreichs überrascht, nicht mehr nach Wien zurückkehrte. F. Th. Csokor schrieb bereits am 18. März 1938 aus Chorzow an Ödön von Horváth, der sich zunächst nach Budapest gewandt hatte. „Nach dem vorgestrigen Abschied von Dir war ich noch bei den wenigen gewesen, die mir in Wien nahestanden, Lina vor allem, Hertha, Carli, die Fontanas und die Grete Wiesenthal. Daß die Werfels in Prag, Martha und Paul in Paris und die Zuckmayerischen schon in Zürich sind, machte einem den Abschied von Wien leicht . . ."

Dieses allgemeine Abschiednehmen war – kulturpolitisch gesehen – vielleicht die schwerste Hypothek, mit der später Vizebürgermeister Blaschke und andere Dienststellenleiter der NS-Zeit belastet sein sollten. Denn auch das Für-sich-Reklamieren der 1938 zurückgebliebenen Schriftstellerschar österreichischer Geistesherkunft schuf bloß ein Provisorium. Nur bei einer einzigen wirklich großen Dichterpersönlichkeit aus Österreich gelang den Nationalsozialisten fast die erstrebte Dauerverbindung. Von ihm hatte das Amtsblatt der Stadt Wien des 46. Jahrganges mit Erscheinungsdatum vom 12. März 1938 noch berichten können: „Die Landessachwalterschaft Wiens des VF-Werkes ‚Neues Leben' veranstaltet gemeinsam mit der Hochschülerschaft Österreichs, der Kernstock-Gesellschaft und dem Verband Katholischer Deutscher Schriftsteller eine Eigenvorlesung von Josef Weinheber, die am 15. März stattfindet. Einleitende Worte spricht der Volksbildungsreferent Dr. Hans Meiringer."

Bürgermeister Schmitz wurde des öfteren von Frau Fanny Starhemberg bemüht, da diese den Konzertdarbietungen in den Rathaussälen ihre Patronanz lieh. Kurz vor dem Umbruch veranstaltete sie hier sogar eine Frauenkundgebung, mit der sie, wie Pressefotos zeigen, den dabei anwesenden Dr. Schuschnigg etwas aufheiterte. Viel wertvoller als Frau Fanny Starhembergs Rathausmusiken war die Arbeit des Wiener Domchores von St. Stephan, dessen Mitglieder unter dem Namen „13 Linden" auch weltliche Gesänge in vollendeter Art zum Besten gaben. Dem Domkapellmeister und seiner Familie, die mit Schmitz weitschichtig verwandt ist, stand schwere Verfolgung durch die Nationalsozialisten bevor.

Von der literarischen Entwicklung zeigte man sich vor 1938 im Rathaus nicht sonderlich beeindruckt. Man kontrollierte lieber die Durchführung des neuen Stadtgesetzes über die Schulbehördenorganisation, erprobte die Zensur auf dem Gebiete des Lichtspielwesens und veranstaltete allerlei Ehrungen für Hausgehilfen, Salvatormedaillenempfänger und kinderreiche Mütter, die ein Bürgermeisterbild und ein Lebensmittelpaket erhielten. Auch eine finanzielle Weihnachtsbeihilfe für Kinder wurde erstmals ausprobiert, wobei die Anzahl der Nachkommen und nicht Rang und Stand bei der Vergabe maßgeblich waren.

Um die Weiterbildung der Schulentlassenen und Erwachsenen kümmerten sich damals mehrere private Vereinigungen. Der Wiener Volksbildungsverein besaß Volkshochschulen im 5., 10., 13., 18.

und 19. Bezirk. Das Volksbildungshaus Urania gründete die beiden Arbeitervolkshochschulen „Favoritner Urania" und „Floridsdorfer Urania" sowie die Urania Volkshochschule Lainz-Speising. Die Volkshochschule Wien-Volksheim mit ihrem Schwerpunkt in Ottakring und die Volkshochschule Wien-Alsergrund verstärkten die lehrreiche Aktivität, die noch von Volksbildungseinrichtungen der katholischen, evangelischen und jüdischen Glaubensgemeinschaft und durch die Wiener Volksbüchereien ergänzt wurde.

Im Juli 1935 hatte der Bund die Vollziehung hinsichtlich der in Wien bestehenden volksbildnerischen Anstalten und Einrichtungen, deren Tätigkeit sich auf Wien erstreckte, der Stadtverwaltung übertragen. Ein diesbezügliches Stadtgesetz folgte fast ein Jahr darauf, womit die Zuständigkeit eines neugeschaffenen Volksbildungsamtes gegeben war. Das von ihm ins Leben gerufene „Wiener Bildungswerk" umfaßte die Volksbildungshäuser, die Volkshochschulen, die Aktionen zur Weiterbildung der arbeitslosen Jugend u. dgl. mehr. Mit dem Volksbildungsreferenten, Bundeskulturrat Dr. Karl Lugmayer, war erstmals ein dem Bürgermeister unmittelbar unterstellter Koordinationsfaktor erstanden, der den überhandnehmenden Zentrifugaltendenzen entgegenwirkte. Schon damals gab es politische Schwierigkeiten, z. B. bei der Entfernung des Volksbildners und Referenten der Wiener Arbeiterkammer sowie des Gewerkschaftsbundes der Arbeiter und Angestellten, Dr. Viktor Matejka, wofür der mächtige Baar-Baarenfels ein eigenes Stadtgesetz in der „Wiener Bürgerschaft" durchdrückte. Später söhnte sich der KZ-Häftling und spätere Stadtrat Matejka mit dem gewesenen Innenminister und nunmehrigen Haftgefährten Eduard Baar-Baarenfels aus. Auch den volksbildnerisch tätigen Sekretär und Schriftsteller Dr. Leopold Langhammer wird man nach dem Anschluß zum Verschwinden bringen und in einem KZ verwahren.

Im Jahre 1936 unterstellte die Gemeinde Wien die von der Sozialdemokratischen Arbeiterpartei und von den Freien Gewerkschaften subventionierten „Arbeiterbüchereien" der Aufsicht ihres Volksbildungsreferenten. Erstmalig wurde eine ideologische Buchsäuberung durchgeführt, die sich aber im Vergleich zu dem, was in dieser Hinsicht noch kommen sollte, in bescheidenem Rahmen hielt.

Wie waren diese Volksbüchereien entstanden? Um die Mitte des 19. Jahrhunderts hatten sich in Österreich ausschließlich karitative Vereine, wie etwa der St. Vinzenz-Verein und der St. Severinus-Verein, mit dem Buchverleih beschäftigt. Die älteste Großbücherei in Wien war der Katholische Damen- und Leseverein aus dem Jahre 1861. Etwas später verlieh auch der Gumpendorfer Arbeiterbildungsverein Bücher. Der Allgemeine Niederösterreichische Volksbildungsverein mit seinem Sitz in Krems gründete in Wien einen Zweigverein, der 1897 als eigener Verein „Bibliothek" (später Zentralbibliothek) selbständig wurde. Ihm folgten der Verein „Volkslesehalle", ab 1906 die Arbeiterbüchereien und etwas später der Katholische Bibliotheks- und Leseverein. Alle diese einzelnen Bücherorganisationen hatten ihre eigene Entwicklung. Sie waren teils weltanschaulich, teils politisch gebunden.

In seinem Bericht über die Arbeit des magistratischen Kulturamtes der NS-Zeit wird sich Dipl.-Ing. Hanns Blaschke auf diese Arbeiterbüchereien beziehen, zu denen im Jahr 1938 alle Vereinsbüchereien kamen, die der Gemeindeverwaltung vom Stillhaltekommissar zugewiesen wurden. Blaschke spricht von nunmehr bestehenden 36 städtischen Büchereien, die aus der „Menge dieser größtenteils schlecht eingerichteten Büchereien mit minderwertigem Romanschrifttum" ausgewählt worden waren. Dessen ungeachtet schmolz der Buchbestand, trotz Ergänzungen auf allen Gebieten der Fachliteratur und der Angliederung von Kinderbüchereien an 14 Zweigstellen, durch die Ausmerzung aller im Sinne des Nationalsozialismus nicht tragbaren Literatur dahin.

Die Gemeindeführung des Bürgermeisters Richard Schmitz hatte sich weiters die „Linderung der Wiener Seelsorgenot" zum Aufgabengebiet erkoren und in diesem Zusammenhang den Kirchenbau gefördert. So wurden die für den kulturellen Zeitausdruck nicht unbedeutenden Vorhaben wie die Seipel-Dollfuß-Gedächtniskirche, die Pfarrkirche zur Königin des Friedens, die Kaiser-Karl-Gedächtniskirche fertiggestellt oder in Angriff genommen. Der Bau der Seipel-Dollfuß-Gedächtniskirche, wie sie schließlich genannt wurde, begann noch in der Ära des Bürgermeisters Seitz. Dieser wurde von der Gründerin der Caritas socialis für die Zurverfügungstellung des Grundes gewonnen, ein Vorkommnis, das angesichts der Feindschaft zwischen dem Katholizismus und den Sozialdemokraten sehr ungewöhnlich schien. Als die Kirche nahezu fertig war und bereits den Sarkophag Seipels beherbergte, kam Dr. Dollfuß zur Besichtigung und erklärte – laut Aussage einer Zeugin – mit dumpfer Stimme, daß hier noch Platz für eine zweite Ruhestätte sei. Wenige Zeit später fiel er im Kanzleramt unter den Kugeln der Putschisten.

Besagte Gründerin der Caritas, Frau Dr. Hildegard Burjan, entstammte der getauften Judenschaft Wiens und war Dr. Ignaz Seipel zu dessen Lebzeiten eng verbunden gewesen. Dem neuen Wiener Kardinal, Dr. Theodor Innitzer, behagte ihre rassische Herkunft nicht, doch beklagte er seine diesbezüglichen vorschnellen Äußerungen heftig, als ihm deren kränkende Wirkung auf die Betreffende hinterbracht wurde. Auf ihrem Totenbett bat sie, nicht, wie vorgesehen, von Innitzer, sondern vom Schottenabt eingesegnet zu werden. Der Kardinal respektierte betreten diesen Wunsch, erschien bei den Trauerfeierlichkeiten in einfacher Kleidung und stellte sich betend in die letzte Reihe der Gäste.

Bei mehreren Kirchenbauten dieser nicht überaus investitionsfreudigen Bauepoche, die sich dafür durch planerische Sorgfalt auszeichnete, sprach der Volksmund einfach von Holzmeister-Kirchen, weil der international anerkannte Architekt Clemens Holzmeister stets eine aufsehenerregende Lösung der Raumfrage unternahm. Seitz hatte ihn einmal an seine mehr freigeistige Schaffensperiode, der das Wiener Krematorium entstammte, erinnert, war jedoch von Holzmeister auf die notwendige, künstlerische Schaffensfreiheit verwiesen worden.

Die gemeinsame Fremdenverkehrskommission von Wien und Niederösterreich war von Schmitz aufgelöst worden, und die Messe A. G. hatte das Wiener Erbe dieser Verwaltungsgemeinschaft zu verdauen. Bei ihr wurde die „Fremdenverkehrsstelle der Stadt Wien" geschaffen, die alsbald gegen den rapiden Rückgang des Inländerreiseverkehrs zu Felde zog. Der Verein „Wiener Festausschuß", der sich mit den „Wiener Festwochen" und dem „Fasching in Wien" befaßte, erhielt von dort einige finanzielle Rückendekkung. Als „christlich-patriotisches Bürgerfest" wurde der Ball der Stadt Wien wieder eingeführt, also jene Veranstaltung, die zwischen 1890 und 1914 so viel gesellschaftliches Aufsehen erregt hatte. Das Fest ging ab 5. Feber 1935 jährlich wieder in Szene.

Die Situation der bildenden Künstler Wiens charakterisiert der magistratische Rechenschaftsbericht „Drei Jahre neues Wien" im Februar 1937 folgendermaßen: „Nach dem Amtsantritt des Bürgermeisters Richard Schmitz waren die Augen der Künstlerschaft hilfesuchend und erwartungsvoll auf ihn gerichtet. Die Not der Künstlerschaft war ins Unerträgliche gestiegen, die private Kunstförderung in der verarmten Stadt auf einen Bruchteil gesunken, eine auf Sport und andere flüchtigere Lebenswerte gerichtete Erziehung hatte das ihre getan, den größten Teil der Bevölkerung der bildenden Kunst zu entfremden. Dieser Not und Erwartung sah sich nun Bürgermeister Schmitz voll bestem und ehrlichem Willen zu helfen, mit großem Interesse für Kunst, aber mit kleinen und beschränkten Mitteln gegenüber. Es galt, diese kleinen Mittel aufs beste zu nützen und neue Wege zur Belebung des Kunstschaffens zu finden."

Die NS-Gemeindefunktionäre erhoben gegen Bürgermeister

Schmitz nach dem März 1938 wiederholt den Vorwurf, er hätte für die körperliche Ertüchtigung und den Sportbetrieb zu wenig übrig gehabt. Brigadeführer Kozich kritisierte insbesondere, daß Schmitz im Jahre 1935 die größte Turnhalle Wiens in Jedlesee zweckentfremdet und der dortigen Pfarre für Seelsorgezwecke zur Verfügung gestellt habe. Jedenfalls stand bis 1937/38 ein Kunstbeirat unter dem Vorsitz des Vizebürgermeisters Fritz Lahr dem Bürgermeister helfend und beratend zur Seite. Zu seinen Mitgliedern zählten namhafte Wiener Künstler.

Wer war dieser aus einer Josefstädter Hofratsfamilie entsprossene, aber auch im Salzburgischen wirksam gewesene Fritz Lahr, zu dem Richard Schmitz kaum eine persönliche Beziehung finden konnte und mit dem er deshalb gerne nur mittels Dienstzettel verkehrte? Major a. D. Fritz Lahr, von eher kleiner Statur, aber mit einem sehr ansprechenden Gesicht, galt als Exponent der Heimwehren. Er hatte den Prince of Wales durch den eroberten Karl-Marx-Hof geführt und der Posten des 1. Vizebürgermeisters war ihm 1934 mit Rücksicht auf den Anteil, den seine Formation an den Februarkämpfen hatte, zugefallen. Erst die 2. Vizebürgermeisterstelle wurde damals einem ehemaligen Christlichsozialen überantwortet. Lahr und sein Freundeskreis standen dem Wiener Heimwehrführer, Vizekanzler a. D. Major Emil Fey, nahe. Lahr teilte das widrige Schicksal des Genannten am 1. 10. 1936, ohne seine Funktion im Rathaus einzubüßen. Mit diesem Datum meldete die „Pressestelle des Bundesführers des Österreichischen Heimatschutzes“ über eine Führertagung: „. . . Der Ausschluß des Major Fey erscheint allen anwesenden Führern als völlig gerechtfertigt. Ebenso wird der Ausschluß des Vizebürgermeisters von Wien, Major a. D. Lahr, aus dem Heimatschutz gebilligt, dessen vollständiges Versagen auf seinem Posten als Vizebürgermeister von Wien bereits wiederholt augenfällig in Erscheinung getreten ist . . Mein Befehl lautet daher: Unverzüglich jede wie immer geartete Verbindung zu Fey und Lahr abzubrechen, schärfstens gegen alle Umtriebe der beiden Genannten oder ihrer Drahtzieher aufzutreten. Ernst Rüdiger Starhemberg e. h.“ Lahrs lyrische Versuche sind damit wohl nicht gemeint gewesen, obwohl einige Gedichte über den engsten Freundeskreis hinausdrangen. Seine Kunstförderung konzentrierte sich auf meist religiöse Hauszeichen für Familien-Asyle, Assanierungsbauten und sogenannte Gartenstädte, ferner auf die künstlerische Ausgestaltung sakraler Bauwerke, auf Straßenzeichen und Markierungssteine am Stadtrand. 1935 erhielt der Judenplatz in Wien I das von Siegfried Charoux geschaffene Lessing-Denkmal, der Neue Markt das Marco-d'Aviano-Denkmal von Hans Bauer. Die neuerbaute Höhenstraße und das neue Kahlenbergrestaurant gaben Gelegenheit zu künstlerischem Schmuck, wobei auch jener Platz für Türkenzeiterinnerungen vorbereitet worden ist, den dann der bekannte „Perlen"-Ausspruch Hitlers zierte. Türkisches war übrigens auch nach 1938 und nach 1945 dort oben Gegenstand von Anstrengungen der bildenden Kunst. Hiezu kamen in Lahrs Zeiten einige Bildankäufe des Historischen Museums, darunter zeitgenössische Portraits und Stadtansichten. Für den Steinernen Saal im Rathaus wurde ein Gobelin nach dem Entwurf von Andre und Kosak hergestellt, auf dem die „Huldigung der Stände Wiens, 1. Mai 1934" vor Miklas, Schmitz, Dollfuß und anderen bekannten Teilnehmern festzuhalten versucht wurde. Bei allen Ankäufen und Aufträgen handelte es sich um gegenständliche Darstellungen, die sich vom Stil der Periode nach 1938 durch Bindung an frühere Kunstrichtungen Wiens und durch Zartheit im Ausdruck unterschieden. Der Ausdruck steigerte sich mitunter bis zu gotischen Erinnerungen, wie sie das Tiroler Wunderkind Roswitha Bitterlich bei seinen damals in Wien bestaunten Malereien berücksichtigte. Der Bruder Roswithas wird später in der Tiroler Widerstandsbewegung hervortreten.

Wenngleich niemals zur Kompetenz der Stadtverwaltung gehörig, muß hier doch das Wiener Heldendenkmal als größtes künstlerisch gestaltetes Bauwerk dieser Epoche Erwähnung finden. 1934 war das Äußere Burgtor von Rudolf Wondracek zu dieser Weihestätte umgestaltet und durch Betonschnitte von H. Dimmel und L. Schmid geschmückt worden. Den ruhenden Krieger in der Krypta hatte Bildhauer Wilhelm Fraß geschaffen, und manche erzählen, daß er dabei irgendein prodeutsches Geheimzeichen mitverarbeitet habe. Im Winter 1937/38 stand das Denkmal für die Übernahme durch die Österreichische Heeresverwaltung bereit.

Bezeichnend für die Baugesinnung der Gemeinde ist die knapp vor dem Umbruch unter großer geistlicher Assistenz vorgenommene Altarweihe in der vergrößerten Einsegnungskapelle und im Einsegnungsraum für Armenleichen auf dem Zentralfriedhof. Schmitz erklärte dabei, daß sich die jetzige Stadtverwaltung zum „Abschied von irdischen Überresten" als religiösem Akt bekenne und deshalb planmäßig überall, wo notwendig, der Ausgestaltung von Aufbahrungs- und Einsegnungshallen Rechnung getragen worden sei. Auf das nahe, in den zwanziger Jahren von Clemens Holzmeister erbaute große Krematorium (Feuerhalle der Stadt Wien) wollte Schmitz damit bestimmt nicht hinweisen. Die Wende war da und die Silvesterzeit gab Anlaß zu Erinnerungen und Ausblicken. So konnte die Wiener Stadtverwaltung zum Jahresschluß 1937 das Auslaufen ihres allgemeinen Investitionsprogramms von 1934 registrieren, desgleichen die mäßigen Jahressubventionen für Kunst, Wissenschaft, Bildung und Sportförderung, ferner den Ideenwettbewerb für das Ausstellungsgelände im Prater, der in städtisches Eigentum übergehen soll, den Rechnungseingang für die beendete Hygiene-Ausstellung im Messepalast und den Wiener Kostenanteil der österreichischen Expositionen bei der Pariser Weltausstellung. Das Fremdenverkehrsergebnis 1937 wird mit vorsichtiger Befriedigung vermerkt, obwohl die Zahl der Wien-Besucher aus der CSR, der Schweiz und Italien gesunken ist. Die deutschen Frequenzen waren beträchtlich gestiegen. Die Dichter Ernst Scheibelreiter, Rudolf Oertel, Alma Holgersen und Georg Karl Herrmann warten auf den Dramatikerpreis der Österreichischen Kunststelle und der Zeitschrift „Die Pause", den sie von einer Jury unter Vorsitz Max Mells erhalten sollen. Die Kirche Maria am Gestade scheint von der städtebaulichen Lösung ihres Vorgeländes einigermaßen beglückt zu sein. Vizebürgermeister Fritz Lahr und Mirko Jelusich bereiten ihre Lesungen im kleinen Festsaal der Universität vor, das Herrenkomitee für den am 3. Februar stattfindenden Ball der Stadt Wien wird in elf Tagen zu seiner ersten Sitzung zusammentreten. Lahr fühlt sich durch die für 14. Jänner angesagte Rathaus-Visite von 40 Mitgliedern der faschistischen Akademie der „Gioventú Italiana de Littorio" in seiner Weltanschauung bekräftigt, während Schmitz an den letzten Besuch Mussolinis im Palazzo Venezia und an die Warnung, die Pater Muckermann aus dem Vatikan überbracht hatte, mit gemischten Gefühlen zurückdenkt. Aber dann verscheucht die Wunschvorstellung vom katholisch-deutschen Staat an der Donau, der dem heiligen römischen Reich doch viel näher steht als das braune Deutschland da oben, die Zukunftssorge. Seine Frau Josefine beschäftigt sich mit der ihr ans Herz gewachsenen Aktion „Josefstische", einer Mittagessensspende für ca. 30.000 Arme in der Bundeshauptstadt. Das vollwertige Mahl, eine Ergänzung der „Winterhilfe der Stadt Wien", hatte freilich keinen Einfluß auf die Gesinnung der so Beschenkten. Immerhin, der persönliche Einsatz der Gattin des Bürgermeisters und einiger befreundeter Damen mußte anerkannt werden. Wenige Wochen später werden auch bedeutend wohlhabendere Personen, von starkem Propagandaduft betäubt, die Lastwagenkolonne des Bayrischen Hilfszuges umdrängen und seine Einheitskost bekömmlicher als die gewohnten Wiener Schnitzel finden.

In den Berliner Amtsräumen des Oberkommandos der Deutschen

Wehrmacht verarbeiten die Stabsoffiziere das Ergebnis der Sitzung vom 5. November 1937 beim Führer und Reichskanzler hinsichtlich einer Niederwerfung der Tschechoslowakei und Österreichs. Dort wird die unter SEC/24-5/C bekannt gewordene Operation Otto (OKW L Ia g. Kdos) vorbereitet, bei deren etwas modifizierter Abwicklung Adolf Hitler am 11. März 1938 als Operationsaufgabe anordnet: „Das erste Ziel der Armee ist . . . die rasche Besetzung Wiens." In Unkenntnis dessen wehrte sich während des Winters das Wiener Regime noch zweimal gegen den nationalsozialistischen Druck: Saar-Gauleiter Bürckel erschien in der Bundeshauptstadt, um vor den hier ansässigen Reichsdeutschen eine Rede zu halten und gewisse Kontakte herzustellen. Die Auslassungen Bürckels sowie sein sonstiges Verhalten gaben der Regierung Anlaß, in Berlin vorstellig zu werden und auf die Rückreise des ungebetenen Gastes zu dringen. Etwas später wurde das Büro des radikalen Austronazis Hptm. Leopold im ersten Bezirk von der Polizei durchsucht und der sogenannte Tavs-Plan entdeckt, der eine braune Machtübernahme in Einzelheiten vorsah. In beiden Fällen verhielt sich Hitler den österreichischen Beschwerden gegenüber merkwürdig elastisch, ließ Leopold fallen und verstärkte seine Beziehungen zu anderen österreichischen Nationalsozialisten, die ihn besuchten und informierten. Man konnte glauben, daß Herr Bürckel wieder in der Versenkung verschwunden sei und so bald nicht mehr in Wien auftauchen werde.

Trotzdem mischte sich in der Bundeshauptstadt Pessimismus mit erwartungsvollem Schauern in steigendem Maß. Vom Bundesheer hieß es allgemein, daß es immer unzuverlässiger werde, insbesondere die kleine Luftwaffe sei den deutschen Kameraden zugetan. Nur die legitimistischen Offiziere böten noch Gewähr für loyales Verhalten.

Das Jahr 1937 wird im heutigen Sprachgebrauch als das letzte der Ersten Republik Österreich bezeichnet. Die Nationalsozialisten nannten es das letzte Jahr der „Systemzeit vor dem Umbruch oder dem Anschluß, also vor der Machtübernahme und der Heimkehr der Ostmark bzw. der Donau- und Alpengaue ins Reich!"

II. KAPITEL
VOR DEM GERMINAL

In den ersten Wochen des Jahres 1938 erreichten die deutschen Aussichten, eine Neuordnung des Donauraumes mit wohlwollender Zustimmung der Regierungen in Rom und London einleiten zu können, ihren vorläufigen Höchststand. In Wien machte demgegenüber das Lippenbekenntnis, das von Bundeskanzler Dr. Schuschnigg und Bürgermeister Schmitz für deren Politik allseits gefordert wurde, resigniertem Schweigen, mehr oder weniger fundierten Ratschlägen, Vorwürfen und Forderungen Platz. Letzteres war im kulturellen Bereich meist den betont „deutschfühlenden, völkisch empfindenden, nationaloppositionellen" Personen vorbehalten. Das Juliabkommen 1936 hatte im darauffolgenden September einen Kulturausschuß beschert, der die Wiederaufnahme der 1933 lahmgelegten Verbindungen zwischen Deutschland und Österreich auf diesem Sektor vorbereiten sollte. Dies führte zunächst auf Bundesebene zu einem Tauziehen hinsichtlich des Presse- und Literaturaustausches, wobei die reichsdeutsche Position von Jahr zu Jahr kräftiger wurde. Der von Deutschnationalen und nicht parteigebundenen Nationalsozialisten beeinflußte Teil der österreichischen Verlagsproduktion ist den Importen aus dem Reich beizufügen. Der Botschafter Hitlers in Wien, Franz von Papen, war unermüdlich um sein kulturelles Ansehen bemüht, veranstaltete Empfänge, tauschte Fachleute und Künstler aus, hielt Ansprachen und machte Besuche. Innerhalb der Vaterländischen Front waren Referenten zugunsten gesamtdeutscher Kulturpflege tätig, wobei hochgestellte Nationalsozialisten mitarbeiten durften. Auch der „Deutsche Klub" war in diesem Sinn aktiv.

Dessenungeachtet feierten die Zuckmayers ihre eben erlangte österreichische Staatsbürgerschaft, während der ehemalige deutsche Reichskanzler Wirth vor seinen Bekannten in Wien feste Zuversicht in Schuschniggs Politik bekundete. Sogar die Familie des italienischen Gesandten Salata äußerte sich bezüglich der Selbständigkeit Österreichs noch immer optimistisch. Alma Mahler-Werfel und ihre Tochter versuchten sogar ganz knapp vor Torschluß, Sozialdemokraten und Konservative miteinander zu versöhnen.

In den Reihen der Illegalen, also der verbotenen NSDAP in

Österreich, gab es einige Schriftsteller, Wissenschaftler und Künstler. Auch bei der gleichfalls verbotenen Hitler-Jugend wurde verschiedentlich gedichtet. Dr. Schuschnigg hatte während seines Besuches auf dem Obersalzberg den Einfluß des nationalsozialistischen Kunstjournalisten und Fremdenverkehrsfachmannes Kajetan Mühlmann verspürt, der von Dr. Seyß-Inquart und Franz von Papen in einer politischen Mission dorthin entsandt worden war.

Am Donnerstag, dem 10. März 1938, fand abends im großen Festsaal des Wiener Rathauses ein Singen mehrerer Chöre von Gemeindebediensteten statt, wobei man den Bürgermeister durch Vorträge geistlichen Inhalts zu erfreuen hoffte. Schmitz kam von politischen Besprechungen sehr verspätet zu dieser Veranstaltung und fiel durch sein gedrücktes Wesen auf. Am darauffolgenden Tag stand er als Nachfolger Dr. Schuschniggs und Urheber von Widerstandsplänen in Diskussion. Auch sein telephonischer Versuch, in Paris stärkere Unterstützung der österreichischen Sache zu finden, wurde der engeren Umgebung bekannt. Schmitz, dessen Bezirkskundgebungen seit Anfang März bereits von braunen Schlägertrupps gestört wurden, war auch während der ultimativen Vorsprache des deutschen Militärattachés Muff beim Bundespräsidenten anwesend und hatte mit Erstgenanntem einen erregten Wortwechsel.

Rund um das Rathaus fanden am 11. März, als die deutsche Wehrmacht an die Grenzübergänge vorrückte, mehrere Demonstrationen statt. In den späten Nachmittagsstunden erschien Vizebürgermeister Fritz Lahr mit einigen Nationalsozialisten vor den fürsorglich geschlossenen Gittertoren des Gebäudes und begehrte Einlaß wie Aussprache mit Richard Schmitz, der nur noch von wenigen Beamten und dem Kommandanten der Rathauswache umgeben war. Lahr gab sich dem aufs höchste befremdeten Bürgermeister als Vertreter des kommenden Regimes zu erkennen und erklärte, Schmitz solle froh sein, daß kein extremer Verfechter des Nationalsozialismus vor ihm stehe. Lahr forderte die Hissung einer Hakenkreuzfahne am Rathaus und machte sich erbötig, diese zu besorgen. Nach solchem Zwischenspiel zog sich Richard Schmitz in seine Räumlichkeiten zurück, erschien gegen 23 Uhr abermals, um die letzten noch wartenden Mitarbeiter kurz zu verabschieden. Richard Schmitz hatte bereits die meisten Beamten des Präsidialbüros, die den Nachmittag über Akte und Aufzeichnungen in altertümlichen Zusatzöfen neben der Zentralheizung verbrannten, gegen 19 Uhr nach Hause entlassen. Nun zog er sich zu seiner Familie in die Dienstwohnung im ersten Stock des Rathauses zurück, vor deren Toren alsbald bewaffnete Zivilisten Aufstellung nahmen. Familie

Schmitz war mit Ausnahme des ältesten Sohnes, der sich auf Hochzeitsreise in Italien befand, noch der darauffolgende Tag zum Abschiednehmen vergönnt. Die beiden jüngsten Töchter wurden von der Mutter an den etwas erstaunten Wächtern vorbei ins Freie gebracht und in ein Mädchenpensionat abgeliefert. Vielleicht hätte sogar der Vater noch die Wohnung verlassen und über den Keller des Rathauses flüchten können. Beim Durchschreiten des Portals wäre er ja zweifellos von den immer zahlreicher aufkreuzenden SS-Leuten angehalten worden. Aber Schmitz lehnte es ab, sich auf diese Weise zu entfernen, ja er glaubte, durch sein Ausharren den Angehörigen und den Gesinnungsgenossen das künftige Schicksal zu erleichtern. Wenig half ihm jetzt die Erinnerung an Verdachtsmomente, die schon seit längerem im Familienkreis diskutiert worden waren und die der Bürgermeister stets als unglaublich abgewiesen hatte. So hatte es geheißen, daß einer der beiden Kriminalisten, die bislang für seine Sicherheit sorgten, illegaler Nationalsozialist und Geldempfänger aus Deutschland sei. Der Lebensstil des Betreffenden lag jedenfalls weit über den Gehaltsmöglichkeiten eines österreichischen Polizisten anno 1937. Ein anderer brauner Kämpfer beobachtete als Hausdiener den Bürgermeister und verfügte über Nachschlüssel zum Safe im Schlafzimmer der Familie Schmitz.

Am Vormittag des 13. März 1938, als bereits immer häufiger in der Dienstwohnung von der SS Nachschau gehalten und verschiedene Dinge gesucht worden waren, kam das Verhaftungskommando und holte Richard Schmitz ab. Die übrige Familie mußte so rasch wie möglich die Dienstwohnung räumen, ihre Mietwohnung in der Hinterbrühl blieb ihr verschlossen. Auch ihr persönliches Mobiliar galt zunächst als beschlagnahmt, es wurde erneut durchsucht und sichergestellt. Allerdings fand sich nichts Bedeutungsvolles mehr, auch unter dem frischgelegten Fußboden in der Hinterbrühler Wohnung waren weder Maschinengewehre noch Banknoten versteckt, wie Gerüchtemacher im März 1938 überall erzählten. Die Verhaftung des Richard Schmitz erfolgte erst, als der Anschluß Österreichs formell war. In seinem Fall hatte man damit so lange gewartet und ihn während der Stunden vorher nur de facto unter Hausarrest gestellt, d. h. vor jedem der vier Eingänge zur Bürgermeisterwohnung waren Bewaffnete postiert, die auf seine Anwesenheit achtgaben. Bei der Festnahme brach die Gattin des Bürgermeisters bewußtlos zusammen; Schmitz wandte sich ihr zu, wurde jedoch von den Häschern fortgezogen.

In der Nacht zum 12. März 1938 hatte eine SS-Standarte das Rathaus besetzt, und Fritz Lahr begann als kommissarischer Bürgermeister zu amtieren. Die Umbenennung des Rathausplatzes in Adolf-Hitler-Platz geht auf seinen Telegrammwechsel mit dem Führer zurück, woran auch ein neuer Vizebürgermeister, der Drukkereibesitzer Gratzenberger, beteiligt war. Beide Herren eilten hernach zur Begrüßung der deutschen Truppentransporte, die am Matzleinsdorfer Frachtenbahnhof eintrafen. Diese Sonderzüge kamen selbstverständlich später als jenes eindrucksvolle Geschwader, das am Vormittag des 12. 3. im Tiefflug über Wien hinwegdonnerte und Zettel mit einer Grußbotschaft Deutschlands abwarf.

Die erste Nummer der Zeitschrift „Der Deutsche Beamte, Organ der Landesleitung der nationalsozialistischen Beamtenschaft Österreichs" meldet über diesen Samstag im Wiener Rathaus wenige Tage später: „Dank dem Bestehen der Illegalen NS-Beamtenschaft war es möglich, bereits am Tage nach der Machtübernahme die wichtigsten Stellen der Verwaltung mit Nationalsozialisten zu besetzen. Vor allem wurde sofort noch in den Nachtstunden (des 11. auf den 12. März, Anm. d. Verfassers) der Stellvertreter des Landesleiters der NS-Beamtenschaft zum damaligen Kommissarischen Bürgermeister berufen, um mit diesem gemeinsam die erforderlichen ersten Anordnungen zu beraten und durchzuführen. Auch die anderen Verwaltungsgruppen wurden von Pg. (Parteigenossen, Anm. des Verfassers) besetzt, beziehungsweise den Leitern dieser Verwaltungsgruppen Pg. oder sympathisierende Kameraden beigeordnet. Es wurden auch – um der berechtigten Mißstimmung in der Kollegenschaft Rechnung zu tragen – Beurlaubungen vorgenommen."

Über die Begeisterung während der Märztage 1938 in Wien und Österreich ist später manch abfälliges Wort geschrieben und gesprochen worden. Tatsächlich hat nicht einer der enthusiasmierten Kundgebungsteilnehmer, die nach 1945 von Reportern aufgesucht und befragt worden sind, einbekannt, daß er sich damals geirrt habe. Vielmehr haben sich alle des überwältigenden Eindrucks der damaligen Ereignisse erinnert und ihre Mitwirkung verständlich zu machen versucht. Die Abfolge der Massenfeiern des Ostens auf diversen Roten Plätzen sind andererseits dazu angetan, die Bedeutung der nationalsozialistischen Demonstrationen im März 1938 abzuwerten, bzw. der Regie mehr zuzuschreiben als der Emotion.

Dies ist freilich nur begrenzt anwendbar. Der Jubel, der Adolf Hitler am 12. abends in Linz empfing, überraschte und veranlaßte ihn, seine Bedenken bezüglich einer totalen Angliederung Österreichs an Deutschland und der völligen Auslöschung der Eigenstaatlichkeit des Landes geringer als noch vor Stunden zu bewerten. Die Straßen, ob sie nun in Wien oder in den Landeshauptstädten befindlich waren, schienen plötzlich verwandelt. Jeder stand stramm und riß den rechten Arm in die Höhe, versilberte Hakenkreuze zierten die Revers und Blusen, weiße Hemden belebten das Bild. Im Radio rezitierten pathetische Sprecher zwischen den neuartigen, preußischen Liedern von der Märkischen Heide, die des Märkers Freude sei, den harmlosen Ottokar Kernstock, von dem bekanntlich auch die alte Bundeshymne stammte: ,,. . . Deutsch sein und zusammenhalten, alles andere möge Gott walten!" Findige verkauften Partezettel, worauf unter weihevollen Kreuzen gedruckt stand, wie dieses Österreich soeben basiliskenhaft krepiert sei. Als Unterschrift standen die ,,tiefsitzenden Hinterbliebenen", d. h. die Repräsentanten der Systemzeit, obwohl das mit dem Einsitzen im Gefängnis bei mehreren nicht stimmte. Aber wer nahm das schon so genau! Und wenn dann der eine oder andere nach Stunden oder Tagen zu überlegen anfing und zu merken begann, welche Flut Unbekannter mit deutschem Akzent die Geschäfte überschwemmte und alles mit einem für die Reichsmark sehr günstigen Umwechslungskurs leerkaufte oder wie dürftig manches war, das da über den Inn hereingebracht wurde, dann waren gleich diverse Lehrer zur Stelle, die ihm die Situation erklärten und achtgaben, daß er nicht weiter darüber nachdachte. Barocker Überschwang mischte sich mit Furchtsamkeit, nachdem offenbar geworden war, daß die neuen Machthaber der in Etappen zurückkehrenden Österreichischen Legion und den im Lande gebliebenen Illegalen wohl keine ,,Nacht der langen Messer" gestatteten bzw. nach den ersten Mordtaten in Wien und Linz Einhalt geboten, daß aber betont vaterländisches Verhalten Folgen hatte, daß es KZs und gerichtliche Anklagen gab. Als Novum galt, daß man für Taten, die zur Zeit ihrer Durchführung oft mehr als gesetzlich waren, die Freiheit und sogar das Leben verlor. Die Zahlenangaben bezüglich der Verhafteten während der ersten sechs Wochen schwanken zwischen 50.000 und 76.000, wovon der größere Teil sicherlich nur kurzfristig inhaftiert war. Die vaterländische Prominenz, die Monarchistenführer, die Revolutionären Sozialisten und Kommunisten sowie die Führer der Judenschaft wurden einer schnellen Entlassung hingegen nicht teilhaftig.

Die Erwartung von Massenprozessen gegen die Repräsentanten des alten Systems hielt bis über den Sommer 1938 an und bereitete auch vielen ehemaligen Sozialdemokraten gewisse Vorfreuden. Es kam jedoch trotz mehrerer Ankündigungen Bürckels nicht dazu, wenn man von einigen kleineren Verfahren, die ins rein Kriminelle abgebogen werden konnten, absieht. Die Rechtsgrundlagen erwiesen sich am Ende doch als zu dürftig, die Inhaftierung durch die Gestapo und die Einweisungen in ein Konzentrationslager ohne richterliches Urteil schienen der Reichsführung genügend andere Möglichkeiten zu bieten. Überdies erfolgten geheime Interventionen des Auslands dagegen.

Noch ein Wort zur Jugendbetreuung, die sich vor und nach dem 12. März 1938 wie Tag und Nacht unterschied. Das Generationsproblem war in den letzten Jahren trotz diverser katholischer Vereinstätigkeit und den Versuchen des „Österreichischen Jungvolks" mit seinen nicht sehr populären Hilfsaktionen, Lagern und Freizeitstunden immer drückender geworden. Daran änderte auch ein heute mitunter schwer vorstellbarer Hochstand persönlicher Moral unter dem klösterlich beeinflußten Teil weiblicher Jugend nichts, im Gegenteil, am 12. März und später brachen die Dämme auch in dieser Hinsicht. Auf einmal war jung sein, an den Führer glauben und über die Alten lächeln das große Erfordernis der Zukunft. Ein pseudopatriarchalischer Gesellschaftsbau löste sich vor dem festen Tritt junger Burschen und Mädchen ins Nichts auf, Lehrer und Väter schwiegen dazu oder suchten linkisch mitzutun. Diese offizielle Sturm-und-Drang-Periode ebbte erst während der Kriegsgefahr im Herbst 1938 etwas ab, zumal die Postenrauferei in Partei und Staat meist zugunsten der Jugend entschieden und damit eine neue arrivierte Schicht gebildet wurde, die jetzt etwas mehr Ruhe benötigte. Bis dahin hüpften die Teenager zu Hunderten über Freudenfeuer und schockierten lautstark mit Sprüchlein, wie „Juden, Russen, Tschechen, Polen, alle soll der Teufel holen", oder „Henkt die Juden, stellt die Pfaffen an die Wand!" Die anderen, die ratlos abseits standen, fielen nicht weiter auf. Der Eintritt in die nunmehr legale Hitler-Jugend bzw. in den Bund Deutscher Mädel wurde mit allen psychischen Mitteln forciert. Denn die Jugendorganisation sperrte sich nicht, wie etwa die Partei, gegen die sogenannten Märzveigerln, gegen Überläufer oder bislang Unpolitische.

Am 12. März 1938, mittags, wurde ein Gemeinschaftsempfang im Arkadenhof des Rathauses anläßlich der Verlesung der Proklamation des Führers durch Reichsminister Dr. Goebbels durchgeführt, bei der auch der kommissarische Bürgermeister Major Lahr und Pg. Gratzenberger sprachen. Die schon zitierte Beamtenzeitschrift meldete, daß „die Kundgebung in bester Stimmung durchgeführt und mit den deutschen Hymnen sowie einem begeistert aufgenommenen Sieg-Heil auf den Führer beschlossen wurde". Das kommissarische Wirken endete am darauffolgenden Sonntag: In den Nachmittagsstunden des 13. März erging an einige Rathausfunktionäre der Auftrag, den von Dr. Seyß-Inquart neuernannten Bürgermeister Wiens,

Dipl.-Ing. Hermann Neubacher, von dessen Villa in Gersthof mit zwei Autos abzuholen.

Der Abend und die Nacht von Freitag auf Samstag, also vom 11. auf 12. März 1938, waren voll von Begeisterung, Entschlüssen, unbegründetem Vertrauen, Todesverlangen oder nicht wiedergutzumachender Passivität. Kajetan Mühlmann, der nicht nur Hitler und Ribbentrop auf dem Obersalzberg mit Ratschlägen gedient hatte, sondern auch mit dem Architekten Clemens Holzmeister, dem Schriftsteller Karl Heinrich Waggerl sowie dem VF-Minister und Lyriker Guido Zernatto befreundet war, entließ Letztgenannten durch eine in diesen Stunden stark frequentierte und wenig kontrollierte Seitenpforte des Bundeskanzleramtes. Zernatto trat unter Zurücklassung von Hut und Mantel den Weg nach dem österreichischen Konsulat in Preßburg an. Im Haus auf der Hohen Warte, in dem Frau Alma Mahler-Werfel oft die Spitzen des Wiener Kulturlebens empfangen und den Bundeskanzler bewirtet hatte, wurde der Aufbruch nach Prag bzw. nach Italien vorbereitet. Die Tage, da sich Alban Berg von Almas Intervention Hoffnung für ein Debüt Erich Kleibers als progressiven Staatsoperndirektor versprochen hatte, waren noch nah und doch unwiederbringlich vorbei. Auf der Bundesstraße nach Preßburg fuhr der Kunstfreund und Europapolitiker Coudenhove-Kalergi. Dort wird er erfahren, daß die Räumlichkeiten seines Zentralbüros in der Hofburg von Dr. Seyß-Inquart übernommen, seine Archive und Bücherlager der Vernichtung anheimgegeben sind. Die Familie Dollfuß und Bundesminister Stockinger überschritten die Grenze ebenfalls bei Preßburg, wahrscheinlich mit italienischer Hilfe. Nur besonders rekommandierten Personen gelang in dieser Nacht der Grenzübertritt, da die Anrainer des österreichischen Territoriums sofort alle Einreisebedingungen verschärften und restriktive Maßnahmen deutscherseits auf dem Fuße folgten.

Die Einteilung des Anschlußstundenplans, wonach Josef Bürckel bereits am 11. März, der Reichsführer SS Himmler, SS-Gruppenführer Heydrich und Polizeigeneral Daluege zumindest schon am 12. März um 5 Uhr früh in Wien zu agieren begannen, während die nationalsozialistische, 72stündige Bundesregierung am Abend des gleichen Tages noch „unter sich" durch einen Fackelzug feiern durfte und deutsche Spitzenpanzer erst später den Stadtrand überrollten, schien lückenlos. Der Völkerrechtler und Universitätslehrer Verdroß wird allerdings später in seinen Schriften diesen Vorgang als eine „kriegsmäßige Okkupation" bezeichnen, da das von Berlin geforderte Telegramm zwecks Bitte um Truppenentsendung seitens der neugebildeten Bundesregierung unterblieben war und das Anschlußgesetz mit eben dieser Regierung nicht diskutiert, sondern ihr lediglich zur Veröffentlichung übergeben wurde. Übrigens ist auch dieses letzte österreichische Kabinett vom Bundespräsidenten, der am Nachmittag des 11. März von Bürgermeister Schmitz beraten wurde, nach vergeblicher Intervention Feys deshalb ernannt worden, um den angedrohten Einmarsch unnötig zu machen bzw. die anrückende SA zu beruhigen.

Adolf Hitler hatte in der bereits erwähnten Berliner Besprechung am 10. November 1937 die zwangsweise Emigration von einer Million Menschen aus Österreich in Erwägung gezogen. Damit war aber nicht gesagt, daß die individuelle Auswanderung in Länder nach eigener Wahl und zu beliebigem Zeitpunkt erwünscht sei. Als markante Beispiele im kulturellen Bereich mögen der Dichter Zuckmayer sowie der Josefstadtdirektor Dr. Ernst Lothar gelten, der einige Nächte vorher dem Bundeskanzler im Belvedere die Bestellung Bruno Walters zum Staatsoperndirektor vorgeschlagen hatte und dem man wenige Tage nach dem 12. März erhebliche Schwierigkeiten bei der Fahrt von Wien in die Schweiz bereitete. Zuckmayer gelang nur unter Vorspiegelung falscher Tatsachen der Grenzübertritt bei Feldkirch, nachdem er hierzulande mit Lernet-Holenia trübe Gedanken und Abschiedsworte ausgetauscht hatte. Baron Rothschild ließ man in seinem Palais noch zu Ende soupieren, bevor man ihn arretierte und später, nach Regelung der finanziellen Seite, ins Ausland abschob. Staatssekretär Zehner wurde bei der Verhaftung erschossen, der Bundeskommissär für Heimatdienst, Adam, starb an den Qualen der KZ-Behandlung ebendort. Der sozialdemokratische Finanzstadtrat Danneberg versuchte den Grenzübertritt in die Tschechoslowakei, wurde abgewiesen und kehrte entmutigt nach Wien zurück, wo sein Schicksal als Jude besiegelt war. Eine Prinzessin Bonaparte vermittelte später mit Mühe die Übersiedlung des alten Wissenschaftlers Sigmund Freud nach London; der Wiener Kabarettist Hermann Leopoldi mußte bereits aus einem Konzentrationslager ins Schlafwagenabteil des Ausreisezuges verfrachtet werden. Der Schriftsteller Raoul Auernheimer, für dessen Entlassung aus dem KZ und Amerikafahrt Emil Ludwig intervenierte, hatte noch einige Wochen vor dem Anschluß in seinem neuesten Werk philosophiert: „Ist der Wiener ein Deutscher? Schwer zu beantworten; er ist doch kein Deutscher. Er ist doch ein Deutscher. Und alle diese Bedingtheiten und Einschränkungen hat er mit dem Österreicher, hat Wien mit Österreich gemein . . . Denn Wien ist Österreich – wenngleich Österreich nicht immer Wien ist." Tatsächlich, die Flucht war für alle gleich schwierig, ob sie nun aus der ehemaligen Bundeshauptstadt oder aus den ehemaligen Bundesländern kamen.

Auch kleine Leute, etwa Amtswalter oder VF-Zettelverteiler und Jugendführer, wurden zumindest einige Zeit inhaftiert und nachher unter Polizei- oder SA-Aufsicht dazu verhalten, durch besondere Fleißaufgaben den Weg ins Dritte Reich zu beschreiten. Vizekanzler a. D. Emil Fey lebte noch einige Tage relativ ungeschoren, bis ihm hinterbracht wurde, daß er bei der offiziellen Wiederaufrollung der Vorgänge im Juli 1934 eine besonders tragische Rolle spielen sollte. Er beging daraufhin samt seiner Familie Selbstmord, doch sind die näheren Umstände dieser Tragödie bis heute nicht völlig erhellt worden. Die Körper wurden nachher sofort in hülsenartigen Metallsärgen von der Polizei abtransportiert. Fey hatte sich übrigens am Nachmittag des 12. März mit anderen ehemaligen Heimwehrführern Am Hof getroffen und nachher von Miklas die Betrauung als Bundeskanzler verlangt. Der Präsident lehnte damals ab.

Im Rathaus schienen mit dem Umbruch alle Zweifel über deutsch und österreichisch endgültig beseitigt zu sein. Seit 12. März war Obersenatsrat Dr. Rudolf Horneck Magistratsdirektor. Die Beamtenschaft wurde, wie dies auch bei anderen öffentlichen Dienststellen geschah, am 15. März 1938 geschlossen zur Annexions-Feier vor der Hofburg geleitet. Die Entfernung mißliebiger Elemente, deren Versetzung, Enthebung oder Verfolgung, wurde je nach der Sachlage intensiviert. Das Rot-Weiß-Rot-Buch der österreichischen Bundesregierung aus dem Jahre 1946 enthält hierüber folgenden Passus: „Beim Magistrat Wien erfolgten 1091 Entlassungen und Maßregelungen, darunter nicht weniger als 396 leitende Funktionäre ... (54 Hingerichtete, lebenslänglich Verurteilte, ins KZ Verschickte usw. werden für den Bereich der Städtischen Feuerwehr angegeben, 17 Hingerichtete bei den Städtischen Gaswerken. Auf der Erinnerungstafel der Städtischen Straßenbahnen im Bahnhof Speising sind 4 Hingerichtete verzeichnet)." Drei Dutzend Getötete (1934–1945) stehen auf der Ehrentafel der Straßenbahndirektion Favoritenstraße.

An der Reinigung des Kulturlebens von nicht genehmen Persönlichkeiten und Produkten hatte die Rathausverwaltung im magistratischen Bereich entsprechenden Anteil. Diese Reinigung zerfiel in zwei Teile: Einerseits das Abspalten des politisch Untragbaren und andererseits die Eliminierung des jüdischen Kulturanteiles. Ersteres wurde im Stofflichen der Öffentlichkeit entzogen oder umgedeutet, eingeordnet und neu interpretiert, in der Person vernichtet, abgesondert, gemaßregelt, zum Widerruf oder zur Anpassung gezwungen. Gerne hätten die Verantwortlichen alle damit im Zusammenhang stehenden Fragen erledigt gewußt. So erwähnt der Kreisleiter Hans Berner in seiner „Reichsstadt Wien" 1943 mit sichtlicher Ungeduld: „Zuletzt war es ein Vizebürgermeister dieser Stadt, der dann spurlos in die Emigration entschwundene, schwarz-rot schillernde Dr. Karl Winter, der bis in die Steinzeit zurückging und von dort her den Beweis zu führen versuchte, daß der Österreicher und vor allem der Wiener eine eigene Rassenkonstanz verkörpere ... Andere waren vorsichtiger und bewegten sich mehr in den geistreichen Betrachtungen einer universalistischen Kulturphilosophie. Der klare Gang des volklichen Besinnens hatte alle diese, manchmal nicht unschlauen Versuche, das geschichtlich begründete Selbstbewußtsein des Wieners und den berechtigten Stolz auf seine Stadt in ihre politischen Geheimkanäle abzulenken, bald vereitelt. Die Bevölkerung dieser Stadt ist deutsch mit Leib und Seele ... Wenn noch geraume Zeit nach dem nationalsozialistischen Umbruch ein Wiener Kulturbeflissener als eine verspätete Nachtigall altösterreichischer Tradition mit falschem Schmelz den Sang aufklingen ließ, daß Wien im innersten Wesen konservativ sei und daß daher auch jede Revolution hier irgendwie einen komischen Beigeschmack gehabt hätte, dann verrät dieses seichtelnde Wohlmeinen eine Unkenntnis des geschichtlichen Erlebens Wiens, die kaum entschuldbar ist. Eine gleiche Verkennung des wahren Charakters wienerischer Lebenshaltung verrät zum Beispiel das Stück ‚Theres und die Hoheit' ..."

Bei der Nachtigall handelte es sich um einen weltanschaulich sonst Gesinnungsverwandten des Kritikers, doch nähere Umstände werden von Berner wie üblich verschwiegen. Um so mehr war diese Diskretion bei der blutigen Verfolgung von Männern und Frauen des Wiener Kulturlebens angebracht, die in Wort und Schrift für das Wiedererstehen Österreichs in jener Zeitspanne eintraten, in der die offizielle Weltmeinung den Anschluß als historisch gerechtfertigten Vorgang billigte. Am 19. März 1938 protestierte Mexiko als einziger Staat beim Völkerbund gegen die Auslöschung Österreichs.

Freilich, die Trennung Wiens von seiner österreichischen Mission und das Abschälen des von Juden mitbestimmten Kulturgutes war keine leichte Aufgabe. Adolf Hitler selbst gibt 1925 in „Mein Kampf" an, daß er sich zwischen 1908 und 1912 hier darüber den Kopf zerbrochen habe. Die Stadt, die in ihm „auch heute nur trübe Gedanken erwecken kann", war ihm als „Rassenkonglomerat" widerwärtig: „Die christlich-soziale Bewegung besaß eine unklare

Vorstellung über das Ziel der deutschen Wiedergeburt, begriff die Bedeutung der sozialen Frage, irrte in ihrem Kampf gegen das Judentum und besaß keine Ahnung von der Macht des nationalen Gedankens . . . Je länger ich in dieser Stadt weilte, um so mehr stieg mein Haß gegen das fremde Völkergemisch, das diese alte deutsche Kulturstätte zu zerfressen begann . . . Außer meiner Baukunst, dem seltenen, vom Munde abgesparten Besuch der Oper hatte ich als einzige Freude nur mehr Bücher."

Der ehemalige Chorknabe aus Stift Lambach, der dann etwas deutschnational beeinflußte Untermittelschüler aus Linz und Steyr (nach Dr. Weber-Kandl) ringt sich in Wien zum Antisemiten durch, was er entschieden bestreitet, schon früher in Oberösterreich gewesen zu sein. Als Erklärung gibt er den Wiener jüdischen Kultureinfluß und die jüdische Führung der hiesigen Sozialdemokratie an.

Von seinem Anhänger Hanns Blaschke, den wir sehr bald eingehend kennenlernen werden, trennt Hitler eine sprachliche Grundeinstellung. Der Führer gab seiner Abneigung gegen den Wiener Dialekt wiederholt Ausdruck, während sich besagter Blaschke mit Vorliebe dieses Idioms bediente. Was trägt nun Hanns Blaschke – selbstverständlich in Hochdeutsch, da es sich ja um eine amtliche Auslassung handelt – zu Hitlers Erklärung der Wiener Zustände vor dem Ersten Weltkrieg bei? Zunächst bringt er sie auf die Jahre bis 1938 sinngemäß zur Anwendung: „Der aus dem Liberalismus und dem ‚Laissez faire' hervorkommende Individualismus, über den das Chaos des Jahres 1918, die marxistischen Experimente der Folgejahre und schließlich das geistige Mittelalter hinweggebraust waren, war kein geeigneter Nährboden für ein kulturelles Gemeinschaftsleben. Vom Judentum geistig und rassisch zersetzt, stand unser Volk in seinen breiten Massen ohne starke Gesinnung, ohne Glauben, ohne Weltanschauung in einer Zeit innerer hoffnungsloser Erbärmlichkeit. Die Künstler und Kunstverbände standen einsam und voneinander isoliert diesem Treiben hilflos gegenüber, das erloschene Mäzenatentum einer geistigen und gesellschaftlichen Aristokratie, die Öde einer versiegenden Kulturperiode zwang sie, dem Schieber und Börsenjobber dienstbar zu sein oder zufällig aufgestöberter Gelegenheitsarbeit im Wirtschaftskampf des Lebens nachzujagen. Die Verwaltung begnügte sich mit unorganischen Flickmaßnahmen, die sich mehr oder weniger zwangsläufig im Rahmen ihrer immer bescheidener werdenden Erhaltungstätigkeit ergaben."

Herr Blaschke meint weiters in der gleichen Publikation: „Als in den Märztagen des Jahres 1938 das Glockengeläute und der unbeschreibliche Jubel, der Straßen und Plätze auch dieser Stadt erfüllte, abgeklungen war, fanden sich auf den einzelnen Fachgebieten Aufgaben von kaum zu bewältigender Größe und Fülle vor. In dem unbeschreiblichen Gestaltungsdrang der neuen Zeit mußten die notwendigen Reformen auf den einzelnen Fachgebieten nach ihrer Dringlichkeit und Lebensnotwendigkeit vollzogen werden. Der in den langen und harten Kampfjahren der Ostmark verstaute Idealismus wollte sich ausleben und suchte allenthalben nach Grundlagen. Gerade auf dem Gebiet der Kunstpflege jedoch war verwaltungsmäßig so gut wie nichts vorhanden . . ."

Ab 13. März war dem von Blaschke erwähnten Gestaltungsdrang freie Bahn gegeben. Mit Bürgermeister Dipl.-Ing. Neubacher kamen auch zwei neue Vizebürgermeister ins Rathaus, und zwar der Rudolfsheimer Lederarbeiter Franz Richter und der Bankbeamte Thomas Kozich. Beide waren „alte Kämpfer", der Erstgenannte hatte einmal als Gauleiter fungiert. Kozich kletterte in der SA zum Brigadeführer empor und fühlte sich der Jugendpflege und sportlichen Angelegenheiten zugetan. „Gleich nach der Machtübernahme wurde in engster Zusammenarbeit mit der Hitler-Jugend das Amt für Jugendpflege geschaffen, das dazu berufen ist, für Erziehung und Pflege der deutschen Jugend in unserer Stadt zu sorgen", stellte Kozich etwas später in dem Sammelwerk „Wien, Geschichte – Kunst – Leben", das Dr. A. Haasbauer zusammentrug, fest. Und weiter: „Vor allem galt es, der Jugend entsprechende Heime zu schaffen. Die Stadtverwaltung wußte, daß hier ein Bedürfnis vorlag, das dem Wohnungsbedürfnis gleichgestellt werden mußte . . . Die Volkstumsarbeit der Jugend, das Lichtbild- und Rundfunkwesen, das Jugendschrifttum, die Bekämpfung von Schmutz und Schund, das alles sind Aufgaben unseres Amtes für Jugendpflege. Der Wiener Sport gilt im Ausland nicht weniger als die Wiener Kultur, die Wiener Musik. Wiens Fußballer, Wiens Eisläufer, die starken Männer unserer Donaustadt, aber auch unsere Wintersportler haben in der ganzen Welt schönste Erfolge errungen . . . Wiens Faustkämpfer sind hohe Klasse."

Am Tage der Ernennung der drei Wiener Bürgermeister, also am 13. März, wurde der Gauleiter der Saarpfalz, Josef Bürckel, vom Führer mit der kommissarischen Leitung der hiesigen NSDAP und der Vorbereitung einer Volksabstimmung betraut. Auch der Reichsjugendführer Baldur von Schirach war bereits da und bildete das Hitler-Jugend-Obergebiet Österreich. Am 15. März wurde die österreichische Bundesregierung des Dr. Seyß-Inquart durch einen Führererlaß zur Landesregierung abgewertet. Mit gleichem Datum ernannte Bürgermeister Neubacher einen weiteren Vizebürgermeister, nämlich den eben zitierten SS-Führer Dipl.-Ing. Hanns Blaschke, während sich innerhalb des Künstlerhauspräsidiums über Auftrag des Parteichefs und Kabinettsmitgliedes Major a. D. Klausner ein provisorisches nationalsozialistisches Kulturamt entfaltete. Die Leitung übernahm der Schriftsteller Hermann Stuppäck, der sich mit seinen „Blauen Hügeln" in Weinhebernähe gewagt hatte. Seine Dienststelle setzte unverweilt in Wiener Theatern, Akademien, Vereinigungen usw. kommissarische Leiter ein. Schon waren die Direktionen der Volksoper, des Theaters in der Josefstadt, des Skalatheaters und der Komödie zurückgetreten, die Zellenleiter regierten allerorts, und ins Burgtheater zog Dr. Mirko Jelusich ein. 48 Stunden später übernahm Rudolf Haybach die kommissarische Leitung der Österreichischen Kunststelle. Die Urania stellte sich kommissarisch unter das Motto „Volksaufklärung". Am 18. März wurde Dr. Georg Gruber Kommissar der Wiener Sängerknaben und tags darauf erhielt die Universität ihre kommissarische Leitung. Im Rundfunk räumten der kommissarische Leiter Dr. Franz Pesendorfer und der für die künstlerische Gestaltung verantwortliche SS-Hauptsturmführer Dr. E. Geutebrück auf. Wo früher die Stimme Josef Schmids, der bald in einem Schweizer Flüchtlingslager sterben sollte, die RAVAG-Hörer verzaubert hatte, erklang jetzt öfter das in der Verbots-Zeit der österreichischen Nationalsozialisten entstandene Jungarbeiterlied: „Es pfeift von allen Dächern für heut' die Arbeit aus."

Am 17. März fanden die Vereidigung der städtischen Bediensteten auf den Führer und die erste Fidelio-Übertragung aus der Staatsoper über alle deutschen Sender statt. Major a. D. Klausner, der noch am 13. März zum Minister für politische Willensbildung ernannt worden war, bestellte am 14. März den Chef des politischen Amtes in der Bundesleitung Österreich der NSDAP, Dr. Friedrich Rainer, zum Führer der Deutsch-österreichischen Turn- und Sportfront. Dieses Datum gilt auch für die offizielle Ernennung Dr. Seyß-Inquarts, nunmehr SS-Gruppenführer, zum Reichsstatthalter von Österreich. Am nächsten Morgen fand in der Akademie der Bildenden Künste eine Kundgebung für den „Schirmherrn" Adolf Hitler statt, wobei der Generalbeauftragte des Landeskulturamtes der NSDAP für Bildende Kunst, der akademische Maler Professor Leopold Blauensteiner, keinen Zweifel über seine Entschlossenheit ließ, bei allen einschlägigen Dingen fürderhin mitzureden. Blauensteiner wandte sich kurz darauf in der Presse gegen Demolierungen und Kitsch im Wiener Stadtbild. In den folgenden Tagen wurde die Anschlußfeier der Wiener Secession unter Architekt Professor Dr.

Alexander Popp durchgeführt, wobei man der seinerzeitigen mit einer Hakenkreuzfahne drapierten Olympiaausstellung des Hauses gedachte. Die Secession nahm am 28. März 1938 die Exposition „Die Straßen Adolf Hitlers“, eine Reichsautobahnschau, auf, und Popp meldete sich bei Stadtplanungsfragen öfter zu Wort.

Aus den Veranstaltungen des Wiener Männergesangvereines und des Schubertbundes tönten Anschluß-Weisen. Der Zellenleiter der Volksoper erließ einen Aufruf, daß dieses Haus nun wieder deutsch sei und jedermann durch seinen Besuch zur Konsolidierung des Unternehmens beitragen müsse. Der Schauspieler Robert Valberg, der u. a. die kommissarische Leitung des Ringes der Wiener Bühnenkünstler übernommen hatte, vereinigte sich mit dem bereits genannten Kunststellen-Haybach in einer ähnlichen Proklamation, in der es hieß, dem deutschen Volke Wiens gebühre die kartenverbilligte deutsche Bühne. Dr. Jelusich versprach in Interviews, sobald als möglich den Burgtheaterspielplan mit Möllers „Struensee“ und Kolbenheyers „Gregor und Heinrich“ zu bereichern.

Tatsächlich hatte sich die kommerzielle Situation der Wiener Bühnen durch die plötzlichen Veränderungen sowie durch währungspolitische Maßnahmen keineswegs zum Besseren gewendet, und mit wachsender Sehnsucht wurden deutsche Finanzhilfen erwartet. Dr. Goebbels überwies noch in der Anschlußwoche einen ersten kleineren Betrag, weitere Subventionen folgten von Stadt und Land, und Reichsdramaturg Schlösser sowie andere deutsche Emissäre sahen nach dem Rechten. Trotzdem kann von einem kontinuierlichen Bühnenbetrieb in Wien vor Herbst 1938 nicht gesprochen werden. Am 20. März übernahm der Befehlshaber der aus deutschen Invasionstruppen und Teilen des österreichischen Bundesheeres gebildeten 8. Armee, Generaloberst Ritter von Bock, im Rahmen einer Sondervorführung die Spanische Hofreitschule in die Obhut der Deutschen Wehrmacht. Keiner der anwesenden Offiziere und SA-Führer wurde von Ahnungen über das kommende Schicksal dieser Armee geplagt; niemand kam angesichts der weißen Pferde auf die Idee, daß fast genau sieben Jahre später Lieutenant-General George S. Patton Jr. durch eine ähnliche Schaustellung veranlaßt werden sollte, die Spanische Hofreitschule neuerlich in Obhut zu nehmen.

Die damaligen Zeitläufte sind 1943 von dem Journalisten und Schriftsteller Aurel Wolfram in seinem Buch „Glaube an Wien“ ziemlich freimütig aufgezeigt worden. Wolfram erlaubte sich solches angesichts seiner stadtbekannten Treue zum Großdeutschtum und damit zu einem gewissen Teil des NS-Gedankengutes öfter, er hatte auch mächtige Freunde. Der vorhin erwähnte Radikalist Hans Berner nahm ihn aber mit dem dort angeführten Zitat persönlich aufs Korn, andere gingen gegen Wolfram, der auch im Kulturamt tätig war, mit Untersuchungen und Berufserschwernissen vor. Was sagt also Wolfram zum Frühling 1938?

„Der Anschluß hat Wien zweifellos vor ganz neue Aufgaben und Probleme gestellt. Über Nacht jedes zentralen Charakters entkleidet, sah die Stadt andererseits die Möglichkeiten noch nicht ab, die sich infolge der geänderten Situation bieten mochten. So entstand auf verschiedenen Gebieten ein gewisses Vakuum. Wien geriet in eine Krise nervöser Unsicherheit, die sich namentlich in kulturellen Dingen bemerkbar machte, weil man hier vielleicht gegen jede Schwankung am empfindlichsten war. Die Eingliederung einer Weltstadt wie Wien in das Reich ist eben mehr als ein bloßer Staatsakt oder eine Korrektur der Landkarte. Lebendiges kann nur langsam zusammenwachsen, ehe sich eine wirklich organische Bindung ergibt. Der Prozeß der Anpassung setzt beiderseits Takt, Rücksichtnahme, seelische Vornehmheit voraus. Vorurteile müssen beseitigt werden. Eines aber bleibt unerläßlich: man muß sich klar sein über die eigenen Mittel und Fähigkeiten. Denn nur indem man eindeutig seine Position bezieht, ergibt sich gegenseitige Achtung als solideste Basis der Verständigung . . . Ein ehrliches Bemühen, sich in Wesens- und Sinnesart der anderen hineinzuversetzen, erscheint demnach als wichtigste Voraussetzung, einander näherzukommen. Wir Wiener haben es daran wohl nie fehlen lassen. Von Natur aus die geborenen Psychologen, waren wir stets bereit, was an anderen gut und lobenswert schien, rückhaltlos anzuerkennen. Ja wir haben darüber hinaus manches, das sich unserer Wesenswelt harmonisch einfügte, gerne als Bereicherung hingenommen. Wer aber so veranlagt ist, läuft leicht Gefahr, sich seelisch zu verausgaben, ohne immer die entsprechende Gegenliebe zu finden. Darum ist es angezeigt, sich hin und wieder unserer Vorzüge zu erinnern. Nicht, weil wir es nötig hätten, diese ständig unter Beweis zu stellen, sondern um an uns selbst nicht irre zu werden."

Damit ist die Problematik des Zusammenwirkens zwischen altreichsdeutschen Lehrmeistern, Aufsehern und In-Besitznehmern einerseits sowie den österreichischen Nationalsozialisten und Großdeutschen andererseits erhellt. Aus einem Stimmungsbericht des Sicherheitsdienstes des Reichsführers SS, SD-Leitabschnitt Wien, sei noch folgendes zitiert:

„. . . Dabei ist bemerkenswert, daß sich anscheinend alle Gegnergruppen in einer Parole einig sind und dabei sogar bis in Parteikreise hinein eine nicht unerhebliche Zustimmung finden, nämlich in der Vertiefung des Gegensatzes zwischen Ostmärkern und Altreichsdeutschen.

Der Parteiapparat scheint in dieser Beziehung durchaus nicht einsatzfähig, da die Parteigenossenschaft, und zwar auch weiteste Kreise politischer Leiter bis in höchste Stellen hinauf, eine Wut gegen alles Altreichsdeutsche in sich tragen und daher allen ähnlichen Argumenten von Gegnerseite zugängig sind . . . Dabei kann allerdings von einem Defaitismus nicht gesprochen werden, soweit er nicht von ausgesprochener Gegnerseite ausgeht. Der gefühlsmäßigen Herkunft nach geht auch die Opposition gegen alles Altreichsdeutsche nicht auf Anschluß-Gegnerschaft zurück und richtet sich auch nicht direkt etwa gegen den vollzogenen Anschluß. Von Gegnerseite sind natürlich Motive hier zu suchen . . . Anläßlich des Fußballspiels XY gab es ausgesprochene Skandalszenen. Es waren genug gegnerische Elemente unter dem Publikum, denen es gelang, mit der Parole ‚gegen die Altreichsdeutschen' auch selbst Gutwillige und Parteigenossen mitzureißen . . . Hiebei gab es mehrfach Schlägereien, bei denen mit unflätigsten Schimpfworten ein blinder Haß zum Vorschein kam . . . Keine Sportveranstaltung zwischen ostmärkischen und altreichsdeutschen Mannschaften oder auch nur mit einem Schiedsrichter aus dem Altreich geht vorüber, ohne daß es zu Reibereien und unliebsamen Auftritten kommt."

Vizebürgermeister Kozich, der bei der Auflösung des Österreichischen Fußballbundes am 6. Juni 1938 geholfen hatte, war mit diesen sportlichen Begleitumständen auf längere Dauer hinaus beschäftigt und wurde schließlich seine Sorgen durch strengere Regie und kriegsbedingte Ermattung aller Beteiligten los. Seine Position als Sportgauführer im Reichsbund für Leibesübungen kam ihm dabei sehr zustatten.

Einige erklärende Worte seien hier der katholischen Kirche Wiens gewidmet, wenngleich Berührungspunkte mit der städtischen Kulturarbeit meist nur durch einzelne Schulhausübernahmen, die Friedhofsverwaltung und die Religionsfonds- oder die Patronatskirchenbetreuung gegeben sind. Der Wiener Kardinal sah sich 1938 zunächst nicht in der Lage, den aufmunternden Worten seines Pariser Amtsbruders zum Widerstand gegen die Nationalsozialisten Folge zu leisten. Innitzer lieh sein Ohr hingegen einigen Beratern, deren Absicht heute nicht weiter ergründet werden kann. So kam es zu seinem Besuch beim Führer im Hotel Imperial noch während der Anschlußwoche. Das Arrangement dieser Zusammenkunft war der krönende Abschluß jener Aktivität, die Botschafter von Papen jahrelang in Wien entwickelt hatte. Dessen Hoffnung auf die Reichsstatthalterschaft blieb jedoch unerfüllt, Papen mußte sich mit dem Goldenen Ehrenzeichen der NSDAP begnügen. Am 18. März beteuerten Dr. Innitzer und andere Bischöfe Österreichs gegenüber Gauleiter Bürckel schriftlich ihre Loyalität und setzten derartige Äußerungen einige Wochen hindurch fort. Im Vatikan sparte man inoffiziell nicht mit Unmutszeichen über solche Agitation.

Die Kirchenmänner Österreichs wollten zunächst nicht wahrhaben, daß die nunmehrige politische Führung ihrer Mitarbeit überhaupt entraten konnte und auch nicht gewillt war, das Wohlverhalten des Klerus höher als selbstverständlich zu werten. Zum Christkönigsfest des Herbstes 1938, da sich die Hoffnungen, die ursprünglich auf Reichsseite der Kirche gemacht worden waren, als trügerisch erwiesen, akzeptierte der Wiener Kardinal eine Demonstration seiner Diözesanjugend vor dem Erzbischöflichen Palais und erschien segnend am Fenster. Im Palais gelangte man übrigens zur Annahme, daß sich bei dieser Kundgebung Agenten unter die Jugendlichen gemischt hätten, um Zwischenfälle und radikalere Sprechchöre zu provozieren. Am nächsten Tag erstürmte Wiener Hitler-Jugend das Erzbischöfliche Palais und andere kirchliche Ubikationen, verletzte mehrere Priester und verwüstete, wo immer es anging. Der Kardinal, der auch in den Folgejahren mehrmals durch braune Pfuirufer erschreckt werden sollte, entkam damals mit Mühe den Verfolgern. Parallel damit begannen öffentliche Drohreden und geheime Festnahmen. Dies hätte wahrscheinlich bald zu einer „totalen Bereinigung" aller offenen Fragen geführt, wäre nicht angesichts der politischen Entwicklung in Europa vermehrte Rücksichtnahme auf Ressentiments diesseits und jenseits der Grenzen anbefohlen worden. Mittlerweile zeitigte das deutsche Recht auf Ehescheidung viele langentbehrte Wohltaten, wenngleich, fast unbemerkt, neue Übelstände die alten zu ersetzen begannen. Wohl war die bloße „Trennung von Tisch und Bett" überwunden, aber „Unerwünschte" konnte man allzuleicht loswerden. 1938 blieb es übrigens nicht bei den Prügelszenen und Verfolgungsjagden quer durchs Erzbischöfliche Palais, wobei wertvolle Bilder, Devotionalien und Möbel fürchterlich zugerichtet wurden. Innitzer selbst konnte in ein Versteck geleitet, Kapläne mußten später ins Spital gebracht, Scherben zuhauf gekehrt werden. Ein junger Kleriker wurde durchs Fenster gestürzt, den Fenstersturz eines höheren Würdenträgers verhinderten einige Besonnene so lange, bis schließlich die Polizei eintraf und auf Räumung des Hauses bestand.

An diesem Abend sowie während der folgenden Tage sammelten

sich Gruppen der Hitler-Jugend vor mehreren Pfarrkirchen Wiens und beschimpften Geistliche und Gläubige. Vorbeikommende Altreichsdeutsche mokierten sich über solche Straßenszenen und erklärten, daß bei ihnen daheim mehr Würde als hier in der Ostmark an den Tag gelegt werde. Damit war aber nur der „spontane" Teil der Aktion abgetan, ähnlich wie dies etwas später bei der antijüdischen Kristallnacht noch viel schärfer praktiziert werden sollte. Zunächst wurde die offizielle Propagandamaschine gegen den „politisierenden Klerus" auf Volldampf gedreht, wiewohl doch Priester seit dem 13. März in keiner Weise sicht- und hörbar geworden waren. Plakate zeigten die allgemeine Gottbezogenheit der neuen Machthaber auf, man affichierte sogar ein Foto, auf dem Braunhemden bei einer kirchlichen Prozession mitmarschierten. Dies dürfte einmal vor längerer Zeit im ländlichen Bayern aufgenommen worden sein, sofern es sich nicht um eine gestellte Szene gehandelt hat. Bald rief Bürckel zu einer abendlichen Großkundgebung am Heldenplatz gegen den „politisierenden Klerus" auf, wo sich das gesamte Führerkorps der Wiener NSDAP mit ihren Gliederungen sammelte. Es ließ sich wie eine Generalabrechnung aller Freisinnigen mit dem katholischen Geist von 1934 bis 1938 an, wenngleich der Reichskommissar in seiner Rede mehr den Enttäuschten und Gekränkten hervorkehrte und äußerste Konsequenzen vermied. Die Sprechchöre waren viel radikaler, wobei der Slogan „Innitzer – Unnützer" noch durchaus zu den gelindesten zählte.

Doch kehren wir noch kurz zu den Märztagen des Anschlußgeschehens zurück, als Göring unmißverständlich den Weg wies, der die katholische Kirche in die Abgeschiedenheit führen sollte. Am 26. März 1938 sprach der Feldmarschall in der Nordwestbahn-Halle und stellte hiebei fest: „. . . Wenn ein Priester verhaftet wurde, geschah das nicht, weil er seinen priesterlichen Aufgaben nachging, sondern weil er dazu zu weltlich geworden ist . . . Wir Nationalsozialisten können nicht direkt als konfessionell gebunden bezeichnet werden . . ., aber wir haben das Volk wieder gläubig gemacht . . . Die Kirche darf sich nicht in Dinge einmischen, die sie nichts angehen, denn hier gibt es keine Kompromisse!"

1938 gab die Gemeinde für die „Kultusbauten" 71.000 RM aus, davon entfielen auf die Votivkirche allein 44.000 RM. Allerdings heißt es in dem diesbezüglichen Bauabteilungsbericht, daß die Aufträge hiefür noch in der Systemzeit erfolgt sind. Am 20. September desselben Jahres wurde der „Zwang zur Teilnahme am Religionsunterricht" in den Schulen beseitigt und damit der Besuch von Religionsstunden beliebiger Einflußnahme der politischen Organisationen auf Eltern und Kinder unterworfen. Die „weltanschauliche" Erziehung wurde der Wissensvermittlung im Lehrziel offiziell gleichgestellt.

In den Zeitungen erschienen schon vorher die ersten politischen Gedichte von Stüber und Stebich. Hermann Göring nahm im Rathaus Geschenke für seine Sammlungen entgegen und besuchte den nahezu obligat gewordenen Fidelio in der Staatsoper. Die Herren Neubacher, Kozich und Blaschke hatten sich der internationalen Öffentlichkeit bereits in ihrer ersten Rathaus-Pressekonferenz am 17. März 1938 präsentiert. Neubacher war damals SA-Brigadeführer, 45 Jahre alt und von einnehmendem Äußeren. Sein Lebenslauf begann in einem der „Ahnengaue des Führers", nämlich in Oberösterreich; er war eine Zeitlang Generaldirektor der Gesiba, einem Siedlungsunternehmen der Gemeinde Wien, gründete den Deutschösterreichischen Volksbund, wurde von Richard Schmitz pensioniert und verbrachte einige Monate in Haft. Dann ging's zu den Berliner IG-Farben. Neubacher und die Seinen waren nicht unbemittelt. Sie bevorzugten einen eher großzügigen Lebensstil, was zu diverser Kritik inner- und außerhalb des Rathauses Anlaß gab. Zunächst aber bot ihm Wien, in dem er das „Hamburg des Deutschen Ostens" erblickte, Gelegenheit zu weiträumigen Wirtschaftsgedanken und Plänen. Sein zur Schau gestelltes Kulturbewußtsein war ihm eine gern geübte Repräsentationsgeste. Mit der „lamettageschmückten" SA-Uniform legte er oft die Bürgermeisterkette an, und seine Vizebürgermeister taten dies auch.

Am 29. März kam der Reichsminister für Volksaufklärung und Propaganda, Dr. Josef Goebbels, ins Rathaus auf Besuch. Goebbels, dem Neubacher das Waldmüllerbild „Dem Leben wiedergegeben" verehrte, wandte sich bei einer Nordwestbahnhallenkundgebung dem Judenproblem in Wien zu und versicherte, es gäbe hier nicht mehr Selbstmorde als früher, nur daß sich bisher lediglich Deutsche erschossen hätten und jetzt auch Juden. Sein und seiner Anhänger Christentum stehe im Herzen und nicht in den Kirchenbüchern. Seine Selbstmord-Schätzung war richtig und unrichtig zugleich, da, wie erwähnt, von beiden Seiten Rekordziffern erreicht wurden. So machten die jüdischen Wiener Literaten Egon Friedell sowie Alfred Grünewald, Dr. H. F. Enk u. a. gewaltsam ihrem Leben ein Ende. Friedell, der den damals oft gewählten Fenstersturz vollzog, bat angeblich knapp zuvor einen Passanten, aus Sicherheitsgründen beiseite zu treten. Wie R. Kalmar in seiner „Zeit ohne Gnade" schildert, rollten in den Märzabenden 1938 die vergitterten Polizeigefangenenautos vollgepfercht mit intellektueller Menschenfracht ins Polizeigefangenenhaus am Volksgarten und dem festlich erleuchteten Burgtheater vorüber.

Inmitten all dieser Tätigkeiten nahte der „Tag des Großdeutschen Reiches", der 9. April, und damit Adolf Hitler in eigener Person. Im Festsaal des Rathauses warteten die Spitzen der Wiener Kunst und Wissenschaft auf seinen Anblick. Der Braunauer wurde mit dem Meistersingerchor begrüßt, laut dem Bericht von Ohrenzeugen ein unerhört starker Eindruck. Die steinerne Galerie am Turm war ob seiner Erscheinung halbmordförmig ausgebaut worden und ist dies heute noch. Neubacher rief ihm zu: „Wie ein einfacher Soldat vor seinem Feldherrn steht, wenn dieser eine eroberte Bastion betritt, so stehe ich vor Ihnen. Hier, mein Führer, hatten sich Ihre Feinde verschanzt . . . Um so herrlicher ist Ihr Sieg . . . Nehmen Sie diese Stadt unter Ihre schirmende Hand! Seien Sie ihr großer Baumeister! Erfüllen Sie uns mit Ihrer gewaltigen Baugesinnung . . .! Allmächtiger, wir danken Dir! Führer, führe uns! Deutschland, nimm uns an dein heiliges Herz!"

Kurz, aber inhaltsreich, erwiderte der Apostrophierte, daß diese Stadt in seinen Augen eine Perle sei, der er die nötige Fassung verleihen werde. Auch diese Stadt werde eine neue Blüte erleben. – Das mit der Fassung war wörtlich zu nehmen, denn Hitler beabsichtigte, in großen Bau- und Kulturfragen Wiens persönlich zu entscheiden, ein Vorrecht, das unter der Bezeichnung „Führervorbehalt" bis 1944 immer wieder in Akten auftauchte. – Dr. Goebbels befahl, nachdem sein Meister noch einige Worte über die unmittelbar bevorstehende Abstimmung verloren hatte, per Lautsprecher vom Balkon des Rathauses herab eine ausgedehnte Flaggenhissung.

Vizebürgermeister Hanns Blaschke, der im Festsaal gleich hinter dem obersten Herrn des Dritten Reiches auf Posten stand, ließ sich noch nicht eigens vernehmen. Seine Stunde im Dienste der Stadt harrte erst ihrer endgültigen Reife. 1896 hatte Blaschke in Wien das Licht der Welt erblickt und hier später seine Studienzeit verbracht. Hier wurde er ein eifriger Anhänger Schönerers und Bewunderer Dr. Luegers, entwickelte sich zum Antisemiten und Burgtheaterstatisten. Aus dem Ersten Weltkrieg kam er als Oberleutnant nach Hause, ließ sich später als Patentanwalt in der Weihburggasse nieder und stieß zu den Nationalsozialisten. Im Juli 1934 war Blaschke SS-Putschist, d. h. er kümmerte sich um die Transportmittel der Verschwörer von der Turnhalle in der Siebensterngasse bis ins Bundeskanzleramt am Ballhausplatz. Außerdem sollte er die Regierungserklärung des Kabinetts Rintelen im eroberten Radio Wien vortragen. Blaschke ist wohl mit Hudel, Wächter und Glaß zu den

Drahtziehern dieses grausigen Abenteuers zu zählen. Er entrann ebenso wie jene dem Henker, und seine lebenslängliche Kerkerstrafe wurde alsbald von einer Amnestie beendet. Seither vergaßen ihn die SS-Gewaltigen in Deutschland nicht, er wurde Standartenführer, Blutordensträger, Oberführer, Brigadeführer, Vizebürgermeister, Beigeordneter, Stadtrat und schließlich Bürgermeister. Freilich, diese Bürgermeisterei ließ sich in ihren Rechten und Pflichten keineswegs mit den Funktionen der Wiener Stadtoberhäupter vor 1938 und nach 1945 vergleichen, ja selbst gegenüber den Kompetenzen Neubachers und Jungs ergaben sich bedeutende Unterschiede. Anderseits hatte Blaschke innerhalb der SS-Hausmacht eine bedeutend bessere Position als seine braunen Amtsvorgänger inne, war gegen Kriegsende besser orientiert, als er zugab, und lediglich durch Mangel an Entschlußkraft und Risikofreudigkeit bei seiner Annäherung an die österreichische Widerstandsbewegung erfolglos.

Ehemalige Untergebene erinnern sich an Blaschke als einen musikalisch begabten, umgänglichen und leidlich gebildeten Vorgesetzten, der von der allgemeinen Entwicklung eher enttäuscht wirkte. Hinzu kommt eine gewisse politische Toleranz Blaschkes, die sich speziell bei der Behandlung einzelner Nichtarier ausgewirkt haben dürfte. So war die Sekretärin seines obersten Magistratsbeamten Dr. Sterl mit einem Juden verehelicht gewesen und hatte daher halbjüdische Nachkommen. Blaschke und Sterl widerstanden allen deswegen vorgetragenen Aufforderungen zwecks Entfernung der betreffenden Person. Auch schriftliche Befürwortungen zugunsten jüdischer Kulturschaffender sind von Blaschkes Hand unterfertigt worden. Desgleichen werden ihm Interventionen für die Sozialdemokraten Oskar Helmer und Bürgermeister K. Seitz zugeschrieben. Der Generalkulturreferent Walter Thomas hingegen ist in seiner vielleicht von einer gewissen Rivalität diktierten Charakterisierung Blaschkes bedeutend negativer. Für ihn scheint der ehemalige Patentanwalt „weit gefährlicher als alle übrigen“ zu sein. Thomas sieht ihm hinter die „biedermännische“ Maske, entdeckt „ein raubvogelartiges Gesicht über der eleganten SS-Uniform, wäßrige Augen, vom eigenen Gefühlsbibber leicht zu Tränen gerührt, und eine Baritonstimme, besonders geeignet für Volksreden und Gesang.“ Blaschke ist für ihn der „Austria-Nazi“, der sein Österreichertum durch Sprache und Habitus unterstreicht, sich als Säule gegen die Berliner „Überfremdung von Kunst und Wissenschaft“ anpreist, weinhebermäßig „unter Tränen lächelt“ und sich nach genossenem Gumpoldskirchner ans Klavier setzt, um Wiener G'stanzln vorzutragen. Blaschke gebärdet sich demnach stets „als Urwiener und

Nationalsozialist", er fordert den Aufsichtspersonen aus dem Altreich ein „Wien den Wienern" ab. Nach Thomas ist es mit Blaschkes Bildung nicht weit her, da diese zu gegebenem Anlaß mit Lexikonweisheiten aufgeputzt werden muß.

Wie gesagt, Blaschke stand in diesen Frühlingstagen noch hinter der glänzenden Erscheinung Neubachers. Er fehlte beim Empfang, den der Bürgermeister für die Mitglieder des Berliner Schiller-Theaters am 23. April 1938 im kleinen Festsaal des Rathauses gab und wo neben dem Bühnenstar Heinrich George der bärtige Professor Menghin als Unterrichtsminister Seyß-Inquarts zu sehen war.

Am 27. April fand eine Schuldirektorenbesprechung statt, bei der die Absonderung der jüdischen Mittelschüler und deren Unterbringung in eigenen Anstalten angeordnet wurde. Schon Wochen früher hatten Neubacher, Blaschke und der neue Stadtschulratspräsident, Dr. Fritz, bei einer ähnlichen Zusammenkunft die Enthebung aller jüdischen Lehrkräfte und die Sammlung der jüdischen Kinder in 18 Volks- und 9 Hauptschulen vorbereitet. Nunmehr bemerkte das Amtsblatt der Stadt Wien, daß es doppelt so viel jüdische Mittelschüler als wünschenswert gebe. Also installierte man zunächst acht jüdische Mittelschulen, für das Schuljahr 1938/39 wird jedoch nur noch eine vorgesehen. Von 6000 jüdischen Mittelschülern dürfen für diese Lehranstalt nur noch 500 zugelassen werden. Die Schließung sämtlicher Privatschulen, darunter der katholischen Lehrinstitute und Internate, steht ebenfalls bevor. Dies bedeutet für die Gemeinde zusätzliche Schulraumbeschaffung, Durchführung verstärkter Renovierungsarbeiten und Heranziehung neuer Lehrkräfte. Nicht zu vergessen die NS-Ausrichtung eben dieser Lehrpersonen, die auf Neubachers Anordnung nicht mehr als Hilfslehrer, sondern als provisorische Dienstnehmer eingestellt werden sollen. Am 24. Mai müssen sie vor Reichsminister Rust und Neubacher den Eid ablegen. Der NS-Lehrerbund nimmt sich ihrer an, ab 21. Juni werden sie in die Ausstellung „NS Schrifttum und Schule" des Pädagogischen Institutes in der Albertgasse gebracht, und Schulungslager tun sich für sie auf. Der Schuljugend Wiens sind das „Landjahr", Vertrauenslehrer der Hitler-Jugend, Aufmärsche, Exerzierübungen und Kindererholungsaufenthalte im Altreich zugedacht. Neubacher äußert sich bei gegebenem Anlaß befriedigt über die rasche Entfernung von unzuverlässigen Schulleitern und Lehrkräften und verspricht, die in manchen Schulhäusern noch bestehende Gasbeleuchtung ebenso rasch zu beseitigen. Die neuen Lehrer aber hatten an ihre Eidesformel zu denken: „Ich schwöre, ich werde dem Führer des Deutschen Reiches und Volkes, Adolf Hitler, treu und gehorsam sein, die Gesetze achten und meine Amtspflichten gewissenhaft erfüllen, so wahr mir Gott helfe." Den Mitgliedern des Lehrer-A-capella-Chors, der am 13. und 14. Mai seine 25-Jahr-Feier festlich absolviert hatte, blieb außerdem noch das Reich der Töne. Die bald darauf beobachtete Geheimhaltung aller Maßnahmen und das weitere Absinken der jüdischen Schülerzahlen sowie die Schließung der betroffenen Anstalten blieben der Zukunft vorbehalten.

Der Verwaltungsbericht 1938 kann jedenfalls nebst der Reinigung der Lehrerschaft von Juden, aber auch von Mischlingen und jüdisch Versippten, mitteilen, daß die illegalen Kämpfer in den Schulleitungen und Aufsichtsbehörden alle Unzuverlässigen ersetzt haben. An der Spitze der Wiener Schulverwaltung, die mit Ausnahme der Heeresfachschulen, der nationalsozialistischen politischen Erziehungsanstalten und der Hochschulen alle Schularten der Gaustadt betreute, agierte Dr. Maximilian Fritz, der in der Verbotszeit Landesleiter des nationalsozialistischen Lehrerbundes von Österreich gewesen war. Fritz wird als unbeugsamer Gefolgsmann seines Führers geschildert. Er soll verbittert auch dann Idealvorstellungen nachgehangen sein, als mit dem Krieg der Tod in seiner Familie zu wüten begann. Die kleinen Wiener Arier wurden im Schuljahr 1938/39 von 5358 ebensolchen Pflichtschul-Lehrkräften, die abgesonderten Judenkinder von 135 jüdischen Lehrern unterrichtet. Der Turnunterricht war von drei auf fünf Stunden erhöht worden.

Vor dem Umbruch hatte es drei staatliche und fünf konfessionell-katholische Lehrerbildungsanstalten gegeben, im Herbst 1938 existierten ausschließlich sechs staatliche Institute dieser Art. Am 27. November wurde die Frauenakademie im 3. Bezirk der Stadt Wien übergeben, und das Kulturamt nahm sich dieses Unternehmens an. Die tschechische Minderheit Wiens durfte noch zwei Mittelschulen unterhalten. Die Wiener Tschechen, deren Gemeinderäte nach dem Ersten Weltkrieg stolz in der Heimatsprache die Gelöbnisformel dem damaligen Bürgermeister aufgesagt hatten, klammerten sich nun an Neubacher-Interpretationen von national-sozialistischer Volkstumsachtung und besuchten daher den Bürgermeister.

Das Pädagogische Institut der Stadt Wien, wo im Winterhalbjahr 1938/39 über 3000 Hörer inskribierten, stellte die „einzige Lehrerfortbildungsakademie der Ostmark" dar. Dort wurde 1938 die Abteilung für Leibeserziehung ausgestaltet, die Kindergarten- und Horterziehung nationalsozialistisch ausgerichtet und die Vortragsreihe über die Grundlagen des nationalsozialistischen Staates vor Herbeibefohlenen abgewickelt.

Die pädagogische Zentralbücherei wurde von „österreichisch-separatistischer, dynastisch-monarchistischer, politisch oder erbaulich katholischer Literatur und den Schriften der Prominenten und der Parasiten des vaterländischen Systems" befreit, eine gründliche Nachsäuberung zog sich wie bei den übrigen Büchereien noch längere Zeit hin. Eingang fanden das „nationalsozialistische, allgemein weltanschauliche, jugendbildnerische Schrifttum" sowie jene wissenschaftlichen Bücher, die ihre Prüfung auf fachliches Eignen und „auf ihre weltanschauliche Klarheit und Anständigkeit" bestanden hatten (nach dem Verwaltungsbericht der Stadt Wien).

Der 1. Mai 1938 wurde zu einer Art Verbrüderungsfest zwischen den „Arbeitern der Stirne und den Arbeitern der Faust", versinnbildlichte aber gleichzeitig auch die Liebesbande zwischen der Ostmark und dem Altreich. Aus Salzburg wurde ein Maibaum nach Berlin geschickt, Garmisch-Partenkirchen spendete eine Riesenfichte für den Wiener Heldenplatz. Großräumig und stilvoll schienen alle diese Veranstaltungen, Aufmärsche und Kundgebungen zu sein, die Blaschke in seinen Rechenschaftsberichten zu bitterer Feststellung über den Unwert früherer Gestaltungskraft anregten: „In kläglichen Versuchen verschiedener, zum Teil bei den Haaren herbeigezogener Fremdenverkehrsmaßnahmen wurde auch im Rahmen des Veranstaltungswesens versucht, die vorhandenen Kräfte in das geistige Profil der Stadt einzubauen. Echo fanden diese Dinge weder bei den Wienern noch bei den umworbenen Fremden. Verglichen mit dem Stand des Erbes früherer Generationen war es materiell, geistig und seelisch wahrhaft ein Trümmerfeld, das wir als Fundament unserer Arbeit am Beginn unserer Tätigkeit vorfanden." Kein Zweifel, Blaschke sah den Geist der Bewegung, der sich auf den Straßen und Plätzen der Stadt so dynamisch manifestierte, als Fruchtbarkeitsbringer den Bereichen des kulturellen Lebens zugeneigt: „Um so schöner und herrlicher war die Aufgabe . . ., mit dem Fanatismus der jungen Weltanschauung des Nationalen Sozialismus, mit den Hoffnungswerten in der breiten Masse unseres Volkes, mit den Fähigkeiten, Begabungen und den Glaubenswerten unserer geistigen Führungsschichte . . . nach Hinwegräumung des Schuttes jene Ziele aufzuzeigen und jene Wege zu bereiten, die mit dem 11. März 1938 und dem Einzug des Führers in unsere Stadt ihr für unsere Heimat weithin sichtbares Fanal gefunden hatten." Die Kulturlage schrie geradezu nach einem weiteren Konzentrationspunkt bzw. einem Organisator. Blaschke fühlte sich hiezu berufen und wurde auch bald von maßgeblicher Seite ausersehen: „Als damaliger Vizebürgermeister wurde ich von Bürgermeister Hermann Neubacher neben anderen Arbeitsbereichen mit diesem großen und schönen Aufgabengebiet betraut und von Gauleiter Globocnik (Globocnik selbst trat sein Amt am 22. Mai 1938 an) als Hauptstellenleiter Kultur im Gaupropagandaamt eingesetzt . . . Ehrfurcht vor den Leistungen der Vergangenheit, Fanatismus für die Werkschöpfung, glühende Liebe zur Heimat und kompromißlose nationalsozialistische Gesinnung standen damit Pate an der Wiege der neuen Zeit."

Die kompromißlose Gesinnung setzte sich, wie wir noch öfters lesen werden, auch in der Judenfrage immer mehr durch, zumal als sich der außenpolitische Horizont für Deutschland verdüsterte. Dies wurde auch anderswo vermerkt.

Schon im Frühherbst 1938 war man sich beim Heiligen Stuhl über die Radikalisierung der Verhältnisse im klaren, und F. W. Foerster berichtet in seinen Schriften, daß Papst Pius XI. beim Empfang einer katholischen Vereinigung aus Belgien im September zunächst auf den Antisemitismus im allgemeinen zu sprechen kam. Er las den Erschienenen einige Abschnitte aus der Bibel vor und erklärte mit Tränen in den Augen, Besseres als diese wunderbaren Worte könne es gar nicht geben. Wie könne überhaupt ein Christ Judengegner sein? Kein Christ dürfe irgendeine Beziehung zum Antisemitismus haben, denn wir seien doch alle in geistigem Sinn Semiten.

Dessen ungeachtet stand ein Teil des Wiener Judentums, nämlich jener, der nicht auswanderungsfähig oder -willig war, bzw. sich nicht von seiner Habe trennen wollte, am Beginn eines Leidensweges, von dem manche annehmen, daß er sechs Millionen Getötete aus ganz Europa einschloß. Andere, darunter auch namhafte jüdische Autoren, halten diese Zahl für übertrieben. Von der Auswanderungsmöglichkeit, die für die meisten das Gegenteil einer Vergnügungsreise darstellte, machten die Wiener Juden zu zirka zwei Drittel Gebrauch, wovon noch eine Anzahl den vordringenden deutschen Armeen des Zweiten Weltkrieges bzw. den nachfolgenden Suchkommandos in die Hände fiel. Auch manche Arier, die Österreich im Zusammenhang mit den Ereignissen im März 1938 verlassen hatten, sollten in ihren Gastländern überrollt und damit den braunen Häschern nahegerückt werden. Nur Schweden, die Schweiz, England und Portugal, später auch die USA, boten Sicherheit, sofern man den dortigen Behörden genehm war und keine zivile Flüchtlingssperre erfolgte.

III. KAPITEL
DIE KULTURÄMTER KOMMEN

Während sich der am 7. Mai 1938 von Gauleiter Bürckel zum Beauftragten für kulturelle Fragen ernannte Dr. Anton Haasbauer überlegte, wie er das Erziehungswesen ausrichten und entscheidenden Einfluß auf Wissenschaft, Kunst und Volksbildung gewinnen könnte, fand am 10. Mai bereits eine erste „Familienfeier in engerer Runde" statt, wie sich Blaschke bei dieser Gelegenheit ausdrückte. Die Initiative lag ihm sichtlich am eigenbrötlerischen Herzen.

Konnte er doch im Kleinen Festsaal des Rathauses den Ehrenring der Stadt Wien dem „Ostmärker" Josef Reiter überreichen, wobei die Herren Stuppäck und Kozich sowie Frau Neubacher zusahen. Der Männergesangsverein trug Kompositionen des Geehrten vor. Josef Reiter war ein Emigrant im umgekehrten Sinn, d. h. er ging 1933, wegen seiner nationalsozialistischen Haltung von den Österreichern als Künstler mißachtet, nach Deutschland, widmete dem Führer einige Werke und kehrte 1938 nach Wien zurück. Am 10. Mai nannte Blaschke den alten Mann „einen unserer Besten" und meinte, daß in den letzten Wochen nur „Gäste aus dem Altreich willkommenen Anlaß zur Begrüßung" usw. geboten hätten. Darüber sollten aber die heimischen Werte nicht vergessen werden. Reiter bekam zunächst eine Gedenktafel ans Wohnhaus, starb jedoch bereits am 2. Juni 1939 und erhielt ein Ehrengrab sowie die übliche Kranzspende. Die Ehrenringverteilung an Reiter leitete Blaschkes Rednertum im kulturellen Bereich ein.

Aber nicht nur Blaschke spricht bei bedeutungsvollen Ereignissen, auch Neubacher zieht dererlei Angelegenheiten immer wieder an sich und redet. Wiederholt kündigt der Bürgermeister die bevorstehende Errichtung einer Strandpromenade von Nußdorf bis zum Kahlenbergerdorf, ein umgestaltetes Messegelände im Prater – wofür das Ergebnis des seinerzeit von Richard Schmitz ausgeschriebenen Wettbewerbes nicht mehr ausreiche – sowie eine Wiener Stadthalle und repräsentative Parteigebäude an. Prof. Alexander Popp sekundiert ihm dabei. Neubacher genehmigt persönlich die Anlage eines Volksparkes auf dem Laaerberg, der viermal so groß wie der Türkenschanzpark werden soll. Auch mit Tieren beschäftigt sich der Bürgermeister, läßt am 20. Mai internationale Kynologen auf dem

Kahlenberg bewirten und stiftet eine Augartenplastik als Ehrenpreis für deren Hundeausstellung in Wien.

Am 1. Juni kommt Reichsinnenminister Frick mit seiner Suite ins Rathaus, begrüßt Neubacher, Kozich und Blaschke und läßt sich von den Magistratsdirektoren sowie Gruppenleitern Bericht erstatten. Frick erklärt u. a. etwas verlegen, „daß sich der Führer selbst um die kulturelle Bedeutung dieser Hauptstadt besonders annehmen werde". In jenen Tagen bringt Bürgermeister Krebs aus Frankfurt eine Goethebüste und erhält dafür von Neubacher die Plastik „Kämpfende Pferde" sowie diverse Radierungen für die Stadtherren am Main. Am 8. Juni führt Neubacher vor Teilnehmern eines kontinentalen Reklamekongresses aus, daß die „Reklame des vergangenen Systems irreführend" gewesen sei. Wien hätte zwei Gesichter, ein fröhlich-unbeschwertes und ein kämpferisches. In der Pfingstfolge des „Völkischen Beobachters" (Wiener Ausgabe) verlangt er die Erschließung des Wienerwaldes, wobei sich laut Mitteilung im gleichen Blatt die Hausberge der Wiener zu den Doppelfeiertagen erstmals judenrein dem enormen Ausflüglerstrom präsentieren. Zehn Tage später wird die untere Lobau zum Naturschutzpark aufgewertet, da noch niemand die kommenden Ölhafenprojekte ahnt, und die ersten jungen „Hitler-Eichen" grünen zart in Wiener Bezirken. Der „VB" macht sich um diese Pfingsten über Dr. Scherchen und sein rassisch-anrüchiges Musika-viva-Orchester lustig, lobt das Neue Wiener Tonkünstlerorchester wegen seines illegalen Kämpfertums, beglückwünscht die Secession zu ihrer ersten Ausstellung im Münchner Kunstverein und erhofft sich vom Platz „Am Hof" ein ideales Aufmarschgelände. In dem dort auf Hausnummer 4 untergebrachten Gaupropagandaamt (Gauleitung) ringt Blaschke bereits um die Eindämmung „nationalen Kitsches". Auch ein Vier-Personen-Kulturamt im Rathaus regt sich bereits unter seiner Führung. Hiezu teilt der Vizebürgermeister in „Fünf Jahre Kulturamt der Stadt Wien" mit: „In meinem auf diesem Gebiet altbewährten Pg. Oskar Jölli, der seit dem Umbruch im Reichssender Wien als Abteilungsleiter für Kunst tätig war, gewann ich meinen ersten Mitarbeiter auf diesem besonderen Aufgabengebiet, mit dem die wichtigsten Punkte der Sofortmaßnahmen und der künstlerischen Planungen besprochen wurden . . . Auf dem sozialen Sektor mußten die noch bestehenden Einrichtungen wie Privatbühnen, Orchester und Künstlervereinigungen gereinigt und subventioniert und mußte eine Notstandsaktion für verarmte Künstler in die Wege geleitet werden. Zu groß waren Not und Hilfsbedürftigkeit auf der einen, Gestaltungsdrang und Planungsfülle auf der anderen Seite, als daß an einen systematischen Aufbau zu denken war. Es galt zunächst, nur da und dort auftretende Löcher zu stopfen und Hand in Hand damit dieses oder jenes vorgeplante Samenkorn seinem Nährboden zu übergeben . . . Im Künstlerhaus wurden die ersten Ankäufe von Kunstwerken zur Erfüllung einer Mäzenatenpflicht der Stadt getätigt, gemeinsam mit Staatssekretär Mühlmann von der österreichischen Landesregierung wurde eine Ausstellung ‚Berge und Menschen der Ostmark' für die Reichshauptstadt zusammengestellt, mit der neugegründeten Organisation Kraft durch Freude für den Sommer 1938 ein großes Künstlerfest als Notstandsaktion vorbereitet."

Der von Blaschke genannte Oskar Jölli tritt am 16. Mai als ein „Kulturreferent der Stadt Wien" in Erscheinung. Er begrüßt Gefolgschaftsmitglieder der Städtischen Straßenbahnen, die zum Genuß eines bäuerlichen Lustspiels der Exl-Bühne wohl mit leisem Druck dirigiert worden sind. Jölli sagt den nächsten „Gemeinschaftsbesuch" an und preist das Kernreich-Kartensystem für diese Zwecke. Im Kernreich bzw. Altreich, womit Deutschland in den Grenzen von 1937 gemeint ist, wurden verbilligte Theaterkarten bei Gefolgschaftsausflügen preiseinheitlich abgegeben und die Sitzkategorie durch Verlosung bestimmt – ein Vorgang, der auch bei der Jugenderziehung angewendet wurde und die Volksgemeinschaft ohne Individualvorteil demonstrieren sollte. Jölli dankte übrigens den Straßenbahnern, daß sie als erster Betrieb in den Dienst der Wiener Bühnenhilfe getreten waren.

Schon im April 1938 hatte die Gemeindeverwaltung aus einer Exposition des Dürerbundes, der damals meist in der Zedlitzhalle domizilierte, zwei zeitgenössische Malereien, und zwar eine Winterlandschaft (wahrscheinlich am Tulbingerkogel) von Filkuka und eine rastende Schnitterfamilie des städtisch preisgekrönten Sandig angekauft. Man bemühte sich um die weltanschauliche Verläßlichkeit der Spitzen solcher Vereinigungen, zumal auch die bildende Künstlerschaft Wiens als Ganzes in Unruhe befangen und von der Abwanderung ihrer bedeutendsten Kräfte irritiert war. Oskar Kokoschka, der Anfang der dreißiger Jahre im Gemeindeauftrag „Wien vom Wilhelminenberg aus" angefertigt hatte, sowie Siegfried Charoux und der mit Wien verwandte Grazer Meister Wilhelm Thöny waren schon vor einiger Zeit ans Ausland verlorengegangen, Georg Merkl hatte sich Westeuropa zugewandt. Die Wiener Künstlervereinigung „Hagenbund", deren Mittelpunkt Merkl lange Zeit gewesen war und der auch A. Faistauer angehörte, wurde nach dem Umbruch aufgelöst. Ein Maler namens Janisch erschien mit Peitsche und Schaftstiefeln im Vereinslokal, um die Auflösung drastisch durchzuführen. Georg Ehrlich, eine weitere Malerpersönlichkeit von besonderer Bedeutung, hatte sich nach England zurückgezogen, und der Anschluß zwang auch Gerhard Frankl ins Exil. Jehudo Epstein wanderte bis Südafrika, Fritz Wotruba und Carry Hauser wollten in die Schweiz, der architektonische Neuerer Clemens Holzmeister widmete sich der türkischen Hauptstadt Ankara. Die Architekten waren überhaupt von plötzlicher Reiselust befallen: Nach den USA, wo der Wiener Dr. Richard Neutra seit Jahren wirkte, eilte nun auch Victor Gruen; Professor K. H. Brunner ließ sich in Kolumbien nieder, Josef Frank ging nach Schweden, sein Wiener Atelierkollege Ernst Plischke nahm die Arbeit zuerst in New York und später in Neuseeland auf. Überall hinterließen die Wiener bleibende Zeichen ihrer architektonischen Auffassung, ob es sich nun um Einzelvillen, Bankhäuser, Hotels, Einkaufszentren, Innenraumgestaltung oder um ganze Städte handelte.

Kinder aus Wiener Emigrantenfamilien, wie Georg Eisler und Georg Chaimowitz, wuchsen in der Fremde zu bildenden Künstlern heran. An den führenden Portraitisten der Wiener Gesellschaft in der Ersten Republik erinnert der Kunstexperte Ernst Koller in einem Kommentar zur Österreichischen Malereiausstellung im Grazer Künstlerhaus, Anfang 1966, und berichtet, daß Wilhelm Viktor Krause, dessen Ölgemälde Arthur Schnitzlers im Historischen Museum der Stadt Wien hängt, 1938 zur Emigration gezwungen war. Koller erklärte anschließend: „. . . Die Zäsur des Jahres 1918 macht sich auch auf dem Gebiet der bildenden Kunst drastisch fühlbar. 1918 ist das Todesjahr von Klimt und Schiele, den neben Kokoschka wohl bedeutendsten malerischen Potenzen Österreichs im frühen 20. Jahrhundert . . . Die durch die Ereignisse entstandenen Lücken wurden durch Generationsgenossen Kokoschkas, zum Teil auch noch durch die Altersgenossen Klimts ausgefüllt: Franz Wiegele, Anton Kolig, Paris v. Gütersloh, Alfred Wickenburg, Fritz Silberbauer, Josef Dobrowsky erleben in den Jahren nach 1918 ihre künstlerische Reifezeit, ältere Maler wie Carl Moll oder Joseph Engelhart, beide einstmals Mitstreiter Klimts und Mitbegründer der Wiener Secession, treten in die letzte Periode ihres Schaffens ein. Aber auch jüngere Kräfte tauchen 1918 oder wenig später auf, wir denken hier hauptsächlich an Herbert Boeckl, Carry Hauser und Sergius Pauser . . . Das Datum 1938 fixiert nicht nur ein zeitgeschichtliches Ereignis von tragischer Bedeutung, es ist auch hinsichtlich der Kunstentwicklung gleichzusetzen mit einem Schlußstrich unter eine Periode."

Einige nicht genehme Maler blieben in dieser Stadt mit sich und ihren Werken in der Stille. Sie wurden, wie Albert Paris Gütersloh, bei öffentlichen Ankäufen oder Aufträgen benachteiligt. Innerhalb der Wiener Jugend entstanden Talente, die in Bewunderung auswärtiger Vorbilder und in Ablehnung der Mal- und Modellierregeln des 3. Reiches auf eine künstlerisch-politische Wende warteten. Hundertwasser, Ernst Fuchs und Kurt Ohnsorg gehörten hierher, wahrscheinlich auch mancher, der auf den Schlachtfeldern blieb. Trotzdem gebrach es dem Wiener Kulturleben nach dem März 1938 keineswegs an befähigten Malern, wenn ihnen auch die geforderte Einordnung in den neudeutschen Stil nicht immer ganz gelang. Karl Ginhart zählte 1942 aus der älteren Generation die Landschaftsspezialisten Max Suppantschitsch, Carl Moll, Anton Novak, Alois Hänisch, Hans Ranzoni, Josef Jungwirth, Ferdinand Brunner, die Figurenmaler und Portraitisten Rudolf Bacher, Joseph Engelhart, Rudolf Jettmar, Ferdinand Andri, Oskar Laske, Fritz Rojka (bei dem schon Lahr ein Portrait des Dichters Franz Karl Ginzkey bestellt hatte), Leopold Blauensteiner, Wilhelm Dachauer, Viktor Hammer, Karl Sterrer, Ferdinand Kitt, Rudolf Böttger, die Tiermaler Karl Fahringer, Oswald Roux und Ludwig Jungnickel auf.

Diese Liste, wie auch die folgenden, scheint Ginhart in politischer Hinsicht nicht genau überprüft zu haben, weil darunter Namen wie Engelhart und Jungnickel zu finden sind, die nicht, oder wenigstens nicht immer, das offizielle Wohlwollen genossen. Der jüngeren Generation rechnete Ginhart zu: Die Koloristen Robert Christian Andersen, Josef Dobrowsky, Hans Schachinger und Herbert Boeckl, die „idealistischen“ Figurenmaler Artur Brusenbauch, Herbert Dimmel und Rudolf Hermann Eisenmenger, die Landschafter und Bildnismaler Leo und Hans Frank und den Landschafter Erich Miller-Hauenfels. Als Graphiker kamen Altmeister William Unger, Ludwig Michalek und Franz Coßmann in Betracht, denen sich die jüngeren Luigi Kasimir, Ludwig Hessheimer und Ludwig Christian Martin anschlossen.

Die Bildhauer waren nicht so üppig gesät. Nach des bedeutenden Anton Hanaks Heimgang anno 1934 war man schon in der Systemzeit auf das Wirken von Professor Wilhelm Fraß, Professor Heinrich Scholz, Bildhauer Fiala und einige andere angewiesen. An der Höhenstraße hatte Professor Alexander Popp damals den heiligen Engelbert von Rudolf Schmidt einzementiert. Der Reichsstadt Wien bleiben außerdem noch die Plastiker Franz Barwig, Oskar Thiede, Edwin Grienauer, Josef Humplik und Franz Josef Riedl als anerkannte Meister.

Immerhin trauten die städtischen Förderer dem Wiener Boden

kräftigen Nachwuchs in allen Bereichen der bildenden Kunst zu und bereiteten dessen richtungweisende Pflege vor. Was sagt darüber Vizebürgermeister Blaschke in seiner Rückschau 1943, als Professor Fraß bereits seit längerem im städtischen Kulturamt tätig war:

„Auf dem Gebiet der Bildhauerei, dem der Schöpfer des Wiener Heldendenkmales und feinsinnige Künstler Prof. Fraß vorsteht, war zunächst die bereits angedeutete soziale Hilfe durch Ankäufe von Plastiken und Vergebung des Schmuckes kahler Wohnhausbauten sowie die Ausschreibung von Wettbewerben für Denkmäler aller Art zu tätigen. Ihr folgten die Großaufträge zum Schmuck unseres Stadtbildes . . . Neben diesen Großplanungen wurde jedoch auch die Kleinplastik und die Medaillenkunst nicht vernachlässigt . . . In ähnlicher Weise wurden die Verhältnisse auf dem Gebiet der Malerei gesteuert. Hier war es die Liebe zur Kunst und die aufrichtige Kameradschaftsgesinnung von Professor Rudolf Böttger, die bahnbrechend wirkte. Auch hier zunächst die Linderung der sozialen Not der Künstlerschaft durch Vergebung von Aufträgen und durch Ankäufe von Werken und dann die neue Kunstpolitik! Der äußere und innere Schmuck öffentlicher Gebäude und Anstalten, die Anfertigung von Bildnissen hervorragender Wiener Persönlichkeiten des kulturellen und wissenschaftlichen Lebens, die bildliche Darstellung des Stadtbildes nach bestimmten Gesichtspunkten, der Innenschmuck von Büchereien, Kindergärten, Standesämtern, Soldaten-Verpflegsstellen, Aufbahrungshallen der Friedhöfe und der künstlerische Schmuck der repräsentativen Festräume des Rathauses . . .“

Auf den von Blaschke erwähnten Professor Rudolf Böttger werden wir noch öfters treffen. Schon Lahr hatte seine Bekanntschaft anläßlich des großen Altarbildes vom Heiligen Richard gemacht, das Böttger seinerzeit im Auftrag der Stadt für die Herz-Jesu-Kirche im V. Bezirk geschaffen hatte. In den Aufbahrungshallen der Friedhöfe, die Blaschke sicherlich im Sinn einer mehr teutonischen Himmelfahrt geschmückt sehen wollte, war nicht sehr viel Platz. Dort hatte sich das vergangene System, das diese Räumlichkeiten noch durch das weniger schöne Wort „Leichenhalle“ bezeichnete, mit Vorliebe verewigt. Sogar der geheimnisvolle Figurenspiegelschöpfer Professor R. Teschner war zu Schmitz' Zeiten in der Leichenhalle III am Zentralfriedhof mit einer liebenswürdigen Auferstehung am Werk gewesen. Nun stürzte sich Architekt Professor Alexander Popp in die Neugestaltung des Akademietheaters, Dr. Pfann und Dr. Weisse vom Künstlerhaus wandelten Verschiedenes im Musikvereinsgebäude um. Den 1. Preis im Wettbewerb für die Hauptanstalt der

Zentralsparkasse der Gemeinde Wien errang Dr. F. Klimscha. Sechsundzwanzig Jahre sollten vergehen, bis besagte Hauptanstalt in anderer Form Wirklichkeit wurde.

Die kommissarische Leitung der Akademie der Bildenden Künste fiel Popp mit den Professoren Andri und Dachauer zu, während Professor Leopold Blauensteiner als Präsident des Künstlerhauses fungierte. Dieses Haus verlieh den „goldenen Lorbeer" 1938 an den Kupferstecher Prof. Alfred Coßmann und nahm acht neue ordentliche Mitglieder, darunter Brusenbauch, Gerstenbrand und Pregartbauer, auf.

Es sei erlaubt, an dieser Stelle in Sachen Künstlerhaus und seiner Mitglieder einiges vorwegzunehmen, was erst im nächsten Jahr geschah und heute noch beziehungsvoll wirkt: 1939 begann das Mitglied Architekt Dr. Karl Holey mit dem Bau des Deutschen Historischen Instituts in Rom, Gustinus Ambrosi schuf für Berlin die überlebensgroßen Plastiken „Bacchus", „Diana" und „Narcissus". Am Zentralfriedhof errichtete Josef Müllner das Ehrengrab für Professor Wagner-Jauregg, und die Architekten Dr. Iltz und Dr. Pfann erhielten in Lüttich den Grand prix für das Projekt einer Ausgestaltung der Donauinsel bei Lang-Enzersdorf zu einer Sportanlage. Ein erster Preis war auch Oskar Thiede für die Medaille der „V. Winter-Olympiade 1940, Garmisch-Partenkirchen" beschieden. Für die Ausgestaltung des Wiener Rathauses wurden von Künstlerhausmitgliedern Gobelins und Glasfenster entworfen, Pläne für den Volksopernvorhang eingereicht und mit minderem Erfolg um die Ausführung des Walther von der Vogelweide-Denkmals auf dem Leopoldsberg gestritten. Remigius Gailing arrangierte den Karnevalszug der Stadt Wien, und die Gemeindeverwaltung ließ das Gebäude am Karlsplatz renovieren. Weitere Vorgänge des Jahres 1939 beschreibt Rudolf Schmidt in seiner Publikation „90 Jahre Künstlerhaus" (1951) wie folgt:

„Am 7. Juni 1939 übernimmt Maler Rudolf Hermann Eisenmenger die Präsidentschaft der Genossenschaft der bildenden Künstler Wiens. Die konsequente Betonung österreichischer Standpunkte in allen Maßnahmen des hauptamtlichen Leiters der Reichskunstkammer, Maler Professor Leopold Blauensteiner, führt dazu, daß er als hauptamtlicher Leiter fristlos entlassen wird. Seine spätere Wiederbestellung als ehrenamtlicher Leiter erfolgt über ausdrückliches Verlangen der für die Kunstführung in Österreich interessierten Stellen. Er verhindert die Beschlagnahme und Vernichtung durch die Gestapo von Werken Kokoschkas, Egon Schieles und Carry Hausers und sichert diese durch Deponierung. Durch geeignete Maßnahmen seitens Prof. Blauensteiners wird das Eigentum, insbesondere das künstlerische Werk des 1938 emigrierten Malers Professor L. H. Jungnickel, unseres Mitgliedes, durch Deponierung im Künstlerhaus vor Zugriffen gesichert. Am 18. Dezember 1939 wird über Anordnung des Kulturamtes der Stadt Wien der Zusammenschluß der Vereinigung bildender Künstler Wiens – Secession mit dem Künstlerhaus vollzogen; die Gesamtkörperschaft führt die neue Bezeichnung ‚Gesellschaft bildender Künstler Wiens, Künstlerhaus'. In einer Festversammlung wird der vollzogene Zusammenschluß formell besiegelt. Damit verbunden ist die Überlassung des Gebäudes der Secession als zweites Ausstellungshaus der Gesellschaft."

Außerdem gab es 1939 im Künstlerhaus eine ordentliche Mitgliederaufnahme von 46 Personen, darunter Ferdinand Andri, Wilhelm Dachauer, Wilhelm Fraß und Oskar Laske.

Kehren wir zu den Ereignissen des Frühjahrs 1938 zurück, wo wir am 19. Mai auf die Belegschaften von E- und Gaswerk treffen, die erstmals militärischen Werkskonzerten lauschen. Es waren Abschiedsklänge, denn vier Tage später rückten Teile der deutschen Invasionsarmee ins Altreich ab. Bei dieser Gelegenheit überreichte Blaschke im Arsenal den Kommandeuren Erinnerungsgemälde. Bis in den Herbst hinein stehen Wien jetzt kulturelle und sportliche Höhepunkte bevor, zu denen auch Fremde aus Westeuropa kommen, um von Neubacher, Kozich und Blaschke begrüßt zu werden. Die fremden Gäste geben ihrer Bewunderung für das Neue und seine Urheber in höflichen Trinksprüchen Ausdruck und versprechen, daheim über alles Geschehene zu berichten. Neubacher lädt die Delegierten ins Kahlenbergrestaurant, in die Festsäle des Rathauses und in seine Wohnung ein. Er scheut nicht vor Empfängen mit 800 und mehr Personen bzw. deren Kosten zurück. Selbstverständlich fehlen die irgendwie schon „zum Haus gehörenden" Parteifreunde aus Italien nicht unter den Gästen. Unter dem kommissarischen Leiter der Staatsakademie, Professor Dr. Orel, gibt es einen internationalen Wettbewerb für Gesang, Klavier und Holzblasinstrumente. Weiters finden Kongresse von Werbungsexperten und Schwerathleten, Künstlerwochen, die Weltmeisterschaft im Stemmen, die Europameisterschaft der Leichtathleten, Turniere, Tagungen und Wettkämpfe und nicht zuletzt die Reichstheaterfestwoche vom 12. bis 19. Juni 1938 statt. Goebbels fordert bei dieser Großveranstaltung, die er von Stuttgart nach Wien verlegen ließ, vor den aus ganz Deutschland versammelten Spielleitern bezüglich der Stückauswahl mehr Wagemut und weniger Klassik. Er erscheint am 12. Juni zum zweiten Mal im großen Festsaal des Rathauses, wo sich Neubacher, Kozich und Blaschke, Seyß, Mühlmann, Stuppäck, Jelusich, Blauensteiner und all die anderen um ihn scharen. Als Erinnerungsgabe des Bürgermeisters wird aus diesem Anlaß das „Bekenntnisbuch österreichischer Dichter", das vom Bund deutscher Schriftsteller Österreichs herausgegeben worden war, verteilt. Am 15. Juni bewillkommt Blaschke 500 mittätige Festteilnehmer auf dem Kahlenberg und spricht vom Zauber des Geschauten, von materiellen Ostmarkkünstlersorgen und von den vorgefundenen Verhältnissen, die angeblich jeder Beschreibung spotten. Neben verbrecherischen Dilettanten waren nach Blaschke auch völlig amusische Menschen am Werk gewesen. Er verweist auf den Gründungsversuch der Deutschen Bühne zugunsten eines „deutschen Theaterinstitutes" in Wien im Jänner 1938. Damals hatte der Unterrichtsminister Pernter die Aufführung von Wilhelm Tell und Don Carlos untersagt. Im Rot-Weiß-Rot-Buch 1946 findet sich ein ähnliches Verbot für beide Schillerdramen mit Datum vom 21. August 1941. Blaschke weiß an jenem 15. Juli davon natürlich nichts und erinnert an die „Verludering der Kultur", die nun „wie ein Phönix aus Wust und Sumpf" emporsteigt: „Niemand kann ermessen, was für uns der 13. März bedeutet hat . . ." Ähnliches schreibt er auch am 17. Juni im Amtsblatt, wobei er auf die ins 12. Jahrhundert zurückgehende Wiener Theatertradition pocht, weiters auf Ahnenschöpfung, Reinigung, Kluftüberbrückung und Hinführung zu sittlich-völkischen Werten hinweist. Den Rahmen der Reichstheaterfestwoche bilden ein exklusives Theaterfest in Schönbrunn mit bäuerlichen Tanzvorführungen und das Volksfest auf der Jesuitenwiese am 19. nachmittag. Für die Ausstattung solcher Massenveranstaltungen war Geld in Hülle und Fülle vorhanden, eine früher nicht gekannte Großzügigkeit obwaltete und ließ den Nürnberger Parteitagsstil allerorts durchschimmern. Dazwischen gab es exklusive Schloßabende für die Prominenz, deren Verlauf weitaus hallender und zackiger vor sich ging, als seinerzeit bei Reinhardts in Leopoldskron.

Das Frühjahr 1938 war eine kulturschöpferische Zeit. Max von Millenkovich-Morold hat 1943 ein Verzeichnis der damals freiwillig oder auch zwangsweise angetretenen Poeten angelegt. Er schreibt: „Josef Weinheber . . . hat auch der heiteren wienerischen Art einen neuen, klassichen Ausdruck verliehen. Neben ihm sind der feinsinnige Erzähler Franz Karl Ginzkey, dann Franz Schlögel, Hermann Stuppäck und Friedrich Sacher als beachtenswerte Lyriker zu nennen. Wladimir von Hartlieb hat das neue Reich in Versen und Prosa flammend begrüßt. Die zu Wienern gewordenen Sudetendeutschen Karl Hans Strobl, Robert Hohlbaum und Bruno Brehm haben den

Kampf an der deutschen Ost- und Südgrenze und die tiefgreifenden Umschichtungen und Umwälzungen, die den Weltkrieg bewirkten und weiterhin durch ihn hervorgerufen wurden, höchst packend gestaltet. Mirko Jelusich verherrlicht in seinen vielgelesenen Romanen den Führergedanken, den er an bedeutsamen geschichtlichen Beispielen veranschaulicht."

Auf der Wiener Bühne haben der kraftvolle, zuweilen kantige Tiroler Karl Schönherr und sein weicherer Landsmann Josef Wenter Triumphe gefeiert; hier wirken aber auch die Dramatiker Hermann Graedener, dem am 29. April von Hitler zum 60. Geburtstag die Goethe-Medaille verliehen wurde, und Max Mell, jener ins Monumentale strebend, dieser aus alten Legenden neuen Sinn formend. Millenkovich-Morold nennt weiters die Erzähler Eduard Paul Danszky, Erwin Rainalter, Kurt Ziesel, Ernst Scheibelreiter, Hans Stiftegger, Erich Landgrebe, Siegfried Freiberg, Erich Kernmayr, Maria Grengg, die Theaterdichter Otto Emmerich Groh, Hermann Heinz Ortner und die Gestalter von Sage und Geschichte im Roman: Ludwig Huna, Franz Spunda und Ernst Kratzmann. „Sie und andere haben sich von der selbstgefälligen Lustigkeit wie von der rührsamen Weichlichkeit vergangener Tage ebensoweit entfernt, wie der heutige Sinn der ganzen Ostmark zielbewußt auf die schweren, aber großen Aufgaben des neuen deutschen Volksstaates gerichtet ist. In der Wiener Dichtung hat sich die segensreiche Wandlung der Stadt mit beglückender Deutlichkeit vollzogen."

Allerdings, die hier zitierte „selbstgefällige Lustigkeit" war für die österreichisch-wienerische Geisteshaltung keineswegs so signifikant wie jenes satirisch-hintergründige, dessen Gestalter vor den nationalsozialistischen Kulturförderern auf keinen Fall Anerkennung finden konnten. Als Ergänzung zu der noch später aufzuzeigenden Themen- und Stilwahl der vom Kulturamt belobigten Schriftsteller sei hier aus dem in den Wiener Bücherbriefen 1965 erschienenen Aufsatz „Ironie als Notwehr" von H. Rieder folgendes wiedergegeben:

„. . . Wir erinnern uns, daß schon Musils ‚Mann ohne Eigenschaften' um eine satirische Idee herumgebaut wurde . . . Bei Herzmanovsky-Orlando ist dies aber das ausschließliche Motiv; und in beiden Fällen war es nicht so sehr Aversion, sondern eher die bittere Erkenntnis eines dem Abend zustürzenden Geschichtsverlaufes, die zu diesem Motiv hinleitete, bei dessen Behandlung also immer irgendwo Liebe und Wehmut mitschwingen . . . Das vor wenigen Jahren von Friedrich Torberg ausgegrabene Lebenswerk dieses 1954 verstorbenen größten Schelms unter den österreichischen Dichtern, der seinen späten Ruhm nicht mehr erlebt hat, wird vielleicht erst nach Jahren erfaßt werden können. Die überquellende Phantastik und den grotesken Humor als Vorbedingung für die ironische Verarbeitung der österreichischen Tragödie hat Herzmanovsky-Orlando mit Albert Paris Gütersloh gemeinsam . . ., in der Mitte zwischen Gütersloh und Herzmanovsky-Orlando steht der Roman ‚Das große Protokoll gegen Zwetschkenbaum' des ebenfalls sehr spät zur Anerkennung gelangten, 1902 geborenen Albert Drach. Es ist die gleiche Quelle ironischer Betrachtung, aus der hier eine Satire der österreichischen Justizmaschinerie geboren wurde, und zwar bis in Sprache und Stil hinein."

Freilich, Herr Rieder hatte 1965 besseren Überblick hinsichtlich aller Talente als Millenkovich-Morold oder der davon kaum berührte Blaschke, der in seinem Rechenschaftsbericht 1943 erklärt: „. . . Auf dem Gebiet des Schrifttums wurden die literarischen Vereinigungen gefördert und unterstützt und Neugründungen angeregt . . . Die Veranstaltungen von Dichterlesungen vor Erwachsenen und in Schulen runden die Tätigkeit auf diesem Fachgebiet."

Für Herbst 1938 ist der schon öfter genannte Literat Hermann Stuppäck als Sachberater für Schrifttum im Rathauskulturamt zu erwarten. Blaschke nennt ihn „einen alten Illegalen", der später „die Geschäfte des Generalreferates leiten und damit für den innigen Kontakt, in dem die beiden Kulturlenkungsstellen seit jeher standen, ein persönlicher Garant" sein wird. Mit Kulturlenkungsstellen bezeichnet Blaschke also die zwei einschlägigen Büros im Rathaus und in der Reichsstatthalterei, worüber noch bei Behandlung der Kompetenzen erklärende Worte folgen werden.

Der Juli 1938 beschert dem Wiener Stadtbild ein paar Gedenktafeln an die Putschisten gegen Dr. Dollfuß, und diese Art von Fassadenschmuck wird auch im Juli des nächsten Jahres fortgesetzt. Österreichische Patrioten beschmieren dann die Tafeln und erleiden darob sehr schwere Bestrafung. An die Rathausadresse werden Ehrengrabwünsche für die 1934 gehenkten Attentäter gerichtet, die feierliche Benennung einer Wohnhausanlage der Gemeinde Wien in Otto-Planetta-Hof soll das Schicksal jenes Pistolenschützen den breiten Volksmassen stets gegenwärtig machen. Planetta hatte in diesem Bau mehrere Jahre gewohnt. Ähnliche Zwecke verfolgt die Umbenennung einiger Verkehrsflächen nach Putschisten und die „Straße der Julikämpfer" an Stelle der Siebensterngasse, wobei diese Bezeichnungen die bereits nach Mitgliedern der Reichsregierung heißenden Straßen und Plätze ergänzen. Das Amtsblatt würdigt außerdem die Umbenennung des Kardinal-Piffl-Studentenheimes in

Horst-Wessel-Studentenheim. Nach und nach kommen weitere verewigte Parteigenossen zur Verkehrsflächenehrung.

Die Magistratsabteilungen 23 und 38 sowie die Direktion der städtischen Sammlungen standen freilich schon bald fassungslos dem Wirrwarr an Doppelbenennungen, Bezirksangabeveränderungen oder Namenlosigkeiten bei Verkehrsflächen im Raum von Groß-Wien gegenüber. „Die Wiener Straßenverwaltung hat sich aus diesem Grunde entschlossen, zunächst nur die allerdringendsten Namensänderungen vorzunehmen. Dazu gehören vor allem die im Altraum von Wien vorkommenden Straßennamen jüdischen Ursprungs." So steht es im Amtsblatt, das außerdem mitteilt: „Gegenwärtig ist die Abänderung von ungefähr 80 in Wien festgestellten jüdischen Straßennamen in vollem Gange." Bei dieser großen Verkehrsflächenbenennung, zu der sich Neubacher bereits am 9. Dezember 1938 entschlossen hatte, die aber erst am 17. Februar 1939 publiziert wurde, handelte es sich um nicht weniger als 97 Umbenennungen. Alle Wiener Bezirke waren davon betroffen, Hietzing stand mit 13 Namensänderungen an der Spitze. Nebst vielen Juden folgten nun Suttner und Este den schon früher aus dem Straßenverzeichnis Verbannten nach, und bei der Starhemberggasse spezifierte man genau, welches Familienmitglied gemeint war. Bei den „Bewegungsopfern" werden auch Minderjährige verewigt, von Schönerer bis General Kraus wird jeder Wegbereiter des Nationalsozialismus unter die Hausnummern geschrieben. Clausewitz, der Rembrandtdeutsche Langbehn und Admiral Scheer sind dabei, auch Conrad von Hötzendorf darf mitmarschieren, obwohl dieser „Preuße Österreichs" auf seine Art von der österreichischen Mission durchaus überzeugt war. Aber warum sollte es ihm besser ergehen als dem Prinzen von Savoyen? Harmlos unterschwellig mischen sich auch die Namen von Altreichsstädten ins Wiener Straßenverzeichnis. Und als im Herbst 1939 die ministerielle Anordnung erging, Straßenumbenennungen während der Kriegszeit einzustellen, konnte das Kulturamt aufatmend feststellen, daß es bisher im Einvernehmen mit der NSDAP nicht weniger als 103 Umbenennungen unter Dach und Fach gebracht hatte. Dabei ging es freilich nicht immer ohne Panne ab. So berichtet Hanns Jäger-Sunstenau in seiner Publikation „Johann Strauß, der Walzerkönig und seine Dynastie" hiezu folgendes: „Der Name Schlesinger war . . . bei den österreichischen Juden des ausgehenden 18. und 19. Jahrhunderts ein weitverbreiteter. Daher gehörte es 1938 zu den eiligen Vorkehrungen im Wiener Rathaus, den Schlesingerplatz im achten Wiener Gemeindebezirk in Conrad-von-Hötzendorf-Platz umzubenennen, und erst später kam man darauf, daß der Platz nach dem Professor der Hochschule für Bodenkultur, Josef Schlesinger, geboren am 30. Dezember 1831 in Mährisch-Schönberg als Sohn eines Webermeisters und einer Bauerntochter, benannt war, unter dessen Vorfahren sich keine Juden befanden . . ."

Die Rathausverwaltung stellte laufend neue Mitarbeiter ein. Im Mai 1938 war eine Rekordhöhe von 1288 neuen Dienstnehmern, darunter 27 Juristen und 46 Ingenieure, verzeichnet worden. Wenige Tage später wurde gemeldet, daß sich unter den Aufgenommenen 50 „Wiener Fußball-Lieblinge" befinden.

Mitunter sprang der Sportförderer Vizebürgermeister Kozich auch bei Kulturereignissen ein, hatte er doch bereits am 11. Juni im Kursalon der Stadt Wien die Preisrichter des Internationalen Musikwettbewerbes mit Professor Orel an der Spitze empfangen. Vertreter aus Paris und Bologna huldigten bei dieser Gelegenheit dem neuen Geist. Sie taten gut daran, denn der ehemalige Kriegsfreiwillige Kozich gab sich als extremer Nationalsozialist. Schon in der Muttertagszeit 1938 waren die weiblichen Angehörigen der illegalen Kämpfer von ihm empfangen worden, er hatte sie in Gegenwart der Damen Seyß und Neubacher als „Märtyrerfrauen" tituliert, die „niemanden vom Weg in den Kerker oder sogar auf das Hochgericht abgehalten haben . . ." Außerdem „einen Adolf Hitler erhält die Welt nur einmal", sagte ihnen SA-Brigadeführer Kozich damals. Nun kümmerte er sich um einige US-amerikanische Leichtathleten, die ihn Ende August besuchten und auf Vermehrung der Kontakte zwischen hier und dort erpicht waren. Am 4. Juli kamen Gaufrauenschaftsführerinnen zu ihm ins Kahlenbergrestaurant. Mit Frauen hatte Kozich weiterhin politisch zu tun: Seiner Initiative wird später die Verhaftung der Gattin eines bekannten Künstlers zugeschrieben, die der Vizebürgermeister im Rathauskeller bei einer unstatthaften Äußerung belauschte. Zirkusreklameumzüge mit Wagen voller Badeanzugschönen erinnerten dessen ungeachtet an Wien vor 34.

Sport und Schaustellung mischten sich zu großem Revueersatz von ehedem. Im nächtlichen Stadion erschien weibliche Hitler-Jugend hoch zu Roß, der Reichssportführer nahte mit glanzvoller Suite, todernst marschierten spärlichst bekleidete Rettungsschwimmer durch den 2. Bezirk, um sich in die Donau zu stürzen.

Übrigens wurde im Frühsommer 1938 ein magistratisches Amt für Leibesübungen unter dem SS-Hauptsturmführer Bruno Weihs ins Leben gerufen, auf das wir noch zurückkommen werden. Am 16. September erhielt die Führerin der siegreichen Frauenriege der 400-m-Staffette bei der Europameisterschaft der Leichtathletinnen den Preis der Stadt Wien bei einem Monsterempfang im Kahlenbergrestaurant.

Der Wiener Ausstellungssommer 1938 wies, vielleicht mit Ausnahme einer Theaterschau in der Nationalbibliothek anläßlich der geschilderten Festwoche und einer historischen Exposition im Staatsarchiv, keine Besonderheiten auf. Es sei denn, man rechnet die am 2. August eröffnete Sensationsausstellung „Der ewige Jude" in der Nordwestbahnhalle hinzu, um die sich Gauleiter Odilo Globocnik und sein Stab besonders verdient gemacht hatten. Der ewige Jude stierte von allen Plakatwänden herab, machte sich auf Sonderbroschüren breit und zeigte sich in der ehemaligen Bahnhofshalle als Schächter, Schänder, Erotiker und Schwerstverdiener. Die damals modernsten Interpretationsmittel bei Graphik, Photo, Film, Musik usw. waren für ihn gerade gut genug.

Dabei fand man auch Gelegenheit, die Rolle des Freimaurertums in Wien anzuprangern. Die „Großloge von Wien" war bereits durch den Stillhaltekommissar aufgelöst worden, nachdem man ihre Habe geplündert oder konfisziert und einige Festnahmen vollzogen hatte. Von 2000 Wiener Freimaurern des Jahres 1938 sind 1945 noch 67 auffindbar gewesen. In der Nordwestbahnhalle wurde außerdem Hermann Leopoldi fälschlich als Verfasser des Dollfuß-Liedes gebrandmarkt.

Währenddessen drängten sich im Rathaus die Paare zur Vermählung, am 30. Juli gab es einen Trauungsrekord von 120 Heiratslustigen. In speziellen Fällen verbanden die Vizebürgermeister Kozich und Richter selbst die Liebenden. Blaschke und Dr. Haasbauer instruierten im Horst-Wessel-Haus bei Purkersdorf die kleinen Kulturstellenleiter in den Bannen der Hitler-Jugend und in den Untergauen des Bundes Deutscher Mädel über die Musikstadt Wien. Allerorts gab es Neues zu sehen und zu hören: Der jüdischen Familie, der das Stadttheater gehört hatte, aber auch intellektuellen Juden und Rabbis wurden jetzt großaufgemachte Prozesse wegen Betrug, Unterschlagung, Rauschgifthandel usw. angehängt. In der Leopoldstadt entwickelte sich infolge der Zwangsübersiedlungen ein richtiges Ghetto und Auswandererleben. Bei den Wiener Künstlerwochen aber gastierte gleichzeitig der Essener Schubertbund und brachte ein Werk von Josef Butz zur Aufführung, über das in den „Wiener Neuesten Nachrichten" am 10. August zu lesen ist: „Es waltet wahrhaft eine stählerne Romantik im Sinne Alfred Rosenbergs."

Mitte September besuchten die Teilnehmer einer Wiener Tagung des Deutschen Modeinstitutes den Bürgermeister im Rathaus. Eine

Chronik berichtet, daß Neubacher den Gästen Tee einschenken ließ, weiß aber nicht, ob dabei die neuartigen Kostümierungen im Straßenbild der Wiener Innenstadt erwähnt wurden. Man traf auf den Trottoirs, in eleganten Lokalen, ja sogar in den Theatern und Konzertsälen kurzbehoste Männer in weißen oder – wenn schon vorhanden – braunen Hemden, Herren in ländlichen Jacken und Knickerbocker sowie Frauen in keineswegs stilechter Dirndlgewandung. In späterer Zeit – wohl durch die Berührung mit Osteuropa und durch Vermischung von Wehrmachts- und Parteigewohnheiten – drängten sich sogar die schwarzen Breeches-Hosen mit allerlei Röhrenstiefeln zum Zivilrock in exquisite Räumlichkeiten.

Neubacher kann sich mit solchen Äußerlichkeiten natürlich nicht aufhalten, er selbst ist, ob in Uniform, im Frack oder im schlichten Anzug, so elegant wie gewohnt, hat soeben den Maler Franz Wacik auf Gemeindekosten begraben lassen und öffentlich festgestellt, daß seit März für die Wiener Schulerneuerung über 3 1/2 Millionen Reichsmark ausgegeben worden sind. „Die Zahl der jüdischen Mitschüler und Mitschülerinnen wurde auf 2% der gesamten Schülerzahl zurückgeführt", deutet Neubacher an und freut sich über die „Entgiftung der Schulbüchereien". Er glaubt, daß „das Volksbildungswesen von der Organisation Kraft durch Freude übernommen worden ist", rühmt die Reichstheaterwoche, die Künstlerwochen und die Gründung von Musikschulen, auf die wir noch zu sprechen kommen.

Vizebürgermeister Blaschke ist mittlerweile zum Ehrenmitglied des Wiener Männergesangsvereines (1. Juli) und vom Reichsführer SS zum SS-Standartenführer (12. August) befördert worden. Die Rangerhöhung des Vizebürgermeisters traf diesen inmitten konzentrierter Arbeit. Noch in seiner Eigenschaft als SS-Sturmbannführer hatte er am 4. Juli hundert durchmaschierende SS-Studenten aus dem Altreich empfangen und über die Wiener Verhältnisse in bekannter Weise belehren müssen.

Auch hier darf ein erklärendes Wort, das diesmal zur akademischen Situation des Jahres 1938 in Wien paßt, zwecks besseren Verständnisses für das kulturelle Gesamtgeschehen eingeflochten werden. Vom Beginn einer kommissarischen Leitung in der Wiener Universität am 19. März 1938 haben wir schon gehört. Am selben Tag erfolgte der Rücktritt des Präsidenten der Akademie der Wissenschaft, Universitätsprofessor Dr. Oswald Redlich, und Professor Heinrich Ritter von Srbik wurde auf seinen Stuhl gesetzt. Aus der stattlichen Anzahl von Wiener Wissenschaftlern, die nach dem Umbruch das Land verlassen haben oder, durch die politischen Ereignisse im Ausland überrascht, nicht mehr zurückgekehrt sind, mögen als markante Beispiele die Namen Meisner, Heine-Geldern, Schrödinger, Hoff, Frankl, Kelsen, Neumann und Benesch herausgegriffen werden.

An der Wiener Universität kamen einige bis dato noch wenig oder gar nicht bekannte Persönlichkeiten zum Zug. So trat innerhalb der Philosophischen Fakultät der Germanist Josef Nadler hervor, ein Institut für Theaterwissenschaft unter Professor Kindermann wurde gegründet sowie Vorlesungen von südosteuropäischen und skandinavischen Dozenten ausgeschrieben. Nadler zog durch seinen faszinierenden Vortrag außergewöhnlich viele Hörer an, seine Werke und Erklärungen gehörten zur Standardbildung, wenngleich er selbst weltanschaulich oft nicht aus noch ein wußte. Im Herbst 1938 veranstaltete Bürgermeister Neubacher eine spektakuläre Wiedereinsetzung von vier Primarärzten, nämlich der Professoren Kroiß, Mayer, Kowarschik und Reitter im Krankenhaus der Stadt Wien in Lainz, von wo sie seinerzeit wegen nationalsozialistischer Gesinnung entfernt worden waren. Auf der juridischen Seite brachte 1938 die Expositurtätigkeit einer „Akademie für Deutsches Recht", in die Dr. Seyß-Inquart feierlich aufgenommen wurde, erstaunliche Neuigkeiten. Später wurden dort sogar Gelehrte, die dem System kühl gegenüberstanden, mit der deutschen Prisengerichtsbarkeit verquickt, wie überhaupt viele Professoren mit halbem Herzen reichsdienliche Aktivität entfalteten. Die Rechtslehrer Verdroß und Knoll, die Söhne des Nationalökonomen Spann u. a. werden sich dem Widerstand anschließen. Selbstverständlich avancierte Srbik, der auch dem Berliner Reichstag angehörte, zu einer Art Chefhistoriker an der Alma Mater Rudolfina. Auch von ihm sind objektive Momente innerhalb seiner umfassenden publizistischen und belehrenden Tätigkeit hinsichtlich der historischen Wertung Österreichs überliefert, desgleichen ist von seinem Eintreten für den politisch manchmal umstrittenen Dichter Max Mell zu hören, worüber noch berichtet wird.

Am 13. März war in Wien die „Deutsche Studentenschaft" als Übergangslösung errichtet worden. Vier Tage später wurde eine große Studentenkundgebung im nationalsozialistischen Sinn organisiert, am 24. April der Numerus clausus für jüdische Studenten an allen österreichischen Hochschulen eingeführt, das heißt, ihre Anzahl auf 2% der Gesamthörer herabgedrückt. Dies bedeutete lediglich letzte Prüfungsmöglichkeiten für Abgehende, ansonsten war die Judenreinheit ausnahmsloses Nahziel. Am 9. Juni 1938 erfolgte die Auflösung der katholischen Studentenverbände und des CV. Katholischgläubige Studenten aus allen Wiener Hochschulen sammelten sich um einen Studentenseelsorger, der natürlich nicht auf akademischem Boden erscheinen durfte, sondern sich mit seinen Freunden in St. Peter oder St. Ruprecht traf. Dort entstand, durch Mundpropaganda eingeholt, ein akademischer Personenkreis, der auch bei rein religiöser oder kameradschaftlicher Betätigung den Abstand zum Nationalsozialismus erkennen ließ.

Die führenden Exponenten des Cartell-Verbandes beziehungsweise die Mitglieder ehemaliger Sondervereinigungen dieser Richtung wurden außerhalb des Hochschulbereiches überprüft, aus ihren beruflichen Positionen entfernt und Verfolgungen ausgesetzt. Daß linksorientierte Studentengruppen vor und nach dem März 1938 keine Betätigungserlaubnis fanden, war von vornherein klar. Aber auch deutschnationale Verbindungen durften ihr Eigenleben nicht weiter fortsetzen, die Burschenschaften mußten ihre Farben feierlich ablegen. Freilich, die Gesinnung mancher schlagender Verbindungen blieb dessen ungeachtet so nationalsozialistisch, daß sie sich schworen, in den Tod zu gehen, wenn die Sache Deutschlands einmal Schiffbruch erleiden sollte. Viele, darunter der Wiener Naturschutzapostel Schlesinger und einige seiner Freunde, werden dies 1945 wirklich vollziehen. Doch Daseinsberechtigung hatte 1938 ausschließlich der reichseinheitliche Studentenbund, der in Wien dem Pg. Dr. Freysleben unterstand und die für alle Studierenden obligatorisch tätige Gaustudentenführung in der Kolingasse beeinflußte. Dort galt die Entscheidung des Beauftragten Südost des Reichsstudentenführers im NSD-Studentenbund der NSDAP alles. Im Herbst 1938 wurde bei offizieller Anteilnahme der Stadt Wien eine Akademische Auslandsstelle zwecks Intensivierung der Südostkontakte eröffnet.

Die akademischen Behörden blieben bei aller Zusammenarbeit im Rahmen ihrer Kompetenzen, wobei selbst dies bei der Aberkennung des einmal erlangten akademischen Grades infolge politischer Vergehen oder aus rassischen Gründen unter der Kollegenschaft zumindest Bestürzung hervorrief. Die Anschlagtafeln der Wiener Hochschulen waren Jahre hindurch mit langen Namenslisten der davon Betroffenen geziert.

Die Wiener Gaustudentenführung mit ihren Ämtern, Referaten, ärztlichen Tauglichkeitsprüfern, politischen Erziehern und Einsatzstellen entschied auf ihre Art über die Zulassung zum Studium, befreite von den immer mehr geforderten manuellen Arbeitspflichten oder stellte Hörer hiefür zur Verfügung. Viele Studentinnen kamen von dort zum Schaffner-Einsatz bei der Gemeinde Wien. Die offiziell eingeführte akademische Dienstpflicht brachte der Gemeinde in strenger Kriegswinterzeit Schneeschauflerassistenzen und Aushilfen in lebenswichtigen Betrieben.

Auch exzeptionelle Bildungswege wurden auf Wiener akademischem Boden versuchsweise hochgezogen, so z. B. mit dem Langemark-Studium, für das sich Bürckel einsetzte. Bereits am 16. Juli 1938 fand die erstmalige Verleihung des Prinz-Eugen-Preises der Wiener Universität statt. Damit schaltete sich die Alma Mater in jenen sonderbaren Prinz-Eugen-Kult ein, auf den wir besonders in den ersten Jahren der NS-Verwaltung Wiens immer wieder stoßen. 1941 verhieß Reichsleiter Baldur von Schirach sogar eine Erneuerung der Prinzengruft in St. Stephan und nannte Eugen den ersten kühnen Politiker und Soldaten der großdeutschen Idee. Deshalb solle er, Schirach zufolge, eine Aufbahrung finden, die diese Stätte zu einem Wallfahrtsort des neuerwachten großdeutschen Volkes machen werde. Damit wäre auch der Dom seiner christ-katholischen Zweckbestimmung entfremdet und einer deutschen Weihestätte nähergebracht worden. Das Gegenteil davon ist bekanntlich eingetreten, das Grab wurde durch Kriegsnot zeitweise aufs schwerste gefährdet und fügt sich heute sinnvoll wieder in die Andachtsstätte für jene ein, die den Savoyer niemals mit großdeutschen Volkserweckungen des 20. Jahrhunderts in Zusammenhang bringen.

Aber 1938 schien der geniale Feldherr fast für ein Sepp-Dietrich-Vorbild mit Allongeperücke geeignet. Aus seinen „Vater, Bruder und Herrn", nämlich den Habsburgern Leopold, Joseph und Karl konnte man zwar nicht gut „alte Kämpfer" konstruieren, denn diese Herrscher waren eben Habsburger und überdies dem Preußentum und dem Protestantismus offensichtlich zu fern. Aber mit Aussprüchen des notorischen Menschenverächters Eugen ließ sich manches anfangen. In Wien hat man damit innerhalb gehobener Schichten viel erreicht und auch die Volksdeutschen im Südosten maßgeblich beeinflußt. Im Altreich blieb jedoch das Echo aus: Prinz Eugen war dort einfach nicht populär zu machen.

Kehren wir nach diesem Exkurs wieder zum Ausgangspunkt unserer Darstellung, nämlich zum Umbruchsjahr in der Stadtverwaltung zurück. Hinsichtlich seiner weiteren Sommerarbeit 1938 erklärte Blaschke in einem Rechenschaftsbericht: „Im Juli des gleichen Jahres wird der drohende Zerfall des Orchesters der Wiener Symphoniker offenbar und damit die Notwendigkeit, auch diese Künstlervereinigung als städtisches Orchester aus einer unhaltbaren finanziellen Notlage zu einer gesicherten Existenz zu führen. Generalmusikdirektor Weisbach aus Leipzig wird als Orchestererzieher gewonnen. Die ‚Pause' wird nach der Berufung Egon Kotts als Hauptschriftleiter neben deren verdienstvollen Gründer Dr. Pawek zum Sprachrohr des neuen Gestaltungswillen. Im Hofe des Rathauses wird unter der Gesamtleitung Oskar Jöllis das Frankenburger Würfelspiel zur Aufführung gebracht. Gemeinsam mit dem Wiener Landesleiter der Reichsmusikkammer, Pg. Pospischil, wird die Schaffung von Notstandsorchestern zur Linderung des Musikerelends in Angriff genommen, die in verschiedenen Parkanlagen und auf freien Plätzen der Bevölkerung frei zugängliche Konzerte veranstalteten. Die Verleihung von Ehrenpensionen und Ehrungen sonstiger Art wird überprüft und auf neue Grundlagen gestellt. Bei einem Besuch des ‚Tages der deutschen Kunst' in München werden die dort gewonnenen Organisationserfahrungen des Kulturamtes und seines Leiters, Ratsherrn Max Reinhardt, eingehend studiert, und es wird der Entschluß gefaßt, eine ähnliche Einrichtung in Wien aufzubauen. Das Drehbuch des ersten Wiener Kulturfilms ‚Die Steine reden' wird ausgewählt und zur Ausführung bestimmt.

Hand in Hand mit diesen einzelnen Maßnahmen gehen Verhandlungen mit dem Gauleiter wie mit der österreichischen Landesregierung als staatlicher Auftragsstelle zur Absteckung des Tätigkeitsgebietes zwischen Partei und Verwaltung. Jede dieser Dienststellen hatte zunächst in ihrem eigenen Wirkungsbereich so viel an Sofortmaßnahmen durchzuführen, daß ohne Überschneidung der Kompetenzen von mehreren Stellen aus den Nöten, dort wo sie eben auftraten, gesteuert werden konnte."

Der September war für Blaschke durch gesteigerte Empfangsverpflichtungen – Balkanstudenten, Jugendführer, Pressedelegationen und dergleichen mehr – erschwert. Am 28. 9. fand im Rathaus überdies jene Wandlung des 4-Personen-Kulturamtes in ein umfassendes Gebilde statt, das wir in einem anderen Kapitel näher kennenlernen wollen. Auch die Wiener Bühnensituation von damals darf einer getrennten Schilderung vorbehalten bleiben, nur hinsichtlich der Musikpflege sei folgendes vorausgeschickt: Schon am 1. Mai 1938 hatte Otmar Wetchy in der Sonntagsbeilage der „Wiener Zeitung" über „die Zukunft der Wiener Konzertorchester" geschrieben und gemeint, daß „eindeutig wohl die Zukunft der Wiener Philharmoniker festgelegt sei, die vor wenigen Tagen wieder triumphale Erfolge in Berlin erzielen konnten. Das Orchester der Wiener Sinfoniker war ein Sorgenkind: Vor mehreren Jahren ist es gelungen, durch einen günstigen Vertrag mit dem österreichischen Rundfunk seine Existenz zu sichern." Also liegt noch ein weiter, dunkler Weg vor diesen Musikern, bis sie nach Bregenz und ins Theater an der Wien kommen werden.

Der ,,Völkische Beobachter" rühmte im Juni 1938 die angebliche Zwei-Drittel-Illegalität dieses Klangkörpers. Wetchy war viel zurückhaltender, erwähnte andererseits aber, daß ,,das NS Wiener Tonkünstlerorchester in der Verbotszeit manche Wandlung, wenn auch nur in seinem Namen, durchgemacht hat". Es soll nun ,,Österreichisches Landesorchester" heißen und das NS-Kammerorchester angegliedert erhalten. Einige Tage später mußte die ,,Wiener Zeitung" Herrn Wetchy hinsichtlich seiner ,,Sinfoniker" ergänzen, denn dort wollte man sich nicht auf den Rundfunk verlassen, sondern kämpfte um finanzielle Sicherung durch die Stadt Wien.

Bald nach den Märztagen 1938 war die Gründung der ,,Musikschule der Stadt Wien mit den Musikschulen für Jugend und Volk" vorgenommen worden. Am Programm standen sämtliche Gesang-, Instrumental- und Theoriefächer, eine Abteilung für künstlerischen Tanz und rhythmische Gymnastik sowie die Gausingschule Wien als Kindersingschule und Chorschule für Erwachsene. Die Institutionen wurden zunächst in drei Gruppen gegliedert, nämlich in die Musikschule der Stadt Wien im Range eines Konservatoriums, ferner in die Jugendmusikschulen oder Hitler-Jugend-Schulen, die u. a. auch Singleiter- und Musikzugführer für Formationen heranbilden sollten. Im Oktober 1938 begannen vier Anstalten dieser Art tätig zu werden. Schließlich die Musikschulen des Deutschen Volksbildungswerkes im Rahmen der NS-Gemeinschaft Kraft durch Freude (K.d.F.-Schulen). In diesen sollten die ,,schaffenden Volksgenossen" zur musikalischen Freizeit- und Feiergestaltung befähigt werden. Neubacher bestätigte die Organisation mit Entschließung vom 22. September 1938, womit die ,,Errichtung einer Musikschule der Stadt Wien" offiziell verfügt wurde. Die Direktion des Instituts nahm sich der ,,Abteilung für Tanz und deutsche Gymnastik" an und teilte sie in eine Ausbildungsklasse für Bühnen- und Solotanz zwecks Vorbereitung auf den ,,Reifeschein der Reichstheaterkammer", in HJ- und B.d.M.-Klassen unter Verbindung mit einem Instrumentalfach und in K.d.F.-Klassen zwecks Ausgleichbewegung nach des Tages Mühen. Der frischgebackene Direktor Steinbauer verpflichtete den Ballettmeister und Tanzpädagogen Walter Junk.

Blaschke berichtet über die unmittelbare Folgeentwicklung in ,,Fünf Jahre Kulturamt", also rückschauend, im Jahre 1943: ,,Der Vielgestalt, aber auch dem Dilettantismus auf dem Gebiet der Musikerziehung, die namentlich in den Elendsjahren der Systemzeit ein beliebtes Exerzierfeld für arbeitslos gewordene Existenzen darstellte, mußte durch die Schaffung einer mit neuer weltanschaulicher Grundlage erfüllten ‚Musikschule' gesteuert werden. Bereits in den ersten Tagen des November 1938 konnte die Musikschule der Stadt Wien unter der Leitung des von kämpferischem Feuereifer getragenen Direktors, Othmar Steinbauer, seines Stellvertreters, Dr. Hölger, und der großen Zahl seiner begeisterten, meist jungen Mitarbeiter in den Räumen der ehemaligen ‚RAVAG' in der Johannesgasse eröffnet werden. Nach der geplanten Umgestaltung des ganzen Gebäudes, die leider wegen des Kriegsausbruches nur zur Hälfte ausgeführt werden konnte, stand der Wiener Bevölkerung eine äußerlich und innerlich saubere nationalsozialistische Musikerziehungsstätte zur Verfügung, die sich in vier Abteilungen, in die ‚Schule für Musik' (Leitung Steinbauer), in die ‚Schule für musikalisch darstellende Kunst' (Leitung Kammersänger Alfred Jerger) mit der ihr angeschlossenen ‚Sonderklasse für musikdramatischen Unterricht' (Leitung Kammersängerin Prof. Bahr-Mildenburg), in die ‚Tanzausbildungsstätte für Bühne und Lehrfach' (Leitung Professor Rosalia Chladek) und schließlich in das ‚Seminar für Singschullehrer' (Leitung Franz Burkhart) gliedert. Gleichzeitig mit der Gründung der Hauptanstalt wurden in den Kreisen die ‚Volks- und Jugendmusikschulen' und die ‚Kindersingschulen' ins Leben gerufen. Während die erstgenannte Type der breiten Laienmusikerziehung dient, erhalten in den Kindersingschulen sieben- bis zehnjährige Buben und Mädel eine zielbewußte musikalische Grundschulung, die von Erziehern geleitet wird, die aus dem Singschullehrerseminar der Musikschule hervorgehen." Nun, der zitierte Dilettantismus machte sich auch weiterhin bei den HJ-Klassen bemerkbar, bis sie auseinanderliefen oder sich mit den B.d.M.-Riegen zu ganz anderer Tätigkeit mischten. Aber mit den vier Abteilungen behielt Blaschke recht, jedenfalls solange, bis alles in die Keller der Johannesgasse, nach Mährisch-Budwitz oder Waydhofen flüchtete. Aber bis dahin sollten noch fast sieben Jahre vergehen.

Am 24. August 1938 widmete sich Blaschke dem „Neuaufbau der Wiener Fremdenverkehrswerbung". Ein Staatsminister namens Esser hatte ihn zum Leiter des Landesfremdenverkehrsverbandes für Wien ernannt, nachdem er schon am 27. April gemeinsam mit Neubacher um auf Studienreise befindliche Schweizer Reisebürodirektoren besonders bemüht gewesen war. Nun legte er den „Vertretern der Wiener Zünfte, des Groß- und Kleinhandels von Wien und weiteren am Fremdenverkehr interessierten Industrie- und Handelsverbänden den Plan zur Errichtung eines Wiener Verkehrsvereines vor" (Amtsblatt). Blaschke erklärte begründend: „Wien wird eine ganz besondere Mission haben, die in innigem Zusammenhang mit der Fremdenverkehrswerbung steht." Er verlangte nach den üblichen Ausfällen gegen die Systemzeit eine „Wiedererweckung, eine Betreuung, eine Pflege der Kulturgüter dieser Stadt, woraus unschwer der wirtschaftliche Nutzen eintreten wird".

Blaschke vertrat also auch in Grenzgebieten den Primat der Kultur, er hat dies sogar bei publizistischer Interpretation der Wiener Messe getan. Später erklärte Blaschke in seinem Rechenschaftsbericht allerdings, daß der „Wiener Verkehrsverein keine kulturschöpfende Stätte, aber eine Hilfseinrichtung sei . . .", lobte den „Geschäftsführer Pg. Rudolf Hieke und seine Gefolgschaft" wegen engster Zusammenarbeit mit dem Kulturamt und sagte weiters, „daß es im Frieden (also vom Herbst 1938 bis Sommer 1939) Aufgabe dieser Dienststelle war, die vielfältigen Schönheiten dieser Stadt in Wort und Bild zu veranschaulichen, bei der Entschandlungsaktion des Stadtbildes mitzuwirken, das Fremdenführerwesen neu zu gestalten und die Unterbringung der Fremden in jene Atmosphäre wienerischer Gastfreundschaft und Liebenswürdigkeit zu kleiden . . ."

Am 24. August 1938 will Blaschke jedoch „die Sendung der Kultur- und Wirtschaftsvertragung nach dem Südosten einerseits und die Rückbringung der Güter und wohl auch der kulturellen Leistungen aus dem Südosten andererseits in das Reich" von Wien von den Fremdenverkehrsdienststellen ausgefüllt wissen. Der Landesfremdenverkehrsverband Wien ist für ihn ein Monopol, das in wirtschaftlicher Hinsicht nach Altreichsvorbild von einem Verein zu tragen wäre, der naturgemäß auch den notwendigen Kontakt zwischen den Interessenten des Fremdenverkehrs mit der Zentralorganisation herstellt. Der Verband soll aus Vereinsmitteln „eine Zentrale aufrichten, die die von seiten aller Bevölkerungsschichten gewünschten Werbeaktionen sowie die notwendige Werbeintensität in die Wirklichkeit umsetzt". Ein Aufruf der NSDAP und der Stadt Wien zum Beitritt „aller Volksgenossen Wiens, die an der Förderung des Fremdenverkehrs interessiert sind", in den Verkehrsverein folgt kurz darauf.

Vom 27. bis 29. September wird damit in Zusammenhang der erste Großdeutsche Gaststättentag in Wien abgewickelt, und neben diversen Rathausempfängen hält Blaschke im Konzerthaussaal einen „Amtsträgerappell der Wirtschaftsgruppe Gaststätten und Beherbergungsgewerbe".

Sonst gab es in diesem Sommer 1938 einige kulturhistorisch interessante Bestattungen auf Gemeindekosten oder mit Gemeindebeteiligung. Am 25. Mai läßt Neubacher die Schwester des Dr. Karl Lueger, Frau Hildegard Lueger, auf Gemeindekosten in der Krypta der Gedächtniskirche am Zentralfriedhof bestatten und an ihrem Sarg einen Kranz mit folgender, dem Buch Hitlers nachempfundener Schleifenbeschriftung niederlegen: „Die Stadt Wien – der Schwester des gewaltigsten Bürgermeisters aller Zeiten." Doch meist finden Neubacher und Blaschke keine Zeit hiefür und entsenden den Präsidialbürovorstand, Senatsrat Dr. Schutovits, als Beileidsüberbringer. Im Juni handelt es sich um den dahingegangenen Wiener Ehrenringträger und Rechtsgelehrten Voltelini, im Herbst um die Witwe des Volksschriftstellers Hawel und um den Flügelhornisten Dr. Sostaric. Den Meister des Kontrapunktes, Simon Sechter, ehrt Jölli, indem er anläßlich Sechters 150. Geburtstages an dessen Ehrengrab einen Kranz der Stadt Wien niederlegt. Außerdem wurden während des Jahres 1938 noch die Gebeine der Schriftstellerin Ella Triebnigg-Pirkhart (diese allerdings noch vor dem 12. 3.), des Malers Karl Müller, der Schriftstellerin Emilie Matayor, des Generalobersten Graf Scheuchenstuhl, des Burgtheaterschauspielers Karl von Zeska und des Sportsmannes Dionys Schönecker in Ehrengräber gebettet.

Am 29. August 1938 verlautbarte die Pressestelle der Stadt Wien eine längere Erklärung hinsichtlich des Stadtwappens, das den politischen Veränderungen gemäß umgestaltet, jedoch auffallenderweise keine direkten NS-Zeithinweise erhalten hatte. Im Gegenteil, man bemühte sich, an die Symbolik aus der kurzen Zeit Wiens als reichsunmittelbare Stadt anzuknüpfen. „Alle Behörden werden gebeten, diese Aufklärung weiterzugeben, um dem Wappen der Stadt Wien in jener Form, die es durch 500 Jahre besaß, wieder jene Geltung zu verschaffen, die ihm als ehrwürdiges Symbol und als Panier einer altehrwürdigen Kulturstadt zukommt." Heraldiker konnten den Feststellungen der Pressestelle nicht vollinhaltlich beipflichten, aber immerhin präsentierte sich das Zeichen als doppelköpfiger Reichsadler, der durch eine deutsche Kaiserkrone bchütet wurde und als Brustschild ein historisches Wappen der Stadt Wien trug. Also wenigstens keine totale Neuschöpfung mit dem Hakenkreuz!

IV. KAPITEL
GEISTESPAUSE UND DAF-THEATER

In einer Mainummer 1938 des Amtsblattes der Stadt Wien werden die Monatshefte „Die Pause“ ausführlich begrüßt. Man erfährt, daß es sich um eine seit drei Jahren bestehende repräsentative Wiener Schrift handelt, die eigentlich immer schon irgendwie „über den Pulsschlag des kulturellen Lebens der Ostmarkdeutschen“ berichtet hat. Nadler hatte dort anno 1936 bei aller Beachtung der Literatur deutscher Stämme über die „Urzelle Österreichs – den Nibelungengau“ geschrieben. Tatsächlich verbeugt sich „Die Pause“ dann im Jänner und Feber 1938 einige Male dem Dritten Reich gegenüber, wobei diese Höflichkeitsauslassungen auf den nächsten Seiten durch „Dollfuß-Führerschulen“-Aufsätze und ähnliches wettgemacht werden. Noch lautet das Impressum: Herausgeber: Der Volksbildungsreferent für die Stadt Wien, Bundeskulturrat Professor Dr. Karl Lugmayer. Hauptschriftleiter und verantw. Redakteur Dr. Karl Pawek, beide Wien VIII, Schmidgasse 18 (Volksbildungsamt); literarische Leitung und Bildredaktion: Annie Seifert.

Das Heft 4/1938 ist unauffindbar. Im Heft 5/1938 gibt es plötzlich einen kommissarischen Leiter in Person des beim „Interessanten Blatt“ und anderswo tätigen Redakteurs und NS-Vertrauensjournalisten E. Kott, der auch verantwortlich zeichnet und schon in Heft 8 als Hauptschriftleiter fungieren wird. Dr. Lugmayer ist natürlich als Herausgeber verschwunden und der Vizebürgermeister Hanns Blaschke an seine Stelle getreten. In seinem Rechenschaftsbericht (Fünf Jahre Kulturamt) bemerkt Blaschke hinsichtlich 1938: „ ‚Die Pause‘ wird nach Berufung Egon Kotts als Hauptschriftleiter neben deren verdienstvollem Gründer Dr. Pawek zum Sprachrohr des neuen Gestaltungswillens.“

Welchen Weg „Die Pause“ aus dem Ständestaat Österreich in das Deutschland Adolf Hitlers auch immer gesucht hat, er erschien ihren Lobrednern „weltaufgeschlossen und vornehm“, wobei unter Weltaufgeschlossenheit selbstverständlich nur die Beziehung in der einen weltanschaulich geschlossenen Hemisphäre zu verstehen ist. Druckwiedergabe, Bildauswahl, Schriftsatz und Diktion blieben auf der Höhe des Erreichbaren, waren dies allerdings auch schon vor dem Umbruch; trotzdem spricht das Amtsblatt von vormärzlicher

Beeinträchtigung durch das noch fehlende wirtschaftliche Absatzgebiet Deutschland und durch die Absperrung vom ,,Kraftfeld der Gesamtnation".

Im Heft 5/1938 stellt sich Blaschke mittels eines längeren Vorwortes ,,an die Spitze" der Zeitschrift. Auslassungen über Sinn und Zweck des Zeitgeschehens schließen sich an. In den nächsten Folgen grüßen auch die anderen Wiener Parteichefs, und ,,Die Pause" kann damit als ,,schöpferische Geistespause" (siehe Amtsblatt) weiterhin unbedroht erscheinen. Zunächst muß dem Propagandaanspruch der Reichspolitik in gehobener, aber eindringlicher Form Genüge getan werden, ehe eine Kulturberichterstattung, und zwar aus dem Wiener Blickwinkel, der besonders die übrigen Gaue der Ostmark umfängt, erfolgen darf. Hier meldet sich jener Kunstexperte und Sammlungsdirektor Bruno Grimschitz öfters zu Wort, der zwar eifrig ,,Kunst ins Volk" hineintragen hilft, andererseits aber die ihm unterstellte ,,Neue Galerie" im Belvedere gleich nach der Machtübernahme zusperrt. Durch diese Aktion hat Grimschitz, der Meinung namhafter Fachleute zufolge, die Galerie vor ihrer Auflösung durch visitierende Entartungssucher bewahrt. Grimschitz sollte sich später bei der Vermeer-Affäre infolge seines sachlichen Auftretens die Gunst der Machthaber und damit eine seiner Positionen als Museumsleiter verscherzen.

In einer ,,Pause" des Spätfrühlings 1938 bringt Grimschitz Österreichs Kunstentwicklung wohl in innigsten Zusammenhang mit deutschen Kräften, hält das hiesige Produkt jedoch für ,,unproblematischer und geschmeidiger als die Kunst der benachbarten deutschen Stämme". Blauensteiner und Popp sind da in der ,,Pause" etwas strenger, reden den Künstlerkollegen ins NS-Gewissen, verlangen Selbstprüfung und bekunden unbegrenztes Vertrauen in den Führer.

Im Juliheft der ,,Pause" sprechen die Gauleiter der Ostmark über ihre einzelnen Gaue. ,,Diese Worte vereinigen sich zu einem einzigen Preisgesang auf die engere Heimat des Führers . . ." (Amtsblatt der Stadt Wien). Das Heft wendet sich jedoch nicht nur an ,,die anderen Volksgenossen, um sie zu einer Fahrt in die sommerliche Ostmark zu begeistern; es wirbt auch ganz heimlich unter uns Ostmarkdeutschen um noch mehr Liebe zu unserer engeren Heimat und um noch mehr Verständnis für seine kulturellen Werte und seine Aufgabe im großdeutschen Reich". Zweifellos eine sehr spitzfindige Interpretation des Amtsblattes, die der ,,Pause"-Schriftleitung nicht überall Freunde gewinnt! Aber in derselben ,,Pause"-Nummer wagt sich ,,K. P." an neue Stilformen, spricht im Rückblick vom ,,leeren

Machtdünkel der Bonzen und der aasfaulen Beutegesellschaft" und anerkennt die „edle Demokratie des Deutsches Volkes im Bild der neuen deutschen nationalsozialistischen Gesellschaft". Soviel zum allgemeinen Trend.

Für den musikalischen Bereich meldet sich sehr bald Walter Tschoeppe mit Neugestaltungsgedanken und mit der periodischen Musik-Rundschau zu Wort. Bei ihm liest man Lobendes über die damaligen Wiener Hausdirigenten Knappertsbusch, Reichwein, Moralt, Kabasta und Kolisko, zu denen sich der große Furtwängler und Dr. Böhm gesellen. Richard Wagner, Hans Pfitzner, einigen jüngeren Nacheiferern sowie Franz Schmidt gehört sein Interesse. Tschoeppe verherrlicht den Gemeinschaftsgesang und freut sich, daß die „Faustarbeiter" dem Einfluß „jüdischer oder negerhafter Schlagermusik" entzogen werden. Dies gilt auch für den „Reichssender Wien", aus dem „reiner Jazz" verbannt worden ist, wie Geutebrück in einem „Tagblatt"-Interview feststellte. 1939 schlich sich dessen ungeachtet Peter Kreuders kommerzieller Jazz ins Deutsche Volkstheater ein. Diese Art wurde auf kleineren Bühnen und natürlich in Nachtlokalen nicht weiter vermieden, auch das Konzerthaus gab ihr wiederholt Heimstatt.

Zum zeitgenössischen Beitrag deutsch-österreichischer Dichtung auf der 9. Berliner Dichterwoche bemerkt „Die Pause" in Heft Nr. 6: „Es lasen Hans Kloepfer, Sepp Keller, Franz Tumler, Ines Widmann, Karl Hans Strobl, Franz Nabl. Damit waren wohl nicht die politisch markanten Gestalten des deutsch-österreichischen Schrifttums angetreten. Die 9. Berliner Dichterwoche stellte vielmehr in der Mehrheit unpolitische Kräfte heraus . . . Der Eindruck der österreichischen Dichter in Berlin war ein inniger und tiefer." Man sieht, es wurde zwischen gelindem und entflammtem politischen Eifer unterschieden, die „Pause" wollte nicht einmal Klöpfer oder Strobl ins Kämpferische entlassen. Wahrscheinlich wurde ihr dies durch die vom Anlaß äußerst abhängige Themenwahl der Betreffenden erleichtert.

Interessant ist die in der „Pause" Nr. 5 wiedergegebene Ansicht eines altreichsdeutschen „Arbeiterdichters" namens Josef Wiessalla zur Einordnung in das für ihn übermächtige Geschehen. Er erklärt, nicht der geistigen Elite „mit ihrem Schutzpanzer aus Skepsis" angehört zu haben und sechs Jahre arbeitslos gewesen zu sein. „Die Empörung über unser unverschuldetes Schicksal zwang mir die Feder in die Hand. Dafür wurde ich in den Zeitungen meiner Heimatstadt abgekanzelt und als Kommunist gebrandmarkt. Die Kommunisten nahmen mich . . . für sich in Anspruch." Wiessalla gesteht dann undeutlich, sich marxistischen Lehren hingegeben zu haben, obwohl ihm ,,Paul Ernst, Kolbenheyer und Hermann Stehr schon damals ein Begriff waren". Er sagt weiters, daß ,,der Umbruch von 1933 von der Last befreite, sich mit dem Wahn, den ich als solchen noch nicht erkannt hatte, noch länger auseinanderzusetzen. Eines der ersten ergreifenden Erlebnisse vermittelten mir die Kriegsbriefe gefallener Studenten, die Eberhard Wolfgang Möller gedeutet hat. Ich lernte die Bedeutung Dietrich Eckharts kennen und begriff in den Sängern der Bewegung, Heinrich Anacker und Gerhard Schumann, den idealen Schwung eines Aufbruches . . ." Also ein mahnendes Beispiel für manche ostmärkische Schreiber, auch von extrem links her einzuschwenken und der Volksbüchereien usw. wert zu sein, zumal selbst klerikale Elemente als ,,Kulturbolschewisten" bezeichnet wurden. Viel Erfolg war damit nicht verbunden, denn wirkliche Talente wie Hugo Huppert, Ernst Fischer, Ruth Meyenburg und die Lyrikerin Klara Blum arbeiteten bereits in Moskau. Der schriftstellerisch bekannte Österreichpropagandist Dr. Alfred Klar ließ seine Familie im russischen Exil und sprang aus dem Flugzeug ab, um auf hiesigem Territorium zu agitieren. Man wurde seiner habhaft und richtete ihn hin. In die Türkei hatte sich eine Gruppe linksradikaler Steirer geflüchtet, die mit dem Exminister Dobretsberger und Clemens Holzmeister Verbindung hielt. Von dort kam der auch literarisch tätige Eichholzer zurück und erlitt das gleiche gräßliche Ende wie Dr. Klar. Der bedeutende Graphiker dieser Richtung, Axel Leskoschek, war währenddessen nach Südamerika geflohen.

In einer der Sommer-,,Pausen" 1938 zeigt Ernst Scheibelreiter mit einem Brief über das ,,Gemütliche Wien", daß er sich sehr gut auf Fremdenverkehrswerbung versteht. Der langjährige Mitarbeiter L. W. Rochowanski versucht Ähnliches viel oberflächlicher für die gesamte Ostmark. Rasch wendet sich ,,Die Pause" wieder der Läuterungsarbeit am Charakter ihrer Leser zu. Beim ,,Deutschen Menschen im Weltbild deutscher Meister" von Streerbach wird das Sinnliche Makarts am Beispiel illustriert, jedoch als Verfallserscheinung abgetan, ein Standpunkt, den ,,Die Pause" später bei der Truppenbetreuung gründlich revidieren wird. Immerhin kommt es schon jetzt zur Darstellung teilweise entblößter Körper, und anläßlich der ,,Großen Deutschen Kunstausstellung 1938" zu einer ganzseitigen Reproduktion arteigener Aktauffassung, was eine Novität für alle an die bisherige ,,Pause" Gewöhnten bedeutet.

Aber dann kommt wieder Blaschke – knapp vor dem ,,Befreiten Sudetenland" – zu Wort. Er nimmt zum ,,Kulturaufbau in Wien"

Stellung. Diesmal beginnt er bei Fischer von Erlach und Raphael Donner, nennt auch alle anderen Großen, deren Erbe nun die „Tatenfreudigkeit" von Gauleiter Globocnik und von „Oberbürgermeister Dr. Ing. Neubacher" durch eine Organisation bewahrt, die sowohl Parteidienststelle als auch Verwaltung ist. Ein weiter, aber direkter Weg vom Orivatmäzen zum öffentlichen Kunstdirigismus.

Das Rathauskulturamt neuester Prägung ab September 1938 wird damit vorgestellt, und Blaschke fühlt sich angesichts solcher Förderung und Lenkung zu höherer Interpretation kultureller Leistungen auf Wiener Boden berechtigt. Er meint, „daß wohl Geist und Inhalt einer Kulturschöpfung rassisch bedingt sind, die Form des Werkes jedoch einem zeitgebundenen Wandel unterliegt . . . Jedenfalls werden ablehnende Beurteilungen engstirniger Menschen zu verwerfen sein. Außerdem muß einerseits zur Wahrung der großen und erstrebten Reichseinheitlichkeit im Organisatorischen die Unterordnung unter Großplanungen, vor allem im Propagandistischen, eine Absolute sein, wogegen die Erhaltung der Sonderheit im Schöpferischen gleichfalls gewahrt werden muß . . ." – Zwecks Entjudung „auch dem Geiste nach" und moralischer Theateraufwertung wurden nach Blaschke von jenem neuartigen „Kulturamt der Gaustadt Wien" folgende unumstürzbare Grundsätze aufgestellt: „Für die Aufnahme der Künstler . . . entscheidet Leistung. Das Ensemble ist zu erziehen. Nicht der Effekt, sondern der Geschmack und künstlerische Gehalt ist für die Auswahl und Inszenierung der Stücke maßgebend." In seinem Nachlaß berichtet der getaufte jüdische Kritiker Ernst Deszey, daß ihm Blaschke über Intervention eine Bestätigung überließ, derzufolge er, Deszey, „als Verfasser so vieler Werke über deutsche Kunst und Künstler Berücksichtigung verdiene". Der Schein war wertlos. Blaschke erwähnt dies jetzt natürlich nicht, sondern empfiehlt die in DAF-Besitz befindlichen Theater des Volkes, schreibt der Volksoper eine musikdramatische Nachwuchsaufgabe bei billigen Eintrittspreisen zugunsten der Staatsoper zu, verweist die Operette ins Raimundtheater, die Klassiker und das Volksstück ins Volkstheater, wobei ihm „das volksfremde Salonstück für Snobs" übrig bleibt, das er sich nicht expressis verbis in die Josefstadt zu schicken getraut. Er verkündet, „daß Schauspielschulen, in denen auch die körperliche und weltanschauliche Ertüchtigung gepflegt wird, bereits geschaffen worden sind". (Tatsächlich wurde im Studienjahr 1938/39 aus einer Abteilung der Staatsakademie und einem renommierten Privatseminar die „Schauspielschule des Burgtheaters" gebildet.) Beim Film müsse dem Kulturamt, wie Blaschke weiter erklärt, eine „Zensur- und Anregungsfunktion zufallen". Dazu gehören auch „konstruktive Lösungen für wahrhaftige Wiener Kulturfilme".

Unter vielen anderen Agenden weist Blaschke auch auf die bereits erfolgte Abtragung „untragbarer Denkmäler der letzten Jahre" sowie „die Schöpfung neuer Denkmäler" hin. Hiefür kommen Walther von der Vogelweide mit freiem Ausblick auf den Donaustrom (vom Leopoldsberg! Der Verfasser.), im Stadtbild selbst Richard Wagner, Anton Bruckner, Hugo Wolf und die dreizehn Gehenkten der Kampfzeit in Betracht, wofür Mahnmalarchitekten heranzuziehen wären. Bei den „untragbaren" Monumenten handelte es sich um allzu religiöse Systemerinnerungen, um Dollfuß-Steine und ähnliches. Ferner um verewigte Nichtarier, wobei die Entfernung einer Mahler-Büste in der Oper und des Sonnenfels-Denkmales vor dem Rathaus (1940) das meiste Aufsehen erregten. Zu einem Monumentenschwund großen Ausmaßes gab die kriegsbedingte Metallsammlung Anlaß, unter deren ersten Opfern sich willkommenerweise das Lessing-Denkmal auf dem Judenplatz befand. 1938 verschwanden aus rassischen Gründen die Monumente für Sueß (Schwarzenbergplatz), Marcus (Resselpark), Popper-Lynkeus (Rathauspark), Ofner (Taborstraße), „Die Unbesiegbaren" (Kongreßplatz) und der „Ruf der Jugend" (Wettsteinpark). Die von Blaschke in Aussicht genommenen Standbilder gelangten nicht auf ihre Bestimmungsorte. Dafür wurde vor dem Rathaus anstelle Gassers Freiherrn von Sonnenfels der steinerne Ritter von Gluck der Bildhauer Pilz und Kremser dem Publikum präsentiert. Gluck wanderte nach dem Kriege an die linke Seite der Karlskirche, während der deponierte Sonnenfels auf seinen alten Platz kam. Um ein neues Lessingdenkmal wurde Siegfried Charoux bemüht.

Blaschke berichtet in seinem „Pause"-Artikel des Herbstes 1938 weiter vom Plan eines „Hauses der Stadt Wien, wo dem Besucher der Stadt einiges über das kulturelle Schaffen dargeboten werden soll". Für die nächste Zeit ist die „Schaffung entsprechender Buchhallen für das Leihbuchwesen" vorgesehen. Die Fachleute für eine „wahre, notwendige und richtige Buchpolitik" der Stadt Wien stünden schon bereit. Und dann stößt Blaschke weiter in die Gefilde kultureller Augenweiden und Ohrenschmäuse vor: „Zur Anberaumung und Durchführung der einst weltberühmten Wiener Veranstaltungen wurde im Rahmen des Kulturamtes eine verantwortliche Stelle geschaffen, die im Zusammenwirken mit dem Reichspropagandaministerium auf taktvolle und geschmackvolle Durchführung dieser Veranstaltungen zu sehen und deren vornehme Größe zu bestimmen haben wird." Dies sollte von großangelegten Festlichkeiten bis zu behelfsmäßig installierten Volksbildungsvorträgen oder Feierabendstunden reichen, letzteres sogar noch 1945 im Angesicht der über die Höhen um Gießhübl vorrückenden Dritten Ukrainischen Front. Blaschke ist ahnungslos und schreibt daher vom „großzügigen Umbau bestimmter Stadtteile in späterer Zeit, der in seinen Planungsfundamenten studiert worden ist und dessen fertige Planung dem Führer zur Entscheidung vorgelegt werden wird". Darunter befinden sich, was Blaschke nicht mitteilt, die Herstellung des früheren Ausblicks von der Hofburg zur Karlskirche und ein neues städtisches Opernhaus an der unverbauten Ecke Währinger Straße – Spitalgasse. „Seien wir alle, denen das Glück zuteil wurde, Helfer Adolf Hitlers sein zu dürfen, verschworene Werker einer großen Sendung . . .", ruft Blaschke abschließend in der „Pause".

Die widmet sich umständehalber den Sudetendeutschen Kulturschaffenden und in Heft 10, reich illustriert, dem Deutschen Volkstheater: Man darf aus der neuen „Führerloge" schauen und auf der folgenden Seite des Generalintendanten Walter Ilz, des Dramaturgen und zeitbedingten Autors Dr. Otto Emerich Groh sowie weiterer Mitarbeiter ansichtig werden. Dann kommt die bauliche Neugestaltung der Wiener Volksoper (mit Führerloge) an die Reihe.

Für die große Weihnachtsnummer 1938 zeichneten „12 Künstler der Ostmark" ein Kalendarium. Es sind dies Huber, Zülow, Kitt, Köhl, Eisenmenger, Pevetz, Pregartbauer, Dobrowsky, Wilke, Lobisser, der später ungern gesehene Kubin und Andersen. Für den Führergeburtstag im April sind sein Bild mit dem Böök-Lobspruch aus der schwedischen Akademie in Stockholm auf Hitler und sein unbekanntes Soldatentum zwischengeschaltet. Rückblickend wird in Kerkerbriefen aus der Weihnachtszeit 1935 wieder jener E. G. Kolbenheyer zitiert, der weiland Stefan Zweigs Studienfreund gewesen ist. Den „Familienbildern alter deutscher Meister" sind Hermann Göring mit Frau Sonnemann und Klein-Edda und – soweit erkennbar – Frau Magda Goebbels samt ihren vier unglücklichen Kindern zugesellt. Die Bildlegende fehlt.

Annie Seifert, die sonst nur für Bild und Literatur in der „Pause" zuständig ist, hat sich im Dezember 1938 nach Berlin W 15 umquartiert und dort eine „Berliner Schriftleitung" eingerichtet. Man ging offensichtlich auf die Eroberung des gesamtdeutschen Zeitschriftenraumes durch den Wiener Kultursinn aus, ein wechselvolles Unterfangen, das nicht eben glücklich zu Ende gebracht wurde. Am Inseratensektor war der Ausbruch aus dem Wiener Raum noch schwieriger. 1938 hielt man sich an „Die guten arischen Wiener Firmen" (Sammeltitel) oder an „Empfehlenswerte arische Gaststätten, Cafés,

Vergnügungslokale und Hotels". Dazu kamen Einzelanzeigen von Gewerbetreibenden, manchmal mit Hakenkreuzen verziert und sicher oft im Hinblick auf die Geschäftsverbindung mit dem Magistrat und weniger der Werbewirkung halber aufgegeben. Noch gibt es italienische Fremdenverkehrsinserate, aber auch Eintopfpropaganda und Reisehinweise, wie „Besuchet die Steiermark, das Südland deutscher Sehnsucht, Graz, die Stadt der Volkserhebung, im sonnigen Herbst". Da mutet die langjährige, ganzseitige Einschaltung von „Echt Kölnischwasser 4711" in Aufbau und Aussage direkt zukunftweisend an, wenn man von der Kleidung und den Druckfarben absieht. Jedenfalls, ob Illustrationsteil, ob Inseratensektor, die Gesichter haben sich seit den Märztagen geändert, sind großflächiger, heller, einheitlicher, weniger österreichischdunkel geworden. Wie sagte Dorothea Zeemann in Heft 3/1938, also vor dem Umbruch? „Unsere Zeit hat kein Kostüm, wir wissen nicht, ob sie ein Gesicht hat. Gegenwart weiß das von sich selber nie!" Kein Zweifel, seit dem 12. März waren Kostüme vorhanden, in der „Pause" und anderswo. Dafür sind Hans von Hammerstein, Guido Zernatto, Karl Lugmayer und andere „Pausen"-Kräfte von früher hinter Gittern oder auf der Flucht.

Mittlerweile griff die Deutsche Arbeitsfront zugunsten ihres Freizeitwerkes „Kraft durch Freude" nach mehreren Wiener Großbühnen, die zu „Theatern des Volkes" befördert werden sollten. Die hiefür verantwortlichen Kulturstrategen in Berlin konnten sich freilich nicht vorstellen, wie sehr ihnen dabei der kleine Wiener Blaschke in die Quere kommen würde. Zunächst geisterte das Schlagwort „Theater des Volkes" für das Deutsche Volkstheater, die Volksoper sowie für das Raimundtheater durch die Öffentlichkeit und fand in der zweiten Hälfte des Jahres 1938 als Überschrift in Zeitungsartikeln usw. am häufigsten Anwendung.

Die feierliche Eröffnung der Theater des Volkes fand am 27. Oktober 1938 statt, und zwar im Falle der renovierten Volksoper durch eine „Fidelio"-Aufführung vor dem Bürgermeister, seinen Stellvertretern und anderen Persönlichkeiten. Die Inszenierung besorgte Intendant Anton Baumann selbst, die musikalische Leitung oblag Dr. Robert Kolisko. Die Leonoren-Rolle hatte Vilma Fichtmüller übernommen, den Florestan sang Günther Treptow, den Don Fernando Ludwig Pantscheff. In dem aus diesem Anlaß erschienenen Programmheft „Festvorstellungen der Theater des Volkes in Wien" schrieb der Gauleiter von Wien, Odilo Globocnik, nach der obligatorischen Kritik an der „artfremden Welt" vor dem 12. März 1938: „. . . So trat jene entsetzliche Verödung unserer Kulturstätten ein, die uns seit dem ersten Tag der Machtübernahme in der Ostmark angetrieben hat, das Wiener Theater wieder dem deutschen Volk zurückzugeben, dem es nun allein für alle Zukunft gehören soll . . . Nur aus einem Heranführen aller Schichten an die unvergänglichen, edelsten Werke der Nation wird unsere Stadt wieder das, was sie in ihrem innersten Kern immer war: Ein Sammelpunkt höchster Kulturleistungen unseres Volkes . . . Die Eröffnung dreier Theater des schaffenden Volkes gleich zu Beginn des ersten Spieljahres erscheint mir ein besonders glücklicher, bedeutungsvoller Anfang."

Vizebürgermeister Blaschke bemerkt zum gleichen Thema in seinem 43er Bericht: ,,Die drei Bühnenhäuser Wiener Volksoper, Deutsches Volkstheater und Raimundtheater wurden an die Architekten Witzmann und Bichler, Kammel und Zeymer übergeben, um in ihnen Beispiele nationaler Kunstgesinnung an wiedererstandenen Tempeln deutscher Kunst zu gestalten. Die beiden letztgenannten Bühnen wurden nach längeren Verhandlungen in die Rechtsträgerschaft von K.d.F. übergeben, während die Volksoper als städtische Bühne weitergeführt wird . . ." Im Hinblick auf die Folgeentwicklung hält Blaschke fest: ,,. . . Mit dem städtischen Opernhaus wurde ein Institut ins Leben gerufen, das für die breiten Massen unseres Volkes die Volksoper im guten Sinne des Wortes zu pflegen hat. Wenn wir hören, daß pro Spieljahr etwa 200.000 Karten für Volksgenossen in den Rüstungsbetrieben, 120.000 Karten für Wehrmachtsangehörige zur Verfügung gestellt werden und darüber hinaus eine große Anzahl geschlossener Vorstellungen der Partei und der Hitler-Jugend überlassen wird, dürfte genügend dargetan sein, wie sehr das Haus bestrebt ist, seiner nationalsozialistischen Verpflichtung gerecht zu werden. In einer vorbildlichen Betriebskameradschaft, auf strengen Leistungsgrundsätzen aufgebaut, wird gestrebt, die hohe Ensemblekunst zu pflegen, jungen Sängernachwuchs zu entdecken und zu erziehen und durch Verbindung mit den befreundeten Südoststaaten der Schicksalsverbundenheit unserer Stadt mit diesem Raum auch in künstlerischer Beziehung Ausdruck zu geben."

Im Verwaltungsbericht der Stadt Wien 1938 steht zu lesen: ,,Die Volksoper wurde bis zum Oktober 1938 vom Wiener Volksopernverein geführt. Sie diente in den letzten Jahren . . . der leichten Muse. Als die Stadt Wien im Frühjahr 1938, dem Wunsche des Führers gemäß, den Entschluß faßte, die Wiener Volksoper zu einer Städtischen Bühne umzuwandeln, mußte nicht nur das Gebäude selbst grundlegend neu gestaltet werden, sondern es bedurfte auch eines völligen Neuaufbaues des Theaterensembles und der Ausstattung. Mit Hilfe der entscheidenden finanziellen Unterstützung des Führers gelang es in der kurzen bis zum Herbst zur Verfügung stehenden Zeit, nach Plänen der Architekten Professor Witzmann und Bichler, den Umbau des Innenhauses, insbesondere der Bühne, durchzuführen . . . Zur Leitung wurde im Juni 1938 Intendant Kammersänger Anton Baumann berufen. Der Ausbau des Theaters war in zwei Etappen, Baujahr 1938 und Baujahr 1939, vorgesehen. Zur Ausführung kam nur die erste Etappe im Jahre 1938 mit einem Kostenerfordernis von rund RM 800.000,– . . ."

Die Adaptierung des Volksoperngebäudes bestand aus einem weitgehenden Umbau des Bühnenhauses, auf welches ein neues Stockwerk kam. Die Zubauten in den sechziger Jahren waren freilich noch umfangreicher. Die Spielfläche selbst erhielt jedenfalls schon 1938 eine neue Beleuchtungsanlage und eine 16-m-Drehbühne. Decke, Wände und Bestuhlung des Zuschauerraumes wurden renoviert, in der Mitte des ersten Ranges die getrennt zugängliche Großloge mit Nebenräumen eingebaut.

Kehren wir zum Anlaß der feierlichen Fidelio-Vorstellung am 27. Oktober zurück. Schon ihre Generalprobe war bedeutungsvoll, da rund 2100 Handwerker und Arbeiter, die bei der Erneuerung der Theater des Volkes mittätig gewesen waren, über Neubachers Wunsch zuschauten und nachher beim Gschwandner zu essen bekamen. Einen Tag später empfingen Neubacher, Bürckel und Globocnik die Bühnenkünstler der drei Häuser im Rathaus-Festsaal, die Volksopern-Sänger und -Bühnenarbeiter erhielten am 28. Oktober im Rathauskeller noch kommunale Speise und Trank.

Neubacher nahm diese Gelegenheiten zum Anlaß, den Theaterleuten die Erkenntnis, ,,es sei wieder eine Lust zu leben", nahezubringen und den Werktätigen mitzuteilen, sie müßten bei der Lösung der sozialen Fragen Wiens Geduld haben. Es gehe aufwärts, aber vielleicht nicht so schnell, wie sich mancher gedacht habe. Im übrigen wurde zwecks Steuerung eines ,,Unfuges der Systemzeit" für die Theater des Volkes jede Freikartenabgabe untersagt.

Ludwig Klemme, der Leiter des Reichsamtes Kulturgemeinde der NS-Gemeinschaft ,,Kraft durch Freude" (Berlin), läßt sich im Programmheft der Volksoper über das ,,erschreckende Bild der Verarmung" aus, ,,welche die deutsche Ostmark unter dem zwanzigjährigen Regime von Marxisten und dem Schuschnigg-System erlitten hatte", und über den Theaterzustand, der es seiner Meinung nach unmöglich erscheinen ließ, alles noch einmal instandzusetzen: ,,Aus diesem Grund mußte auch zu diesem Zeitpunkt auf die Wiedereröffnung des traditionsreichen Theaters an der Wien verzichtet werden. Die Operette wird daher für Wien im Raimundtheater eine neue Pflegestätte finden. Das Deutsche Volkstheater, das gleich dem Raimundtheater in den Besitz der Deutschen Arbeitsfront übergegangen ist, wird . . . alle Arten der Schauspielkunst pflegen. Die der Stadt Wien gehörende Volksoper wird das K.d.F.-Opernhaus sein."

In Angelegenheit des Theaters an der Wien hören wir noch einmal Blaschke aus seinem Bericht über fünf Jahre Kulturamt: „Das Theater an der Wien wurde von der Stadt gekauft (Durchgeführt im Herbst 1939! Anm. d. Verf.) und von Professor Witzmann wurde ein Plan für die Umgestaltung des Theaters in seinen ursprünglichen Zustand entworfen, der dem Führer vorgelegt wurde . . . Der bereits in seiner Planung fertiggestellte Umbau des Theaters an der Wien zu einem der schönsten Theater und damit die Eröffnung dieser altehrwürdigen Theaterstätte Wiens mußte bis zum Sieg zurückgestellt werden." Bekanntlich hat das Kulturamt 1960 in der Tat die vollkommene Erneuerung des Hauses unter Professor Otto Niedermoser veranlaßt, allerdings mit negativem Bezug auf den vorweggenommenen Sieg Blaschkes. Diesem Bauvorhaben ist ein zweimaliger Besitzwechsel vorangegangen, da die Stadtverwaltung das Theater nach Kriegsende den ursprünglichen Eigentümern rückstellen und daher später einen erneuten Ankauf durchführen mußte.

Der Vollständigkeit halber sei auch des Bürgertheaters Erwähnung getan, während das Theater in der Josefstadt später behandelt werden soll. Die übrigen Wiener Privatbühnen wurden 1938 von öffentlicher Hand noch nicht direkt berührt. Doch alle Theaterdirektionen mußten ihre Spielpläne nach Berlin senden, wo Reichsdramaturg Schlösser entschied, was und in welcher Art es gegeben werden durfte. Hinsichtlich des Bürgertheaters teilt der Wiener Verwaltungsbericht dieses Jahres mit, daß das im 3. Bezirk gelegene Gebäude im Oktober 1938 von der Stadt Wien erworben wurde: „Der bereits geplante Umbau des Theaters zu einem repräsentativen Gastspieltheater mußte infolge der Ungunst der Zeit unterbleiben." Blaschke erwähnt in seinem Rechenschaftsbericht, daß „das Bürgertheater dem langjährigen und verdienstvollen Leiter der Landesstelle Wien der Reichstheaterkammer Pg. Robert Valberg privat verpachtet wurde". Wir haben Herrn Valberg bereits einmal getroffen und werden dies auch noch später tun.

Zunächst aber müssen wir wieder zu den eigentlichen „Theatern des Volkes" zurückkehren, zu jenen drei Institutionen, deren Zukunftsweg baulich und finanziell fürs nächste gesichert sowie allgemein mit hohen Erwartungen und Versprechungen gepflastert ist.

Doch alles Künftige verbirgt sich dem hoffnungsvollen Vorausblick stets im Schoße der Zeit. Deshalb ruhen sich viele Wahrsager bei den vermeintlichen Übeln der Vergangenheit aus, denn hier finden sie Tatsachen oder zumindest halbwegs fundierte Erinnerungen vor. So erklärt Ernst Holzmann in dem Kulturamtswerk „Wien – Geschichte – Kunst – Leben" unter dem Kapitel über die Wiener Theater 1942: „In den trüben Jahren nach dem großen Krieg ging es mit der Pflege deutscher Theaterkunst immer mehr bergab. Es lag nicht nur an den elenden wirtschaftlichen und sozialen Verhältnissen, sondern vor allem an der erschreckenden Überfremdung und Verjudung der Wiener Bühnen. Jüdische Schieber, Neureiche, Menschen ohne Geschmack und Kultur rekelten sich im Parkett und füllten die Logen . . . im ‚Deutschen Volkstheater', der zweiten vornehmen Schaubühne Wiens . . . Die früheren Stätten des Wiener Volksstücks verschwanden oder wurden Operettenbühnen, wie das Theater an der Wien, aber auch neugegründete Bühnen, wie das Raimund-Theater und die prächtige Volksoper, versanken im Strudel eines verjudeten Betriebes. In den unsagbar traurigen Jahren der Systemregierung zog sich das bodenständige Wienertum immer mehr vom Theater zurück; volksfremder Geschmack, jüdische Darsteller und Stücke vertrieben die Besten aus den geliebten Schauspielhäusern, die ihnen nicht mehr boten, was Geist und Gemüt beanspruchten. Darüber hinweggeholfen hat nur der unerschütterliche Glaube an den Sieg der nationalsozialistischen Bewegung. Als in jenen unvergeßlichen, schicksalhaften Märztagen 1938 Adolf Hitler, unser aller Führer, seinen triumphalen Einzug in die alte deutsche Ostmark hielt, vollzog sich ein geschichtliches Ereignis von größtem Ausmaß. Die Heimkehr ins Reich wirkte sich naturgemäß auch im geistigen und kulturellen Leben aus, die Schranken waren gefallen, und ungehindert setzte fruchtbringender Austausch von Nord und Süd wieder ein. Von Jahr zu Jahr besserte sich die Lage der Wiener Bühnen und heute herrscht in Wien ein so reges Theaterleben, wie es kaum die Zeiten vor 1914 aufwiesen. Im Zeichen und Schutz des Nationalsozialismus geht die alte Theaterstadt Wien einer glanzvollen Zukunft entgegen." Herr Holzmann hat dabei außer acht gelassen, daß sich vor 1914 die Theaterbesucher Wiens niemals zwangsweise auf keineswegs kostendeckend verkauften Sitzen niederließen, und außerdem jede Art anderweitiger Konsumationsmöglichkeit bestand. Sein Niveauvergleich Anno 1942 ist daher absolut irreführend.

Im Programmheft der Festvorstellungen der Theater des Volkes, das sechs Monate nach dem sogenannten triumphalen Einzug herausgegeben wurde, meldete sich der ebenfalls aus dem deutschen Theaterleben in Wien eingezogene Intendant Bruno Iltz zu Wort. Ihm oblag die Leitung des Deutschen Volkstheaters, nachdem Goebbels die Auflösung des Volkstheatervereines angeordnet hatte. Iltz verfaßte eine kleine Rückschau und formulierte äußerst zurückhaltend: „Das Deutsche Volkstheater in Wien ist besonders die ersten drei Jahrzehnte seiner Aufgabe mit tiefem Ernst gerecht geworden und wenn es in den letzten Jahren vielleicht ein wenig seine Sendung vergessen hatte, so lag dies wohl an dem allgemeinen kulturellen Niedergang des Nachkriegs-Österreich."

Erst zirka ein Jahr vor den letztzitierten Auslassungen hatte der Verein „Deutsches Volkstheater" in der Generalversammlung dem damaligen Direktor Rolf Jahn in Anbetracht seines verdienstvollen Wirkens einstimmig den Pachtvertrag für weitere drei Jahre erneuert. Jahn, der in den bisherigen fünf Jahren seiner Direktionstätigkeit 50.000 Schilling aus eigenem zugesetzt hatte, sollte ab 1937 die Möglichkeit geboten werden, die Verluste hereinzubringen. Interessant sind die Beträge, die als Pacht vorgesehen waren, nämlich für die Spielzeit 1937/38 40.000 Schilling, für 1938/39 dann 56.000 Schilling und für 1939/40 schließlich 59.000 Schilling. Außerdem wollte man für die bauliche Erhaltung des Hauses pro Jahr einen Betrag von 20.000 Schilling entrichtet sehen. Für den Spielplan 1938 war u. a. Dr. Hans Naderers „Fremdes Land", ein Stück über die Kolonisation ausgewanderter Tiroler in Südamerika, vorgesehen, doch erwies sich dieser beliebte Volksstück-Autor angesichts seiner Katholizität nach den Märztagen nicht tragbar.

An die Stelle des Privattheaters trat 1938 das „gelenkte" Theater, und statt eines Direktors gab es nun einen Intendanten. Dieser wurde von Berlin aus bestellt, hieß, wie gesagt, Walter Bruno Iltz und hatte vorher die drei städtischen Theater in Düsseldorf geleitet. Er war in den Theateridealen von Brahm, Reinhardt und Gessner groß geworden, sein künstlerischer Spürsinn ließ ihn in der Folge Leon Epp, Curd Jürgens, O. W. Fischer, Paul Hubschmid, Judith Holzmeister, Inge Konradi, Klaramaria Skala, Robert Lindner u. a. entdecken. Sein Hauptregisseur W. Ullmann und Bühnenbildner Manker verwendeten erstmals in Wien die Schräge. Auch äußerliche Veränderungen wurden am Volkstheater vorgenommen, der Umbau des Hauses brachte jedoch keine wirkliche Besserung für das Publikum oder den Spielbetrieb. Ferdinand Raimund, der bisher in Marmor vor dem Theater wie ein Schutzpatron gethront hatte, wurde in ein Schmollwinkerl neben dem Gebäude verbannt. Den das Winkerl umgebenden Weghuberpark suchte die Gemeinde im nachhinein etwas anzupassen und ließ Bäume fällen, um einen Palaishintergrund freizulegen. Doch damit war Raimund nicht viel geholfen.

Mit historischen Betrachtungen kommt im Programmheft auch der vom Führer 1937 in Berlin zum Kammersänger ernannte Anton Baumann, dem es „vergönnt ist, als erster Leiter der Wiener Volksoper, die nun in der befreiten Ostmark unter Obhut der Gemeinde Wien steht, die Geschicke des Institutes zu leiten", wie es im Programmheft der Festvorstellungen der Theater des Volkes in Wien heißt.

1898 war das Haus am Währinger Gürtel, als Kaiser-Jubiläums-Stadttheater erbaut, mit Kleists „Hermannsschlacht" eröffnet worden. Der Namensvetter, Bezirksvorsteher und Landtagsabgeordnete Anton Baumann, hatte es mit Förderung Dr. Luegers vornehmlich als „antisemitisches Bollwerk gegen rassenfremde Kunst" projektiert, der Schwabendichter Adam Müller-Guttenbrunn wurde erster Direktor. Guttenbrunn hatte angeblich sein Ehrenwort verpfändet, nie einen jüdischen Autor aufzuführen. Nach einigen Jahren tauchten finanzielle Schwierigkeiten auf, und Guttenbrunn verband sich mit dem Rheinländer Rainer Simons zur Gründung der eigentlichen „Volksoper". Bald war Simons Alleinherrscher am Gürtel und hielt sich bis 1917. Die Bühne wurde unter wechselnden Direktionen auch weiterhin auf Vereinsbasis geführt und am Schluß von Jean Ernest geleitet, der Anfang 1938 unter der Gastspieldirektion Reeser-Kowalesky Operetten von Jara Benes, Robert Stolz und Ralph Benatzky aufführen ließ, dazwischen aber bei Carmen selbst Regie führte sowie ein umfangreiches Opern-Abbonementprogramm abwickelte. Die leichte Muse war daher nur Mitbesitzerin des Haues. Nach dem Umbruch wurde Max Kojetinsky als Musikalischer Leiter, Dirigent, Programmerklärer usw. aktiv, jüngere Kräfte wie Regisseur Fritz Klingenbeck und Erich Rauch kamen zum Zuge. Musikalischer Oberleiter wurde Dr. Kolisko, erster Kapellmeister neben Kojetinsky wurde Henry Thiel, als Kapellmeister wirkten Walter Pflüger und Karl Hudez. Der gesamte Personalstand erreichte 375 Personen. Kojetinsky schrieb anläßlich einer Aufführung der „Regimentstochter" (November 1938) im Volksopernprogrammheft: „Das Theater ist nicht mehr Geschäftsinstitut im schlechten Sinne, es ist volksbildendes Kulturinstitut geworden. Gleichgeblieben ist bei der großen Masse der arbeitenden Volksgenossen nach des Tages Müh' und Plage die Sehnsucht nach Entspannung, nach Freude und Lachen. Und diese Sehnsucht zu stillen, ist das Volkstheater des Dritten Reiches berufen! Allerdings nicht mit den schwülen Songs einer ‚Dreigroschenoper', nicht mit dem Schlager von der ‚Rose der Prärie' oder vom ‚Diwanpüppchen'. Durch künstlerisch vollendete Aufführungen leichter, heiterer Opern, wie z. B. der ‚Regimentstochter', durch Aufnahme von Lortzings ‚Wildschütz', Thomas ‚Mignon' (auch in Neubearbeitung durch Anton Baumann) oder durch Rossinis ‚Barbier von Sevilla' in ihren Spielplan will die Volksoper auf allerhöchstem musikalischem Niveau dieses Bedürfnis nach Entspannung und Fröhlichkeit stillen."

Das Fröhlichkeitsbedürfnis blieb, falls es auch auf seiten der Veranstalter vorhanden war, dortselbst in zunehmendem Maße ungestillt. Anton Baumanns Intendanzvertrag wurde schon 1941 durch den Tod gelöst. Sein Nachfolger war Oskar Jölli, der sich früher als Schubertsänger hervorgetan und Blaschke seit 1938 so tatkräftig im Rathaus unterstützt hatte. Jölli zeigte sich trotz seines Aufgehens im neuen Schaffensgebiet vom Gang der allgemeinen Ereignisse sehr bedrückt. Seine antisemitischen Äußerungen versiegten, er hielt Kontakt mit Richard Strauss' Sohn, Dr. Franz Strauss, und dessen jüdischer Frau sowie mit einigen anderen Nichtariern. Mitarbeitern gegenüber deutete er manchmal an, er hätte sich vor 1938 alles ganz anders vorgestellt.

Für 1938 bleibt noch das Raimund-Theater übrig, in das der ehemalige Wiener Theaterkapellmeister Willy Seidl einzog. Er hatte in Fürth als Leiter der dortigen Operettenbühne bereits die Auszeichnung eines Hitler-Besuches erfahren. Seidl erzählt im Programmheft der Festvorstellungen, daß sein jetziges Haus seinerzeit auch mit Adam Müller-Guttenbrunn als Direktor eröffnet worden ist. Ab diesem Zeitpunkt, also von 1893 bis 1907, war hier das „tiefdeutsche und volksbildende Programm" einer Sprechbühne vorherrschend. Dann kamen Direktor Alfred Kovar und mit ihm volkstümliche Opern und Operetten. Daneben sind Raimund, Anzengruber und Nestroy gepflegt worden.

Das Programmheft der Festvorstellungen der Theater des Volkes in Wien wäre keineswegs vollständig, würde nicht auch Reichsorganisationsleiter Dr. Robert Ley selbst auf besonderer Seite den Willen des Führers verkünden, daß „Wien wieder singend, klingend, froh und freudig" werden soll.

Den Abschluß im Heft der Festvorstellungen macht Ing. Rudolf Haybach, Leiter der Abteilung Feierabend der NS-Gemeinschaft „Kraft durch Freude", der das einzige „Theater des Volkes", das Berlin besitzt, im Bild zeigt. Er gibt vor, es sei für ihn eines der beglückendsten Gefühle gewesen, dazu berufen zu werden, sich für die kulturelle Erneuerung der mit ihm blutsverwandten Volksgenossen im Gau Wien voll und ganz einzusetzen. Nach Haybach galt es, den ,,Schutt von den Herzen wegzuräumen, den jahrelange jüdische Vernebelung aufgetürmt hat“. Haybach gelangt über diesen sonderbaren Nebelschutt zur ,,Auflockerung jedes einzelnen Volksgenossen“ und zu den ,,K.d.F.-Theaterringen“, einer Besucherorganisation, die das verbilligte ,,Stammsitzmietensystem“, eine Volksopernspezialität, ergänzen wird.

Abschließend noch einige Angaben über den Spielplan. Im Volkstheater spielt man am 27. Oktober 1938 ,,Die Räuber“ mit der Anmerkung: ,,Neuinszenierung, Eröffnungsvorstellung als DAF-Bühne“, was dem Wiener Volksmund Anlaß zu Spötteleien bot, zumal auch die Rathausspitzen dabei waren. Am 9. November folgt Otto Emmerich Grohs ,,Die Fahne“, und dann kehrt man zu zeitloser, etwas leichterer Kost zurück. Die Schlußvorstellung dieser DAF-Bühne am 30. Juni 1944 wird ungewollt zu einer Huldigung an das alte Österreich mit ,,Der Kapellmeister Seiner Durchlaucht“, einem Lebensbild Haydns.

In der Volksoper gibt es im März 1938 Bunte Nachmittage des Kaufhauses Währinger Gürtel, davon einen mit dem Fehrbelliner- und dem Badenweilermarsch sowie mit großer Anschlußfeier durch Chor und Orchester, wobei die neuen Liedertexte im Programmblatt dem Publikum zum Mitsingen empfohlen wurden. Auch Schillers ,,Wallenstein“ verirrt sich zugunsten der Wiener Hitler-Jugend dorthin und wird bei geschlossenem Vorhang mit einem Gedicht auf den Führer eingeleitet. Mehrere Tanzspielabende sollen am Gürtel eine neue deutsche Darbietungsart kreieren helfen. Bittners ,,Bergsee“-Plätschern wird vorbereitet, ein paar gängige Opern und Operetten gelangen zur Aufführung, das vierzigjährige Theaterjubiläum wird etwas anders gefeiert, als es sich Direktor Ernest immer gewünscht hatte. Am 6. Dezember 1938 kommt das ,,Christelflein“ von Hans Pfitzner, ein Werk im Sinn zeitgenössisch-romantischer Gedankengänge, als großangelegte Neuinszenierung an die Reihe. Kojetinsky nennt das Elflein im hakenkreuzgeschmückten Programmheft die ,,einzig wirklich deutsche Weihnachtsoper“, der daher termingemäß der Vorrang gegenüber ,,Hänsel und Gretel“ und ähnlichem gebühre.

In diesen Tagen geht es dem Komponisten Julius Bittner, der inzwischen die Nachricht von der bevorstehenden Aufführung seines ,,Bergsee“ mit Befriedigung zur Kenntnis genommen hat, gesundheitlich sehr schlecht. Am 9. Jänner stirbt er, und die Volksoper gedenkt seiner in einer Totenfeier, wobei Oskar Jölli den Nachruf hält. Nach Alma Mahler-Werfel war Bittner, dem man bereits beide

Beine amputiert hatte, ein zutiefst katholischer, weltabgewandter Mensch. Jölli weist jedoch nur auf den „Ackerdung" rund um den „Bergsee" hin, lobt „betont Bodenständiges" und meint, daß „wir Nationalsozialisten irrtümliche Auffassungen ausgeschaltet haben". Auch „Pfaffenwirtschaft und Habsburg-Söldner" sind ihm als „Bergsee"-Ingredienzien erwähnenswert.

Die Volksoper spielt in der Folge Werke von Puccini bis Johann Strauß, von Wagner bis Heuberger, und Alois Pernersdorfers Stimme, Erni Fellerer-Knieperts Kostüme und Dia Lucas' Choreographie schaffen sich den ersten Anhängerkreis.

V. KAPITEL
DIE VERWALTUNGSGRUPPE VIII

„Ich kann Ihnen die Versicherung geben, daß die Wiener Stadtverwaltung vor Aufgaben steht, die in ihrer Zukunftsbedeutung über alles hinausragen, was es jemals an Aufgaben für die öffentliche Verwaltung gegeben hat." (Neubacher bei einer Beamtenvereidigung 1938)

Der Frühling und der Sommer 1938 waren vorüber, aber die Märzereignisse blieben noch so stark in Erinnerung, als ob sie gestern gewesen wären: Am 13. 3. wurden alle öffentlichen Bediensteten auf den Führer vereidigt, alle Juden darunter dienstenthoben. Vier Tage später begannen die Propagandareisen für Wiener Arbeiter ins Altreich. Am 26. hatte Göring den Aufbauplan für die Ostmark verkündet. Am 31. erhielten die meisten „Ausgesteuerten" und die Jungarbeiter ohne Beschäftigung neue Arbeitslosenunterstützung. Am 7. April begannen die Verhandlungen zwischen der Stadt Wien und der SS-Führung zwecks Errichtung eines Konzentrationslagers im städtischen Steinbruch Mauthausen.

Am 22. September 1938 wurde im Rahmen des Magistrates eine eigene Verwaltungsgruppe „Kulturamt" (VIII) geschaffen, in welche die Städtischen Sammlungen, das Archiv der Stadt Wien sowie die neueingerichtete Mag.-Abt. 50 „Allgemeine Rechts- und Verwaltungsangelegenheiten" (der Kulturverwaltung) einbezogen wurden. Ihr waren die Städtischen Büchereien, die Musikschule der Stadt Wien und die Theater der Stadt Wien – d. s. damals die Wiener Volksoper und das Bürgertheater – angegliedert. Vizebürgermeister Hanns Blaschke übernahm selbst die Stellung des Gruppenleiters und richtete sich mit seinen Leuten im ersten Stock des Rathauses ein. Am 28. September wurde im Beratungszimmer des Bürgermeisters eine Art Gründungsversammlung des „Kulturamtes der Gaustadt Wien" abgehalten, bei der Neubacher den Gauleiter Globocnik und die „durch Begabung und Neigung in ihrem Amt prädestinierten Mitarbeiter" willkommen hieß.

Hanns Blaschke hielt den Versammelten, worunter sich namhafte Vertreter des Wiener Kulturlebens befanden, eine Rede, in der er u. a. ausführte: „Die Aufgabe und der Zweck unserer heutigen Zusammenkunft ist die Schaffung einer Einrichtung, die als Kulturamt der Gaustadt Wien nach dem Willen ihrer Gründer das kulturelle Leben dieser Stadt lenken und befruchten soll."

Blaschke vertrat die These von den drei Aufgaben, die es zu erfüllen gelte. Es waren dies: ,,Die Förderung und Lenkung des Kunstlebens in Wien im Sinne unserer Weltanschauung, die Erziehung der Bevölkerung, und zwar sowohl der Jugend als auch der erwachsenen Generation, zum Kunsterlebnis, und schließlich die Bewältigung der zahlreichen aus der Systemzeit überkommenen sozialen Probleme der schaffenden und nachschaffenden Künstlerschaft."

Blaschke berichtet in der Gründungsversammlung neben den bereits von ihm an anderen Stellen wiedergegebenen Leitsätzen hinsichtlich Entjudung, moralischer Anstalten, Weihestätten und Leistungsprinzipien auch von Förderungsabsichten für die Hofkapelle und die Opernchöre: ,,Die Musik muß wieder an die Jugend herangebracht werden, und es wird Aufgabe des Kulturamtes sein, sich mit den staatlichen Faktoren und der Akademie auseinanderzusetzen, um die Nachwuchsfrage auch in der Lehrerschaft zu regeln . . ." Blaschke fordert Abhilfe gegen die ,,Verunstaltung der schönen Plätze Wiens durch Reklameaufschriften" und wünscht Fassadengestaltung für Zweckbauten durch den Referenten für die Bildhauerei, ferner Preise für Textbücher und dramatische Musikwerke, Förderung der ,,wahren Poeten" sowie Richtunggeben in der Mode, ,,da die Wiener Mode aus den Menschen dieser Stadt selbst erwächst". Das Kulturamt soll Porzellan, Gobelins, Keramiken und Metallarbeiten ,,befruchten", die Bildstelle der Aufbewahrung von Zeitdokumenten aus den Umbruchstagen dienen und damit ,,einst der Nachwelt die Prüfung unserer Leistungen ermöglichen". Für den Pressesektor nennt Blaschke wieder ,,Die Pause" sowie eine Zeitschrift, die von ihm in Zusammenarbeit mit der Hitler-Jugend herausgebracht wird und sich als ,,Das junge Reich" bezeichnet. Beim jungen Reich handelt es sich um eine Monatsschrift für etwa 10- bis 17jährige, voll von illustrierten Lagerberichten, bewundernswerten Männern, Reportagen aus dem Parteileben, Deutschtumsehrungen und etwas Wiener Kultur, aber dies meist nur in zweitem Aufguß. Also eine Publikation, die über das Heimabendniveau nicht sonderlich hinausgeht und dabei eher ernst und etwas langweilig gehalten ist. Alles in allem ein eindrucksloses Vorbereitungsorgan auf den Kampf im Leben und – ein Jahr später – im Feld. Blaschke hat wahrscheinlich Hoffnungen auf diese Schrift gesetzt, die sich dann als unberechtigt herausstellten.

Er bemerkt am 22. September 1938 in seiner Gründungsrede weiter, daß die Fachleute des Kulturamtes ,,einerseits vom Bürgermeister der Stadt Wien als Magistratsfunktionäre ehrenamtlich bestellt, andererseits vom Gauleiter von Wien parteimäßig mit Dekret in ihre Funktion eingesetzt werden". Also wirklich ein Amt, das mit der Partei verheiratet werden soll und beispielgebend für die übrige Gemeindeverwaltung ist, die ja ihrerseits noch immer nicht die Reife für die erstrebte Altreichsangleichung erlangt hat. Beim Kulturamt ist dies bereits weitgehend der Fall.

Blaschke berichtet hiezu in seinem Rechenschaftsbericht 1943: ,,Eine bedeutsame, schon damals klar erkannte Notwendigkeit in unserem Stadtgau mit seiner einheitlichen Überlieferung auf kulturellem Gebiet war die Zusammenfassung der Aufgaben der entsprechenden Dienststellen der Partei und der Verwaltung, die schon in der Personalunion des Leiters der beiden Behörden prägnanten Ausdruck fand und auf die ich damals – da ich darin eine wesentliche Voraussetzung des Wirkens und der reibungslosen Aufgabenbewältigung erblickte – ausdrücklich hinwies. Dabei fiel der Partei als der revolutionären Kampftruppe der neuen Weltanschauung der entscheidende Einsatz und das gestaltende Leben als Aufgabenbereich zu, während der Stadtverwaltung vor allem die ordentliche, finanziell fest untermauerte Verwaltung der Kunsteinrichtungen und Verbände zukam. Nach Besprechung der vor uns liegenden Aufgaben in den einzelnen Fachsparten Theater, Film, Musik, Literatur, Malerei, Bildhauerei, Architektur, Stadtbildpflege, Sammlungen, Büchereiwesen, Kunsthandwerk, Mode, Veranstaltungen, Presse und Bildstelle schloß ich meine damaligen Ausführungen (in eben der Gründungsversammlung am 22. September! Der Verfasser.) mit den Worten: ,Ich darf zusammenfassend sagen, daß wir uns hier in Wien auf einem altehrwürdigen Kulturboden befinden, der für unsere Planungen und Maßnahmen auf unserem neuen Aufgabengebiet bestimmend ist und uns durch eine große kulturhistorische Vergangenheit auch zu großen Leistungen verpflichtet. Bisher ist viel mit Konservenlorbeer operiert worden; es genügt aber nicht, daß Wien große Männer hervorgebracht hat und auf gewaltige Schöpfungen auf geistigem und künstlerischem Gebiet zurückblicken kann, deren Pflege uns selbstverständliches Gebot ist, wir müssen auch dafür sorgen, daß der Lorbeer nicht welkt, sondern weiter grünt . . .' "

Blaschke sieht aber nicht nur die Vorteile einer engen Bindung seines Amtes an die Partei, er weiß auch bereits aus den Erfahrungen der letzten Monate von Kompetenzschwierigkeiten und Gschaftelhubereien. Er ist daher bestrebt, ein möglichst vorbestimmtes Ineinandergreifen aller Faktoren zu erreichen: ,,Der organisatorische

Grundgedanke war hiebei der, daß die Gauhauptstelle Kultur der NSDAP mit dem Aufgabenbereich der Lenkung und des Einsatzes kultureller Verbände und Einrichtungen mit einem Gauhauptstellenleiter und mehreren Gaustellenleitern besetzt wurde, die gleichzeitig als Sachberater das korrespondierende Sachgebiet der Kulturverwaltung im Wiener Magistrat zu betreuen hatten, um damit von vornherein ein Gegeneinander oder hemmende Kompetenzverhandlungen in dem Meer der Aufgaben auszuschließen. Die Gauhauptstelle Kultur wurde mit meiner Person und mit Pg. Oskar Jölli als Stellvertreter besetzt und ihr folgende Gaustellen angeschlossen, die mit den nachstehenden Parteigenossen besetzt wurden: Musik – Pg. Dr. Hochstätter, Schrifttum – Pg. Stuppäck, Architektur – Pg. Architekt Kutschera, Bildhauerei – Pg. Prof. Fraß, Malerei – Pg. Böttger, Schriftgestaltung – Pg. Architekt Cech, Theater – Pg. Jölli, Kunsthandwerk – Pg. Prof. Obsieger, Mode – Pg. Ohnheiser, Büchereiwesen – Pg. Dr. Ruppe, Volks- und Brauchtum – Pg. Vogl, Festgestaltung, Ausstellungswesen – Fritz Friedrich. Die Genannten wurden gleichzeitig vom Bürgermeister als Sachberater für die entsprechende Kulturverwaltungssparte des städtischen Magistrats der neu geschaffenen Gruppe VIII berufen, welcher als Vorstand Obermagistratsrat Dr. Robert Krauß beigegeben wurde."

Die Beamtenschaft der Geschäftsgruppe VIII war aber nicht so an der Zusammenarbeit mit den Parteidienststellen interessiert wie Blaschke und seine engsten Freunde. Man glaubte sich auf die eigenen Fähigkeiten und auf den eigenen Verwaltungsapparat mehr verlassen zu können, zumal bekannt war, daß die kulturellen Organisationsgedanken des Vizebürgermeisters meist nicht von ihm selbst, sondern von dem erwähnten Dr. Krauß stammten. Der hatte sich im Rahmen seiner jahrelangen magistratischen Präsidialtätigkeit eine Art Schema hiefür zurechtgelegt und wollte nun den Moment für die Verwirklichung nützen. Blaschke schätzte diesen Beamten, obwohl seine weltanschauliche Haltung Zweifel aufkommen ließ. Tatsächlich gab es genug Agenden, bei deren Behandlung sich die Kulturamtskräfte den Parteistellen entziehen oder zumindest nicht unterordnen mußten, wenngleich z. B. im Bereich der Bezirkskulturveranstaltungen, also damals der Feierabendstunden, die Arbeitsteilung mit der NSDAP bis ins Frühjahr 1945 beibehalten wurde.

Vom Volksopernbetrieb haben wir bereits gehört. Die Musikschule der Stadt Wien, deren Gründung ebenfalls schon dargelegt worden ist, ging intensiv ans Unterrichten: Am 15. Oktober 1938 wurde der Unterricht in den Zweiganstalten aufgenommen. Die Hauptanstalt wurde am 3. November 1938 eröffnet und während des Sommers 1939 durch Einbeziehung des Nachbargebäudes einer umfassenden baulichen Neugestaltung unterzogen.

Die Musikschule der Stadt Wien besuchten zu Schulbeginn 1938 insgesamt 1618 Schüler, davon entfielen auf die Hauptanstalt 723 Schüler und auf die Zweiganstalten 895. Im Rahmen der Musikschule der Stadt Wien wurde ferner eine Kindersingschule eingerichtet, die ihre Tätigkeit im November 1938 an 200 Volksschulen und Hauptschulen von Groß-Wien aufnahm. Im Herbst 1938 wurde auch das Seminar für Schulmusik von der Staatsakademie für Musik und darstellende Kunst durch die Musikschule der Stadt Wien übernommen und zunächst provisorisch eingerichtet. Der volle Betrieb an dem Schulseminar konnte erst nach Schaffung der entsprechenden räumlichen Voraussetzungen aufgenommen werden.

Neben dem Seminar für Schulmusiker, das sind Personen, die an Oberschulen hauptberuflich Musik unterrichten, bestand auch ein Seminar für Privatmusiker. Die Zahl der Lehrpersonen betrug im Schuljahr 1938/39 an der Hauptanstalt 41, an den Volks- und Jugendmusikschulen 37 und an der Kindersingschule 129. Als Besonderheit wurde für den Betrieb der Musikschule der Stadt Wien ein sehr reichhaltiges Instrumentarium, das vor allem die sogenannten „alten" Instrumente umfaßte, völlig neu beschafft.

Die Büchereien befanden sich bei ihrer Einbeziehung in das neue Kulturamt in einer viel schlechteren Situation. Am 6. Mai 1938 hat sich Dr. Friedrich Plutzar im Amtsblatt der Stadt Wien zur Wiener Volksbildungsfrage geäußert, die nach der Entfernung Lugmayers aus dem Volksbildungsamt in der Schmidgasse erneut akut geworden war. Plutzar fiel dazu nichts Rechtes ein, nur die „Volksbüchereien" brachten ihn auf Literatursäuberungsgedanken, und er empfahl „große Mengen jener Werke einzustellen, die uns zu unserem Volke und seinen Lebensgrundlagen führen". Für die nach der Säuberung übrig gebliebenen Bestände wurden die im Altreich geltenden Vorschriften für den Aufbau des öffentlichen Büchereiwesens herangezogen. Demnach erfolgte am 15. Oktober 1938 für die Arbeiterbüchereien die Bestellung eines neuen Leiters und die Umbenennung im Sinne der Reform: Die Zentralstelle der Arbeiterbüchereien der Stadt Wien hieß ab nun „Hauptverwaltung der Städtischen Büchereien". Diese Hauptverwaltung wurde für alle einschlägigen Fragen zuständig erklärt, und damit fand die bisherige Unterstellung unter die Direktion der Städtischen Sammlungen ihr Ende.

Die „Städtischen Büchereien" kamen unter die Leitung des Direktors Dr. Hans Ruppe, nach dessen Einberufung rückte sein Stellvertreter, Dr. Gottschalk, vor. Die Arbeit umfaßte eine „neue

Buchpflege, die Stillung des Lesehungers in den neu eingemeindeten Landbezirken, die Heranbildung von Bibliothekaren und ihre Berufsausbildung, die Anlegung von Druckverzeichnissen nach Buchkategorien und vieles andere mehr". Der Plan für eine Großbücherei im 6. Bezirk mit rund 20.000 Bänden, mit Kinderlesesaal, Musikbücherei und dergleichen kam wegen des Kriegsausbruches nicht zur Ausführung.

Während wir das Stadtorchester Wiener Symphoniker einem gesonderten Bericht überlassen, wenden wir uns den Städtischen Sammlungen und deren Arbeit laut Verwaltungsbericht zu: In der Stadtbibliothek ist 1938 ein Druckschriftenzuwachs auf fast 187.000 Bände zu verzeichnen, woran die neue politische und rechtswissenschaftliche Literatur entsprechend Anteil hat. Die Autographensammlung erhöht sich auf 73.399 Nummern, darunter einen Nachlaßerwerb mit Künstlerbriefen aus dem 19. Jahrhundert. Auch Briefe aus dem Nachlaß des Schauspielers Carl Treumann wandern in die Stadtbibliothek. Unter der größer werdenden Musikaliensammlung sind Erst- oder Frühdrucke von Klassikern, unter den Musikhandschriften der Nachlaßerwerb von Dr. Otto Müller erwähnenswert.

Nun zum historischen Museum mit seinen chronischen Platzbeschwerden im 1. Stock des Rathauses: Das Museum wurde im Berichtsjahr um 956 Inventarnummern vermehrt, wozu weiter die Aufarbeitung der im Jahre 1937 angekauften Sammlung Heymann trat. Die Ankäufe stammten teils von Künstlern und privaten Sammlern, teils aus Versteigerungen. Einige Gemälde von lebenden Künstlern wurden aus dem Kunstförderungskredit oder vom Kulturamt angekauft und dem Historischen Museum zugewiesen. Die größten Erfolge konnte das Museum auf dem Gebiet der Alt-Wiener Wohnkultur buchen. Zu den bedeutendsten Ankäufen des Berichtsjahres gehören drei wertvolle Interieurs. „Zu den besonders beachtenswerten Erwerbungen zählt ferner der Ankauf der vielleicht größten Sammlung von Eisenschmuck, die noch in Privatbesitz bestand. Neben größeren Beständen dieser Art im Staatlichen Kunstgewerbemuseum Wien und im Technischen Museum in Wien sowie im Germanischen Nationalmuseum zu Nürnberg dürfte diese Sammlung die größte und vielgestaltigste ihrer Art sein. Großes Augenmerk wurde, wie schon in früheren Jahren, auf die Ausweitung der Gemäldesammlung gelegt. Besonders hervorgehoben zu werden verdient der geschlossene Bestand von 19 Bildnissen der Hochmeister des Deutschen Ritterordens, die durch den Kauf des Hochmeisterpalais am Parkring in städtischen Besitz kamen. Von älteren Bildern ist ferner ein unbezeichnetes Porträt des Königs Johann III., Sobieski von Polen (etwa um 1700), das Bildnis der Frau Annie Dumba von Angeli sowie eine meisterliche Landschaft (Haslau an der Donau) des bedeutenden Wiener Malers Emil Jakob Schindler zu nennen. Von Arbeiten zeitgenössischer Maler seien genannt: „Der Führer verkündet am Heldenplatz in Wien die Eingliederung Österreichs in das Deutsche Reich" von Hans Frank, ein meisterliches, glänzend gelöstes Geschichtsbild. Weiter das Bildnis des Kunsthistorikers Anselm Weißenhofer von Susanne Granitsch, das mit fast Rudolf Altscher Schärfe gesehene Bild „Abendliches Konzert im Wiener Musikvereinssaal" von G. Kämpf, Wilhelm Leglers „Landschaft bei Groß-Jedlersdorf", Ekke Ozlbergers wohlgelungenes Bildnis des Wiener Chirurgen Eiselsberg, Ranzonis „Praterlandschaft", Fritz Rojkas „Blick über den Heldenplatz auf das Rathaus", des nun bereits verstorbenen Wiener Spätromantikers Franz Wacik schnurriger „Alter Einsiedl", und Windhagers „Tiroler Garten", mit dem der Maler einen kennzeichnenden Ausschnitt des Treibens in dieser bei der Wiener Bevölkerung beliebten Gaststätte bot. Nicht so reichhaltig, aber sehr interessant waren die angekauften Bildhauerarbeiten. Von Franz Gill stammte die Plastik „Nestroy als Blasius Rohr", von Adolf Wagner v. d. Mühl der „Alt-Wiener Kegelschieber" und der Exlschauspieler Köck als Grutz in Schönherrs „Erde".

Außer den Ankäufen waren eine Reihe von Übernahmen für das Historische Museum zeitgemäß und wertvoll. Aus dem Nachlaß des „Alt-Wiener Bundes" konnten Gläser, Porzellan, Empiremöbel und sonstige Einrichtungsgegenstände einverleibt werden. Auch aus verschiedenen Magistratischen Bezirksämtern, wo Trauungssäle eingerichtet werden mußten, hat man wertvolles Material (Bildnisse von um die Bezirke verdienten Persönlichkeiten) ins Museum gebracht. Die weitaus umfangreichste Übernahme betraf Gegenstände aus dem Dreherschen Schloß in Schwechat. Unter den 25 Ölbildern von dort ist ein Damenporträt von Makart hervorzuheben. Auf diese Art erfuhr das Inventar des Museums in jeder Sparte Zuwachs, darunter 2206 Fotos der Wiener Gemeindebauten und 1672 Ansichtskarten sowie ganze Konvolute, den Umbruch und die Hitlerbesuche betreffend. Der beziehungsreiche Querschnitt durch die Ankäufe des Historischen Museums, das 1938 ja noch Münzen, Medaillen, Einzelgegenstände usw. in seinen Besitz brachte, wird außerdem durch Verbesserungen im Römischen Museum, im Uhrenmuseum und in anderen Schauräumen ergänzt.

Das Stadtarchiv wußte vor Arbeit nicht aus und ein. Nicht, daß dort der Zuwachs an Gräberbüchern u. dgl. Kummer bereitet hätte, dafür wurden sogar neue Räume im Hause Salvatorgasse 10 freigemacht. Der Überlastungsgrund war durchaus zeitbedingt: Das Stadtarchiv mußte nach dem Umbruch den Volksgenossen zur Erbringung der Ariernachweise Beihilfe leisten. Deswegen stieg aber auch die Zahl der Geschäftsstücke von 610 Fällen im Jahre 1937 auf 6271 Fälle im Jahre 1938, Tausende von einfachen Auskünften und erteilten Ratschlägen ganz außer acht gelassen. Die Vermehrung der Bestände und die Bewältigung des gesteigerten Parteienverkehrs führten naturgemäß zu einer Erhöhung des Personalstandes. Drei Beamte wurden neu eingestellt, der Archivdirektor Dr. Richard Mattis wurde pensioniert.

Totale Verwirrung herrschte weiterhin auf dem Gebiet des Theaters und Kinowesens. Ein Kompetenzprovisorium folgte dem anderen, das Besondere Stadtamt II fungierte als Auftragsbehörde der Landesleitung Wien der Reichstheaterkammer. Auch die Reichsfilmkammer regierte herum, und im Kulturamt war man wahrscheinlich froh, damit nicht unmittelbar befaßt zu sein. Allerdings, mit dem Kulturkammerwesen mußte man sich ebenfalls befreunden, und es erscheint daher eine kurze Erklärung hierüber angezeigt. Aus dem „Recht der Reichskulturkammer", herausgegeben von Dr. K. F. Schrieber, Junker und Dünnhauptverlag, Berlin, sei folgendes zitiert: „Die Reichskulturkammer hat die Aufgabe, durch Zusammenwirken der Angehörigen aller von ihr umfaßten Tätigkeitszweige unter der Führung des Reichsministers für Volksaufklärung und Propaganda die deutsche Kultur in Verantwortung für Volk und Reich zu fördern, die wirtschaftlichen und sozialen Angelegenheiten der Kulturberufe zu regeln, und zwischen allen Bestrebungen der ihr angehörenden Gruppen einen Ausgleich zu bewirken. Besondere Aufgaben, die der Reichskulturkammer und ihren Einzelkammern übertragen werden, kann der Reichsminister für Volksaufklärung und Propaganda bestimmen . . . Wer bei der Erzeugung, der Wiedergabe, der geistigen oder technischen Verarbeitung, der Verbreitung, der Erhaltung, dem Absatz oder der Vermittlung des Absatzes von Kulturgut mitwirkt, muß Mitglied der Einzelkammer sein, die für seine Tätigkeit zuständig ist."

Selbstverständlich konnte kein Jude Kammermitglied werden. Seit 26. April kümmerte sich eine staatliche „Vermögensverkehrsstelle" um die Besitztümer aller Mosaien in Österreich, die auf zweieinhalb Milliarden Reichsmark geschätzt wurden. Die Arisierungswelle bei über 25.000 gewerblichen Betrieben kam ins Rollen, während die Staatspolizeileitstelle Wien bereits bis Ende Juni 1938 den

Juden gegen 4 Millionen Reichsmark durch Sonderaktionen abnahm. Die Kristallnachtsaktion im November 1938, in deren Verlauf 4600 Wiener Juden nach Dachau kamen, sollte große Einnahmesteigerungen aus nichtarischem Vermögen, allerdings auch größere Zerstörungen an übernahmewürdigen Häusern, Mobilar usw. bringen. Am 20. August 1938 gründete Bürckel die „Zentralstelle für jüdische Auswanderung in Wien", nachdem bis zu diesem Zeitpunkt nur ca. 20.000 Juden ins Ausland abgereist waren. Bis zum 30. November 1939 sollten dann allerdings 126.445 zur Ausreise veranlaßt werden, womit Wien zum Exempel für ähnliche Bemühungen in ganz Deutschland wurde. Die einmalige Spende der Kultusgemeinde ans untergehende Österreich erschien manchen als gering.

Zur Abwechslung ein Ausflug ins Japanische: Am 17. September 1938 empfing Blaschke, der sich plötzlich auch im Rang eines HJ-Oberbannführers der Öffentlichkeit präsentierte, 30 japanische Jugendführer im Rathaus. Schon vorher waren die fernöstlichen Gäste am Rathausplatz von 7000 Hitler-Jungen, Pimpfen, B.d.M.-Mädeln und Jungmädeln feierlich begrüßt worden. Blaschke erklärte, in Asien lebe ein Volk, das den Heroismus als einzige Maxime kenne. Nunmehr sei dieser Heroismus auch in deutschen Landen zur herrschenden Weltanschauung geworden. „Wir wissen es zu schätzen, daß Japan durch die überragende Konzeption der beiden Führer gemeinsam mit uns durch die Geschichte schreiten will . . ." Ähnlich redete er auch eine Woche später mit japanischen Pressevertretern, fand die gelbe Gefahr durch absolute Hingabe an den dortigen Herrscher überwunden und stellte es als Zukunftsaufgabe beider Völker hin, sich vor der Barbarei und dem Fanatismus der dazwischen befindlichen Bolschewiken zu schützen. Während des schon genannten Großdeutschen Gaststättentages vom 27. bis 29. September äußerte sich Bürgermeister Neubacher bei einem Festempfang im Rathaus zu den Delegierten: „Sie haben diese Stadt betreten in einem Augenblick, in dem finstere Wolken über dem Kontinent hingen. Es ist meine tiefe und freudige Überzeugung, daß sich diese Wolken teilen werden . . ." Damit war die Sudetenkrise gemeint und prompt hielt auch jener Wirtschaftsgruppenleiter, in dessen Godesberger Hotel gerade Hitler und Chamberlain verhandelt hatten, dem Wiener Bürgermeister die Dankesansprache. Tatsächlich lief das deutsche Unternehmen im Donauraum, das mit dem Einmarsch in Österreich begonnen hatte, ungehindert weiter. Chamberlain verkündete den Londonern „peace for our time" und deutete weitere umfassende Zusammenarbeit mit Berlin an. Die Westmächte hatten Abessinien verloren gegeben, die iberischen Kriegsschauplätze gemieden und kein Flottenengagement im westlichen Mittelmeer gewagt. Ihre Schwäche wurde folgerichtig auch in Zentral- und Südosteuropa immer fühlbarer. Die UdSSR räumte ihre Position in Preßburg, die Diplomaten Georgs VI. beteiligten sich an der Zerstörung jener Vertragswerke von St. Germain und Trianon, die ihre Amtsvorgänger mit großer Mühe aufgerichtet hatten. Neubacher aber sah sein Wien darob wieder als „die unabsetzbare Königin der Donau", der von ihm bei einem Vortragsabend im Spätherbst folgendes Diadem verheißen wurde: Die bereits erfolgte Erweiterung Wiens bedeutete für den Nordosten (Bisamberg) eine heranwachsende Garnisonstadt mit neuen Straßen, Schnellverkehrsmitteln, Wiener Wasser usw., für das Gebiet donauabwärts den bekannt großartigsten Binnenhafen der Welt. Der Raum im Süden und im nordöstlichen Zipfel Wiens ist der „längst fälligen" Regelung des Wohn- und Siedlungswesens vorbehalten. Von Klosterneuburg bis zum Anninger erstreckt sich der Wiener Erholungsraum. Neubacher will eine Untergrund- und eine Schnellbahn bauen, den Stadtkern verkehrstechnisch entlasten und den Ring straßenbahnfrei machen. Die Reichsautobahn soll sich wie ein Band rund um die Stadt von Gaaden über Maria-Enzersdorf und den Prater, über eine neue Donaubrücke bis zum Bisamberg schlingen. Eine Hangstraße durch den Wienerwald soll von Süden kommend in die Trasse des Wienflusses münden und auf seiner neuen Überwölbung bis ins Stadtinnere führen. Unter anderen Großprojekten sieht Neubacher einen „Salon der Stadt Wien" in der Nähe der Ringstraßenhotels, ein neues städtisches Amtshaus, verbessertes Schulwesen in den Randgebieten sowie die schon erwähnte Stadthalle und die K.d.F.-Einrichtungen bzw. große Wehrmachtsbauten vor. Sein Wunsch ging erst um 1960 mit dem „Felder-Haus" in Erfüllung, die Stadthalle und der Autobahnbau gehören ebenfalls in diese Zeit. Von dem Parteiforum, das ihm noch vor einigen Monaten am Herzen lag, spricht er nicht mehr, läßt diese Dienststellen in städtische Häuser einziehen oder schenkt ihnen sogar derartige Baulichkeiten. Den Flughafen Aspern will er dem Erbauer des Tempelhofer, Stuttgarter und Münchner Lufthafens anvertrauen, eine Lufthafen-Gesellschaft hiefür hat er bereits gegründet. Erfreulicherweise ist für Wien 20 Jahre später wirklich ein neues Flughafenprojekt, allerdings nicht in Aspern, verwirklicht worden, dessen Baumeister ein Österreicher war, der seine Erfahrungen bei der Anlage eines neuen Flughafens in Frankfurt sammeln konnte.

Der Donauraum und seine „historischen" Verpflichtungen fordern in diesem Herbst noch weiteren Einsatz der Wiener Stadtverwaltung. Am 31. Oktober suchte der Reichsjägermeister, Ministerpräsident Generalfeldmarschall Hermann Göring, mit Neubacher, Neurath, Schwerin, Bürckel, Brauchitsch und vielen anderen Prominenten den Lainzer Tiergarten auf, um hier anläßlich einer prächtigen Staatsjagd auf Gemeindekosten dem Waidwerk zu huldigen. Der preußische Nimrod beteiligte sich dann an der Viermächtekonferenz, die einen Tag später im Belvedere begann. Dabei setzte die Reichsregierung die Grenzen zwischen der Tschechoslowakei und Ungarn neu fest, und der Schimmel des Reichsverwesers Horty begann nach Norden zu traben. Im Sattel schwankten der in die alte k. u. k. Admiralsuniform gekleidete Taufpate des jüngsten deutschen Kreuzers namens Prinz Eugen und mit ihm die Illusion des magyarischen Adels. Blaschke bewirtete kurz darauf sehr augenfällig den Träger des Prinz-Eugen-Preises und Direktor des Bruckenthal-Museums in Hermannstadt, Professor Dr. Spek, mit Tee im Kahlenbergrestaurant und sprach dabei von der „Sendung, die Wien vom Führer erhalten habe und die durch die geographische Lage wie durch die geschichliche und kulturelle Tradition dieser Stadt bedingt ist“.

Zurück zu den Ereignissen des täglichen Wiener Lebens. Am 4. Oktober war Vizebürgermeister Kozich im Kahlenbergrestaurant an der Reihe gewesen und hatte der Boxer-Nationalmannschaft und der Ostmark-Auswahlstaffel erklärt, daß er und die Seinen diese Sportart als eine der männlichsten schätzen: „Die Zeit, in der wir leben, ist hart und erfordert Männer, nicht nur Geschöpfe männlichen Geschlechtes. Aus diesem Grunde habe ich die Förderung des Boxsports von Amts wegen übernommen.“ In jenen Tagen zeigt Blaschke bei der Gaukulturwoche Saarpfalz, die unter dem Motto „Westmark – Ostmark“ abgehalten wird, den „alten deutschen Wiener Kulturboden“, das „Leichentuch der Schandjahre der Systemzeit“ und das neue Wiener Kulturamt auf.

Mitte Oktober 1938 wurde Groß-Wien geschaffen, d. h. durch ein von Hitler am 1. Oktober unterzeichnetes Gesetz über Gebietsveränderungen im Lande Österreich der städtische Verwaltungsbereich dem Gau Wien angeglichen. Damit war hier eine Korrektur der alten innerösterreichischen Grenzen erreicht, die sonst jedoch für die neue Gaueinteilung mit einigen Ausnahmen weiterhin bestimmend blieben. Der „Völkische Beobachter“ (Wiener Ausgabe) beklagte dieses Festhalten an den ehemaligen Bundesländergrenzen nachdrücklichst, wußte aber angesichts verkehrstechnischer und auch anderer Gegebenheiten keinen Rat. So hat er sich schon im Sommer 1938 ferneren geographischen Problemen, wie dem „Stalinland Georgien als Vorposten Europas" zugewandt und sich mit der Abschaffung des Burgenlandes und Vorarlbergs sowie der Namensgebung ,,Nieder- und Oberdonau" an Stelle des verhaßten Wortes Österreich getröstet. Viele Niederdonauer wurden jetzt Groß-Wiener und aus diesem Anlaß mit Kundgebungen, Ansprachen und flatternden Fahnen begrüßt. Blaschke hatte daran nicht viel Anteil, wohl aber Kozich, der durch diese Pflichten bei seiner Sportförderung etwas gestört wurde. Aus der seit 1927 bestehenden, nebensächlichen ,,Sportstelle der Stadt Wien" ist laut publizistischer Auslassung dieses Vizebürgermeisters bereits am 27. Juni 1938 ein ,,Stadtamt für Leibesübungen" gebildet worden, was auch wir schon im Kapitel ,,Die Kulturämter kommen" vernommen haben. Für die Instandhaltung und den Ausbau von Sportplätzen hat ,,die nationalsozialistische Stadtverwaltung allein im letzten Vierteljahr mehr als zehnmal so viel zur Verfügung gestellt als die Systemverwaltung in allen vier Jahren zusammen genommen. Für die Instandhaltung und Ausgestaltung der Schulturnsäle und Schulspielplätze hat die NS-Gemeindeverwaltung in einem Vierteljahr so viel aufgewendet wie die Systemverwaltung in vier Jahren". Unter den renovierten Anlagen befinden sich auch die Schießstände am ,,Paradies" in Hütteldorf. ,,Fast alle bekannten Namen der Helden des grünen Rasens (gemeint sind die Fußballer! Der Verfasser.) finden sich nunmehr im Verzeichnis der Angestellten der Stadt Wien, ebenso die Namen fast aller prominenten Eisläufer und Eishockeyspieler, vieler Leichtathleten und Leichtathletinnen, so daß man ruhig sagen kann, die Gemeinde Wien könnte aus ihren Angestellten allein ein beachtenswertes Team für die olympischen Spiele stellen." Kozich, der damit den Berufssport zugunsten des Amateursports schwächen will, beabsichtigt auch, die besten Sportlehrer und Trainer ganz in den Gemeindedienst zu ziehen. Tatsächlich turnte man 1938 in 393 städtischen Turnsälen, benützte 21 städtische Jugendspielplätze und ging in zwei städtischen Schwimmhallen zu Wasser; 14 städtische Eislaufplätze harrten der Schleiftage. Alles in allem, gegen die Systemzeit kein wesentlicher Unterschied.

Am 21. Oktober freut sich Blaschke über den Besuch von nicht weniger als 530 Mitgliedern des Züricher Sängervereins Harmonie und überreicht ihnen im Festsaal des Rathauses ein Schubertrelief. Die Schweizer singen dankbar ihre Lieder, während anderen Wiener Orts die Stemmer ihre Gewichte zur Weltmeisterschaft heben. Nachher kommen sie zu Neubacher auf den Kahlenberg, der von ihnen verlangt, ,,daß sie in ihren Ländern die sportliche Objektivität der deutschen Wiener künden und den Landsleuten mitteilen, wie weit wir hier von Chauvinismus entfernt sind". Am 3. November 1938 schreiten im Rahmen der Ersten Großdeutschen Buchwoche in Wien die Dichter auf den Stiegen zum Rathausfestsaal empor. Nicht Blaschke, sondern Kozich empfängt sie diesmal. Ihn, der mit Reichsamtsleiter Maull und Kreisleiter Tavs erschienen war, umstehen nun Egmont Colerus, Josef Wenter, Max Stebich, Hermann Graedener, Erwin H. Rainalter, Erich August Meyer, die Herren Spunda, Ginzkey, Schreyvogl und manche andere. Kozich dankte den zunächst etwas Verwunderten im Namen der Kämpfer der Bewegung für Trost, Beistand und Hilfe in schweren Zeiten. „In den Gefängnissen des Systems war gerade das Lesen eines guten Buches immer Beruhigung und Entspannung", klärt sie der Vizebürgermeister auf.

Am 8. November sprach Blaschke in der Volksbildungsstätte am Ludo-Hartmann-Platz über die kulturellen Aufgaben von Groß-Wien. Dabei nannte er unter den weniger bekannten Kulturamtsaufgaben für die nächste Zukunft ein Preisausschreiben zugunsten von künstlerisch gestalteten Grenzsteinen Wiens sowie die Ausführung von künstlerischen Entwürfen für Festandenken und Mahnzeichen. Nach Blaschke wird die weiße Fläche an der Stützmauer des Kahlenberges noch 1938 mit einem Türkenbelagerungsrelief 6 x 4 m geschmückt werden. Ein Rotundenerinnerungsrelief kommt an die gleichnamige Donaukanalbrücke. Zwecks Literaturförderung sind Buchpreise, insbesondere zur Wiedergewinnung „poetischer Operettenbücher", sowie die Herausgabe von Gedichtbänden in Aussicht genommen. Mit städtischem Geld wurden nach Blaschkes Erzählungen bereits einige Werke von zeitgenössischen Wiener Musikern in Druck gelegt. Schließlich ist der Bau eines großen städtischen Museums geplant, in dem auch zahlreiche Privatsammlungen untergebracht werden sollen, die sonst wegen mangelnder Betreuung der Nachwelt verlorengehen könnten.

Der Baubeginn eines Historischen Museums der Stadt Wien wurde bekanntlich schon 1914 durch den Ausbruch des Ersten Weltkrieges verhindert. Ein Projekt, das Otto Wagner verfaßt hatte, gehört noch heute zu den eindrucksvollsten Entwürfen auf diesem Sektor. Das Museum ist dann Ende der fünfziger Jahre am Karlsplatz in moderner Form realisiert worden.

Die von Blaschke aufgezählten Grenzsteinentwürfe mit Höchstprämie von 500 RM sollten die Aufschrift tragen: „Grenze der Stadt Wien – 15. Oktober 1938 – im Jahre der Befreiung." Zugelassen waren hiefür alle in Wien ansässigen Künstler, die Mitglieder der Reichskunstkammer waren. Die Jury, die sich aus Neubacher,

Blaschke und den Sachbearbeitern des Kulturamtes zusammensetzte, zeichnete den geplanten Grenzstein des Bildhauers Karl Jamöck mit dem 1. Preis aus. Den 2. Preis erhielt Bildhauer Ferdinand Welz, den 3. Architekt Gustav Jahn. Weiters wurden von der Stadt Wien einschlägige Arbeiten des Architekten Rudolf Perthen und des Bildhauers Franz Josef Riedl angekauft. Die drei- oder vierkantigen, wappenverzierten Grenzsteine strebten säulenartig empor und erreichten Dachfirsthöhen.

Am 27. Oktober 1938 holte sich der seinerzeit in Wien mit Augartenpferden beschenkte Oberbürgermeister von Frankfurt, Dr. Krebs, mit Hilfe Blaschkes eine Ausstellung des Wiener Kunsthandwerks in seine Stadt. Gezeigt wurde Zeitgenössisches mit Rückblick auf die Entwicklung seit der Jahrhundertwende. Wenige Tage später wurde in Hernals ein drei Klassenzimmer großes Heimatmuseum von Neubacher und Blaschke feierlich den Interessenten überantwortet. Der damit erzielte museale Fortschritt war, gemessen an den ansonsten vorgenommenen Schließungen des Jahres 1938, mehr als bescheiden: Die Weltliche Schatzkammer in der Hofburg, aus der man die Insignien des mittelalterlichen Reiches zugunsten der Parteitagsstadt Nürnberg entwendet hatte, wurde ebenso wie die Geistliche Schatzkammer dem Publikum gesperrt. 1938 sind das Deutschmeistermuseum, das Museum der Friseurgenossenschaft, das Jüdische Museum und das Museum des Infanterieregimentes Nr. 5 aufgelassen worden. Ab 1938 gab es auch keine Besichtigung im Parlament mehr. Von der Schließung der Modernen Galerie haben wir an anderer Stelle bereits gehört.

In den darauffolgenden Jahren, also 1939, 1940, 1941 und 1942, wurden auch das Staatstheater-Museum, das Museum der Gesellschaft der Musikfreunde und die Schauräume des Schlosses Laxenburg gesperrt. 1943, 1944 und 1945 sind schließlich die Gemäldegalerie der Akademie der bildenden Künste, das Barockmuseum, das Museum der Geologischen Bundesanstalt, das Missionsmuseum St. Gabriel und das Ottakringer Heimatmuseum der Schließung anheimgefallen. Der Luftkrieg, Verlagerungen und die näherkommende Front führten zur formellen Sperrung der Albertina sowie der Theatersammlung und Handschriftensammlung der Nationalbibliothek. Gegen Ende der Herrschaft des Dritten Reiches in Wien ist natürlich jeder Museumsbesuch und jedes Offenhalten von Sammlungen illusorisch geworden.

Im November 1938 begannen an der Musikschule der Stadt Wien ein internationaler Volkstanzkurs sowie Sonderkurse für Tanz- und Gymnastiklehrer unter Leitung von Frau Ilka von Peter-Zezulak;

der Fachberater des Kulturamtes, Prof. Böttger, präsentiert ein großes, stark gelbbraunes Führerbild. Neubacher, Blaschke, Kozich und Hans Pfitzner eilen in die Volksoper, um sich vom Können des neuen Corps de Ballet bzw. von den Proben für „Christelflein" zu überzeugen. Wilhelm Legler, der einige Monate in der Aulandschaft der Alten Donau verbracht und dann den Zauber der Lobau in sich aufgenommen hat, erhält für das im Anschluß daran entstandene Gemälde „An der alten Donau" bzw. für seine künstlerische Gesamtleistung mit 25. November den Preis der Stadt Wien. In der 58. Jahresausstellung der Genossenschaft bildender Künstler kauft Blaschke für die Stadt Julius Wegerers „Blick in das Stubenalmgebiet" und Ivo Saligers „Harmonie" an. Letzteres zeigt eine bekleidete und eine hüllenlose Dame beim Rasten im Grünen, wobei sowohl die Landschaft wie auch beide Frauen in sehr kleiner Variation noch oft unter groß-deutschen Pinseln entstehen werden. Ab 15. Dezember veranstaltet das Künstlerhaus seine Weihnachtsausstellung, wofür das Kulturamt gemeinsam mit der Reichsstatthalterei 20.000 RM zum Ankauf von Werken Wiener Künstler bereitstellt. Die Hitler-Jugend bereitete einen „Federwettstreit" vor und näherte sich damit den Lehrzielen brauner Schulerziehung.

Das Kulturamt war gegen Jahresausklang 1938 ganz auf Wettbewerb eingestellt. Außer den Grenzsteinkonkurrenzen wurde für das erwähnte Türkenrelief am Kahlenberg eine Kompetition ausgeschrieben, ein bester Stadiongedenkstein sollte ermittelt werden, zwei Bronzetafeln, die am Rathausturm den 9. April 1938 verherrlichen sollten, waren zu einem Wettbewerb ausgeschrieben, und die Verwaltungsgruppe VIII hat mit der Lagerung der vielen nicht prämierten Einsendungen Platznot. Für den kommenden, großen Wiener Fasching wird ein künstlerischer Ballkalender in Auftrag gegeben und darauf hingewirkt, daß allerorts die „wesensfremde" Lateinschrift durch die Deutsche Schrift zum Verschwinden kommt. Ein Walzerpreisausschreiben mit einem 1. Preis von 1000 RM soll diese Wiener Musikgattung neu beleben. Zur Teilnahme sind, wie ausdrücklich festgestellt wird, nur arische Bewerber berechtigt, die in Groß Wien geboren sind und hier ihren ständigen Wohnsitz haben. Die Kompositionen müssen bis 10. Jänner anonym unter Angabe eines Mottos im Rathaus eingelangt sein. Das mit dem ersten Preis ausgezeichnete Werk will man auf Gemeindekosten drucken und sämtliche prämierte Walzer auf dem Ball der Stadt Wien spielen lassen. Wie schrieb der Kapellmeister und Symphonikerdirigent Pehm in Haasbauers Kulturamtswerk 1943? „Die vom Ausland hergekommenen Tänze werden wieder vergehen, unser hohes Lied von Wien, der Walzer, aber wird seinen Zauber nicht verlieren bis in ferne Zeiten."

Am 11. Dezember besuchte der Reichsführer SS das Führerkorps der Schutzstaffeln des Standortes Wien. Der Reichsführer besichtigte auch den Häftling Dr. Schuschnigg im Hotel Metropol. Bürgermeister Neubacher nahm die Gelegenheit wahr, Heinrich Himmler durch Übergabe des Hauses des Deutschen Ritterordens in die Obhut des SS-Oberabschnittes Donau zu erfreuen. Das Gebäude war selbstverständlich dem neuen Bestimmungszweck angepaßt worden, und SS-Gruppenführer Ernst Kaltenbrunner schlug dort sein Quartier auf.

Blaschke hatte in diesen Wochen wieder sehr viel zu tun. Am 22. November mußte er sich abermals in einen HJ-Oberbannführer verwandeln, um im Volkskeller des Rathauses die Teilnehmer des 2. Reichsfilmtages der Hitler-Jugend anzusprechen. Nach Blaschke soll die Hitler-Jugend „den Antrieb geben zum vollständigen Umbruch, dessen Ziel der faustische deutsche Mensch ist". Da waren die deutsche Filmkünstlerin Leni Riefenstahl, die ihren Charme schon im Frühling 1938 vor Wiener Bewunderern entfaltet hatte, und der Zelluloidfachmann Karl Hartl weniger streng. Die reisende Riefenstahl ließ bald darauf auch in westeuropäischen Metropolen die Sehnsucht nach herb-deutscher Anmut schwellen, und Hartl begnügte sich im Kulturamtswerk „Wien – Geschichte – Kunst – Leben" mit der „Treue zum deutschen Erbe als Grundakkord", der dem Schaffen der Wien-Film-Gesellschaft immerdar zugrunde lag: Denn der Wien-Film soll ein künstlerischer Film sein . . . Hartl fühlte sich natürlich auch veranlaßt, seine eigene Person und mehrere andere Wiener Regisseure als eigentlich „in Berlin heimisch" zu bezeichnen. Er nennt in diesem Zusammenhang Emo, Forst, Ucicky und übergeht den Umstand, daß Regisseur-Sein an sich ein Wanderleben mit vielen Absteigmöglichkeiten bedingt. Forst hat nach 1938 niemals zeitnahe Filme gedreht oder in ihnen mitgewirkt, der Klimtsohn Ucicky fand seine künstlerische Stärke in der Gestaltung zeitnaher, dramatischer und dabei oft tendenziöser Stoffe. Die Sujetwahl war sicher auch eine Sache der individuellen Begabung. Auf jene, die in Hollywood arbeiteten, mußte Hartl überhaupt vergessen.

Der Reichssender in der Argentinierstraße hatte seine neue Linie gefunden. Etwas derber Frohsinn und schöpferische Freude standen am Programm, beliebte Humoristen hatten die Systemzeitzustände verulkt, unter Österreich-Rufen war der Vaterländische-Front-Spucknapf mit der Aufschrift „Hinein in die VF" angepriesen worden usw. Man gab sich an Gedenktagen der Erinnerung an die Kampfjahre hin, schaltete sich in die erregenden Übertragungen vom Nürnberger Parteitag ein, begleitete die Truppen bei ihrem Marsch in die CSR und vergaß nicht auf große Musik. Im September 1938 funkte Wien abends über Mittelwelle in tschechischer Sprache unter dem Motto „Die Wahrheit siegt". Zum 2. öffentlichen Wunschkonzert im Spätherbst 1938 zugunsten des Winterhilfswerkes kam auch SS-Standartenführer Blaschke und ersteigerte um 3000 RM den Vortrag der Loewe-Ballade vom Prinzen Eugen. Mit launigen Worten grüßte er am Mikrophon den damals im Saarland weilenden Neubacher. „Freude und Frohsinn für heute und die Hemdärmel aufgestreckt fürs nächste Jahr", rief Blaschke schließlich aufgeräumt durch den Reichssender.

Am 10. Dezember fand in der Nordwestbahnhalle die feierliche Eröffnung der Ausstellung „Bolschewismus ohne Maske" statt, bei der auch die Länder der Achse sowie Ungarn und das nationale Spanien vertreten waren. Der Duce Italiens hatte seinen Beauftragten für Kulturfragen im Ausland, Generalleutnant der faschistischen Miliz Melchiori, entsandt, und Neubacher konnte seine Italienisch-Kenntnisse anwenden.

Nach dem 15. Dezember begann die Julappell- und Bescherungswelle, die Rathausprominenz eilte zu den „Arbeitskameraden", um zu danken, zu erklären und anzufeuern. Neubacher ließ erstmals Jul- oder Lichterkränze über dem Graben aufhängen. Als Weihnachtsgeschenk empfahl das Amtsblatt „Die nationalsozialistische Revolution in Wien", die von der Pressestelle der Stadt herausgegeben wurde und auch in der Bibliographie der NSDAP Aufnahme fand. Der „Musikzug" der Gaswerke gab sein erstes Konzert, ein neues „Ballorchester der Stadt Wien" unter der künstlerischen Leitung der Kapellmeister Pauspertl von Drachental und Hans Eichinger bereitete sich auf kommende Veranstaltungen vor, Blaschke ließ die Fremdenverkehrsausschüsse für den bevorstehenden Fasching tagen und dabei eine „Reichswerbung" zwecks Wienbesuch für die Zeit vom 4. bis 22. Februar 1939 in die Wege leiten.

Unter den beachtenswerten Expositionen des ausgehenden Jahres 1938 befinden sich außer den bereits genannten noch die Ausstellung „Großdeutschland im deutschen Buch" in den Sälen der Hofburg, die Demonstration des Jupiter Dolichenus-Fundes bei Amstetten im Kunsthistorischen Museum, und „Barock in der Ostmark" in den Räumen der Neuen Galerie.

In der Staatsoper genießt man eine Neuinszenierung von Franz Schmidts „Notre Dame", das Burgtheater bemüht sich um

„Cromwell“ von Mirko Jelusich, nachdem schon ein dramatisches Erzeugnis des ungetreuen Wildgans-Schülers und Schrifttumskammerpräsidenten Johst über die Bretter gegangen war. Die Freunde des Margaretner Orpheums, das jetzt „Wiener Volksbühne“ heißt, müssen sich noch bis Jahresanfang 1939 gedulden, damit ihnen dann sinnigerweise „Flori rückt ein“ und „Der Ariernachweis“ geboten werden.

An städtischen Bauten sind 1938 nachstehende historische Arbeiten vorbereitet oder ausgeführt worden: Viktor Schreiber gestaltete einen hygienischen Trinkbrunnen am Hamerlingplatz, Heinrich Zita war noch mit Leichenhallen-Plastiken beschäftigt, sechs Gemeindehäuser erhielten bildhauerischen Zierat aus verschiedener Hand. Kitt und Zerritsch schmückten die Schule Leopoldau mit zwei keramischen Bildern, in der Halle des Hietzinger Friedhofs malte Eisenmenger, sieben weitere Baulichkeiten der Gemeinde wurden von diversen Meistern mit Farben verschönt. Während vor den Märztagen 1938 der Platz für ein weiteres Marco d'Aviano-Denkmal am Kahlenberg ausgesucht worden war, hat man nachher zugunsten eines Fiaker- und eines Eisenbahnermonuments magistratische Überlegungen fortgesetzt. D'Aviano war nicht mehr aktuell.

Knapp vor den Weihnachts- und Neujahrsfeiertagen empfing Bürgermeister Neubacher in Gegenwart von Blaschke, Kozich und Richter die leitenden Beamten zum obligaten Wunschaustausch. Neubacher zweifelte in seiner Rede nicht daran, „daß es gelingen werde, die Verwaltung Wiens so zu gestalten, daß sich keine Stadt rühmen könne, besser verwaltet zu sein als diese“. Den Erschienenen überreichte er je einen Stich voll politischer Mahnungen von Professor Alfred Coßmann und Architekt Johannes Cech.

Anschließend gab es Weihnachtsvorsprachen aus Gefolgschaftskreisen, aus dem Reichsbund Deutscher Beamter und den in der Stadtverwaltung zusammengeschlossenen Sturmabteilungen. Für die Deutsche Arbeitsfront richtete ein Pg. Peinlich das Wort an den Bürgermeister. Der erwiderte voll Verbundenheit, hatte er doch über die „B.Z. am Mittag“ sogar mit dem Berliner Stadtpräsidenten Brüderlichkeitssprüche ausgetauscht. Dann entfernte sich alles in die „Hohe Nacht der klaren Sterne“ und lauschte ähnlichen Baumann-Kompositionen, die in ihrer Melodienfolge das Kreisen des vermeintlichen deutschen Blutes und nicht den Schlag der Schicksalsuhr vernehmen ließen. Am 25. Dezember wurde jedenfalls auch die Goldene Nadel der Gesellschaft für Volkskunst im Wimbergersaal vergeben. Der Volkssänger Pepi Wichart konnte schon fünf Wochen früher sein 40jähriges Künstlerjubiläum höchst populär begehen.

In Paris hatte Prälat Brenninkmeyer, der den emigrierten Österreichern vom dortigen Erzbischof Kardinal Verdier als Seelsorger zugewiesen worden war, zu einer Weihnachtsfeier eingeladen. In einem Haus der Dominikaner auf dem Boulevard de la Tour Maubourg fand dieses Treffen statt, bei dem österreichische Pfadfinder in Uniform ein Zeitungsblättchen „Österreichische Post" verteilten. Unter den Anwesenden sah man den Schauspieler Oscar Karlweis von der Josefstadt, den schon etwas herabgekommenen Dichter Joseph Roth, Stefan Zweigs Stieftöchter, den ehemaligen Frontführer-Stellvertreter und Lyriker Guido Zernatto, den Schriftsteller und Extheaterdirektor Dr. Lothar und last, not least Otto Habsburg, gegen den in Wien ein Steckbrief angeschlagen worden war. Ein Quartett spielte heimatliche Weihnachtslieder, wobei als erster Geiger Paul Stefan, der Wiener Kritiker und Mahler-Apostel, fungierte. Ernst Lothar berichtet in seinen Erinnerungen, daß er damals ein Gedicht rezitierte, und nennt diesen Abend „die traurigste Feier meiner Existenz. Denn, wessen Arbeitszeug die Sprache ist, der hat in der Fremde sein Arbeitszeug verloren".

„La perte de la langue", bestätigte ihm Jean Giraudoux einmal, „. . . c'est la catastrophe pure et simple . . .! Denn Deutsch, man gebe sich keiner Täuschung hin, ist eine der wenigst gesprochenen und als häßlich verschrienen Weltsprachen", resümiert Ernst Lothar in seinem Buch „Das Wunder des Überlebens".

VI. KAPITEL
HAUPTSTADT DER MUSIK

Anfang 1939 hatten die Wiener Symphoniker ihre Krise leidlich überwunden. Die nächsten Monate sollten ihnen mehrere Altreichstourneen bescheren, Filmmusiken und Dunkelkonzerte – zwecks Konzentrationssteigerung einfacherer Lauscher – mußten geprobt werden. Für solche Verdunklungsspiele schien Bruckner der geeignete Komponist und wurde dementsprechend oft benützt.

Im Frühsommer 1940, als der „Sieg im Westen" nahegerückt war, erfreuten die Symphoniker die neuen Herren Polens und deren militärisches Fußvolk in Krakau durch ein Konzert und entsandten anschließend über besonderen politischen Wunsch ihr Streichquartett nach Warschau. Weisbach dirigierte Weber, Beethoven und Bruckner, das Streichquartett der Symphoniker trat tags darauf unter Konzertmeister Bruckbauer vor dem Generalgouverneur in Aktion. Kurz vorher war übrigens auch die Volksoper in Krakau. So konnte man der 40-Jahr-Feier im November 1940 getrost entgegensehen, zumal Kritiker meinten, die Symphoniker-Visitenkarte in fremden Metropolen sei nunmehr erwiesenermaßen ebensogut wie das Kärtchen der Wiener Philharmoniker. Beiden Kapellen blieben die Tourneevorrechte der Berliner Philharmoniker freilich unerreichbar, dafür sorgte schon Dr. Goebbels.

Darüber dürfen die ständigen Symphonikerkonzerte des Orchesters im Abonnement der Wiener Konzerthausgesellschaft nicht vergessen werden. Hiefür standen schon 1938 Generalmusikdirektor (GMD) Dr. Karl Böhm aus Dresden, GMD Professor Dr. Wilhelm Furtwängler aus Berlin, der Münchner GMD Professor Oswald Kabasta, der sich auch anderwärts der Kompositionen von Franz Schmidt besonders annahm, und Professor Günther Ramin aus Leipzig zur Verfügung. Ansonsten war bereits GMD Hans Weisbach öfters am Dirigentenpult und wechselte sich dort mit GMD Professor Reichwein sowie den jüngeren Orchesterleitern Pehm, Schönherr, Loibner und Wöß ab.

Verweilen wir kurz bei dem gerade erwähnten Konzerthaus, das vom Wiener Konzertverein betrieben wurde. In der Programmgestaltung war dieses Unternehmen niemals so streng künstlerisch orientiert wie die Gesellschaft der Musikfreunde, die erst nach 1938

Wasser in ihren Wein gießen bzw. die Tore des Musikvereinsgebäudes dem Zeiterfordernis weiter öffnen mußte. Im Konzerthaus hatte es am 8. Jänner 1938 eine Jüdische Non-Stop-Revue mit Farkas, Grünbaum, Berg und Leopoldi gegeben. Kurz darauf schwang dort Dr. Karl Böhm den Stab, patriotisches Winterhilfs-Amüsement unter dem Ehrenschutz Dr. Schuschniggs und Tanzsprünge Harald Kreutzbergs folgten an den nächsten Abenden.

Die ,,Konzertvereinigung Wiener Staatsopernchor" bemühte sich daraufhin um Händels ,,Messias", die Passionen des Frühjahrs 1938 begannen mit bekannten Solisten, eine Akademie der ,,Telegraph-Blätter" breitete vor den erschienenen Lesern ihren bunten Teppich aus. Das letzte volkstümliche Symphoniekonzert war für 13. März anberaumt. Aber am nächsten ,,Sonnabend" (das Wort ,,Samstag" schien den Programmschreibern zu österreichisch) spielte bereits ein ,,Nationalsozialistisches Wiener Tonkünstlerorchester" unter Reichwein im Wagner-Zyklus. Und damit ging's so richtig los: ,,Melodramen im Geiste Adolf Hitlers" verhießen die Ankündigungen, Wehrmachtskonzerte und Bürckel-Kundgebungen kamen nach. Gemeinsames Musizieren von Altreichskapellen mit Ostmärkern, ein Weiheabend des Alpenvereins, ein Führergeburtstagsfestkonzert, eine Veranstaltung der sudetendeutschen Volkshilfe, Freikorpsweihestunden, K.d.F.-Feierabende, trompetende Reichsbahner, Durchsageversteigerungen zugunsten irgendeiner nationalen Sammlung (,,1000 RM für 8 Worte"), Studententage, all das und noch mehr hallte durch die Säle des Gebäudes, bevor Richard Strauss den Taktstock zum fünfundzwanzigjährigen Konzerthausjubiläum heben und der Schubertbund sein sechsundsiebzigstes Gründungsjahr feierlich begehen konnte. Die Gefallenen der Bewegung wurden in den Konzerthaussälen ebenso geehrt wie Wiener Handwerker ihren politischen Willen kundgaben und das Parteiführerkorps zum Appell antrat. Da Neubachers Ruf nach einer Wiener Stadthalle bald verstummen mußte, diente das Konzerthaus weiterhin als Ausweichquartier für Festversammlungen.

Das Programm ist daher immer vielfältiger geworden. Am 27. März 1938 turnte dort die Deutschlandriege vor, genau einen Monat später erläuterte die Riefenstahl ihren Olympiafilm, im November fand das erste Bühnenschauturnen des Deutschen Turnerbundes Wien daselbst statt. Neubacher erschien, denn er war Vereinsführer, und stellte fest, daß auf Jahn'schen Gedanken Aufgebautes selbstverständlich in den Nationalsozialismus einmünden müßte. Der sei keine politische Modeerscheinung, ,,weil die großen Lehren des Führers unvergänglich und unwiderleglich sind. Es sind die aus

Wurzeltiefe erschauten Naturgesetze für die höhere Lebenseinheit des deutschen Volkes".

Den Rathausführern war das Konzerthaus bereits ziemlich vertraut geworden. Am 18. Oktober hatten sich Neubacher und Blaschke dorthin bemüht, um an einer Vorfeier anläßlich des fünfundzwanzigjährigen Bestandsjubiläums teilzunehmen. Am 22. Dezember konstituierten sich in diesem Gebäude die Wiener Elternrunden, um der Beeinflussung ihrer Kleinen durch die NS-Lehrerschaft und die Hitler-Jugend nachzueifern. Dies war um so notwendiger, als die ursprünglichen Lehrziele angesichts der Umstellungen des abgelaufenen Schuljahres keineswegs erreicht werden konnten. Die Zusammenlegung und Schließung von Schulen hatten dazu das ihre beigetragen. Auch das Konzerthaus selbst nahm es mit erzieherischen Aufgaben ernst. Dies galt z. B. für die Tanzbeflissenen, wobei die „Tanzlehrer der Ostmark" bereits im August des Jahres 1938 mit einer Schulungswoche entsprechende Vorarbeit geleistet hatten. Während des Februar 1939 fand im Konzerthaus der „Ball der Mode in Wien" unter dem Ehrenschutz von Seyß-Inquart, Bürckel und Neubacher statt, auf dem sich zahlreiche Kultursenatoren und Kulturkammerfunktionäre des Altreiches mit ihren weiblichen Bewunderern tummelten. Im Mittelpunkt stand das „Internationale Tanzturnier um die Wintermeisterschaften Großdeutschlands". Neubacher hatte für das siegreiche Paar eine Statuette des Prinzen Eugen zu Pferd und ein Teeservice aus Augartenporzellan vorbereitet. Das Konzerthaus kommt übrigens auch im Verwaltungsbericht der Stadt Wien für 1939 vor. Dort heißt es: „In die Einflußsphäre der Stadt fielen nach dem Umbruch nahezu alle für das Musikleben Wiens bedeutungsvollen privaten Einrichtungen. In erster Linie ist hier die Konzerthausgesellschaft zu erwähnen, deren Satzung im Einvernehmen mit der Gemeindeverwaltung den heutigen Grundsätzen angepaßt wurde. Diese für das Musikleben Wiens bedeutungsvolle Einrichtung wurde geldlich wesentlich gefördert."

Vernehmen wir noch Herrn Blaschke zum selben Thema, und zwar wieder in seinem Bericht „Fünf Jahre Kulturamt" (1943), in dem er bezüglich der politischen Aufgaben des Konzerthauses in den Jahren 1938 und 1939 die Augen kräftig zudrückt: „Die Wiener Konzerthausgesellschaft war ebenso wie die anderen kulturellen Einrichtungen unserer Stadt in der Systemzeit in Notlage geraten, so daß es des Eingreifens der Stadtverwaltung bedurfte, um dieser verdienstvollen und aus dem Musikleben unserer Stadt nicht mehr wegzudenkenden Vereinigung unter ihrem umsichtigen und urmusikalischen Präsidenten, Dr. Philipp von Schoeller, über die schwierigste

Zeit hinwegzuhelfen, bis durch das Wiedererwachen eines arteigenen Musiklebens in unserer Stadt und die Anteilnahme breitester Bevölkerungsschichten an diesem das Konzerthaus sich wieder aus eigenen Kräften erhalten konnte. In seinen Räumen findet ein von Jahr zu Jahr vielgestaltiger werdendes vorbildliches musikalisches Programm seine immer breiteren begeisterten Zuhörerschichten."

Die akademische Mozartgemeinde, die 1938 ihr fünfundzwanzigjähriges Bestandsjubiläum feierte, und der Wiener Mozartknabenchor, der im Dezember desselben Jahres auf eine Weltreise gehen wollte, klopften um Beistand an amtliche Türen, darunter auch bei der Geschäftsgruppe VIII. Die akademische Mozartgemeinde hat dann sinnigerweise ein Richard-Wagner-Seminar durchgeführt.

Das Bild der Hauptstadt der Musik wäre aber auch ohne die Wiener Sängerknaben unvollständig, die vor 1938 unter geistlicher Leitung ihre jahrhundertealte Tradition der Musikpflege fortführten und darob in aller Welt bestens bekannt waren. Rektor Dr. Josef Schnitt hatte nach dem Ende der Monarchie, dem die Auflösung der kaiserlichen Hofburgkapelle folgte, durch Einsatz seines eigenen Vermögens im Jahre 1924 wieder ein Sängerknabeninstitut errichtet. Zunächst erhielt dieses sein Heim oberhalb der Burgkapelle, wozu im Laufe der Jahre weitere Räume in der Hofburg kamen. 1934 konnte das Schloß Wilhelminenberg von der Gemeindeverwaltung zu einem jährlichen Zins von 38.000 Schilling gemietet und nach Adaptierung mit einem für die damalige Zeit außerordentlichen Kostenaufwand von etwa 400.000 Schilling bezogen werden.

Im Alter von sieben oder acht Jahren wurden die Sängerknaben aus hunderten Bewerbern ausgewählt und einer gründlichen musikalischen Ausbildung unterzogen. Die am Institut übliche Gesangsmethode, die auf Joseph Haydn zurückgeht, interessierte schon damals Sänger, Stimmbildner, Ärzte und Pädagogen, wo immer die Knaben hinkamen. Neben der Arbeit an ihren Stimmen mußten die Buben ihr Schulprogramm absolvieren, äußersten Fleiß und charakterliche Eignung zeigen, wollten sie als „kleine Gesandte Österreichs" an den Konzertreisen teilnehmen. Diese führten sie in den Jahren zwischen 1926 und 1938 nicht nur in fast alle europäischen Länder, sondern auch nicht weniger als sechsmal in die Vereinigten Staaten, ferner nach Kanada, Australien, Neuseeland, auf die Fidschi-Inseln, nach Samoa und Hawaii. Auf einer ihrer Südamerikatourneen konzertierten sie in Argentinien, Uruguay, Chile und Brasilien.

Wie wir schon einmal gehört haben, gingen die Märztage 1938 an der Institution der Wiener Sängerknaben nicht spurlos vorüber.

Rektor Schnitt wurde von zwei ehemaligen Kapellmeistern des Instituts unter bewaffneter SA-Bedeckung aus seinem Wirkungskreis entfernt, in den nächsten Jahren wiederholt eingesperrt und erhielt nach und nach „Gauverbot" für verschiedene österreichische Bundesländer. Das Schloß Wilhelminenberg wurde von der SS angefordert und die Knaben wurden ausgesiedelt. Wie noch näher zu erläutern sein wird, vermietete die Gemeinde Wien den Sängerknaben das sogenannte Maria-Theresien-Schlössel in der Langegasse, in dem das Institut bis zum Frühjahr 1945 auch blieb. Die kleinen Sänger waren um diese Zeit allerdings wegen der Bombengefahr in ihrem alten Sommersitz in Hinterbichl in Osttirol.

Der März und April 1938 hatten dem Chor zunächst eine schon länger geplante Reise nach Frankreich, in die Schweiz und nach Liechtenstein gebracht. Im Juli und August sangen die Knaben im Altreich, von September bis Dezember in der Schweiz und wieder in Deutschland. Von Oktober 1938 bis Jänner 1939 wurde die siebente Reise nach Nordamerika unternommen, und ein anderer Chor der Wiener Sängerknaben erfreute inzwischen (von Dezember 1938 bis Februar 1939) holländische, belgische und deutsche Musikliebhaber. Nach Blaschke sangen die Knaben bis 1943 noch im „Trocadero" im besetzten Paris, ferner in Madrid, in Lissabon, im besetzten Kopenhagen und in Stockholm. „Für die Sommerferien wurde ihnen von der Stadt ein Sommerheim am Wörthersee zur Verfügung gestellt, wo sie zur körperlichen Ertüchtigung im Rahmen eines HJ-Sommerlagers alljährlich ein bis zwei Monate verbringen" (Fünf Jahre Kulturamt). Blaschke erwähnt 1943 noch, daß „eine große Anzahl der Jungen das DJ-Leistungsabzeichen" erworben hat, daß die Musikschule den Mutanten weiterhin Unterricht erteilt und daß ein neues Heim auf der Hohen Warte in Aussicht steht.

Die Sängerknaben mußten für manche kulturpolitische Propaganda herhalten. Trotzdem wurde der Dienst in der Hofburgkapelle mit seinen durch Musik festlich gestalteten Sonntagsgottesdiensten zur Freude vieler Wiener aufrechterhalten. Daneben gab es die übliche Arbeit in der Staatsoper und im Konzertsaal, Engagements im Rundfunk und einige Male meldete sich auch der Film. Um die Jahreswende 1937/38 war der Streifen „Konzert in Tirol" entstanden, der schon weitgehende Konzessionen an den deutschen Verleiher zugestehen mußte; so fiel der Schere aus diesem Grunde ein reizendes Krippenspiel zum Opfer.

Von amtlicher Seite hören wir über das Institut folgendes: „Der Verein Konvikt Wiener Sängerknaben, dessen Knabenchöre sich bereits Weltruf erworben hatten, dessen Geschäftsführung aber nationalsozialistischen Grundsätzen und auch den eigentlichen musikalischen Aufgaben nicht mehr entsprach, wurde durch Verfügung des Stillhaltekommissars für Vereine, Verbände und Organisationen vom 29. Juni 1939, unter Setzung einer Frist für die Liquidation bis zum 30. Juni 1940, aufgelöst. Gleichzeitig wurde der Gemeindeverwaltung aufgetragen, einen neuen Verein als Träger der Einrichtung der Knabenchöre zu schaffen, dem auch das Restvermögen des früheren Vereines einzuweisen ist. – Der Liquidator des bisherigen Vereines war von der Gemeindeverwaltung zu bestellen. Mit dieser Aufgabe wurde der ehemalige Vizedirektor der städtischen Elektrizitätswerke, Dr. Josef Harbich, betraut. Gleichzeitig wurde an die Gründung des neuen Vereines geschritten. Mit Zustimmung des Reichsministeriums für Volksaufklärung und Propaganda wurde die neue Satzung für den Verein Wiener Sängerknaben verfaßt. Mit Bescheid vom 19. Jänner 1940 hat die Vereinsbehörde die Gründung des neuen Vereines genehmigt. – Die Überführung der Geschäfte des alten Vereins in den neuen ist im Zuge. Zur Fortführung der Knabenchöre, deren es jetzt drei gibt, leistete die Gemeindeverwaltung eine entsprechende finanzielle Beihilfe. Der Verein ist im 8. Bezirk, Langegasse 53, untergebracht. Mit der künstlerischen Leitung der Knabenchöre wurde Professor Ferdinand Großmann betraut.“

Ing. Blaschke ergänzt in seinem Rechenschaftsbericht über das Kulturamt diese Auslassungen wie folgt: „Die Wiener Sängerknaben, deren Gründungsurkunde aus dem Jahre 1498 stammt, wurden nach glanzvoller Geschichte beim Umbruch als Privatvereinigung für die Veranstaltung von Konzertreisen im In- und Auslande vorgefunden. Die Stadt Wien übernahm durch Gründung eines neuen Vereines mit materieller Unterstützung des Generalreferates (beim Reichsstatthalter! Der Verfasser.) die Obsorge über das Institut und ernannte den damaligen Chordirektor der Wiener Staatsoper, Professor Ferdinand Großmann, zu seinem künstlerischen Leiter. Die Programmgestaltung wurde zeitmäßig geändert, es wurden neue wertvolle kleine Opern geschaffen, in denen die Jungen, ohne Frauenrollen spielen zu müssen, ihrem gesunden Spieltrieb entsprechend beschäftigt werden konnten. Die Nachwuchsfrage wurde im Zusammenwirken mit der Schulbehörde, wofür ich an dieser Stelle deren stets verständnisvollem und hilfsbereiten Leiter, Pg. Dr. Fritz, sowie dem Leiter der Hochschule für Musikerziehung, Dr. Markhl, meinen herzlichsten Dank aussprechen möchte, in dem Sinne gelöst, daß alle musikalisch begabten Knaben der Wiener Volksschulen in einer ungefähren Anzahl von sechshundert dem Leiter der Wiener Sängerknaben jährlich gemeldet werden, aus denen dieser die dreißig begabtesten zur Aufnahme in den Vorschulungskurs auswählt. Die Jungen erhalten darin Unterricht in Geige, werden stimmtechnisch geschult und im Treffsingen unterwiesen. Die besten unter ihnen wieder kommen nach einem zwei- bis dreijährigen Kurs als Ersatz für die austretenden Mutanten in das Institut. Dort erhalten sie Unterricht in allen Oberschulfächern. Jeder Sängerknabe lernt Klavier und ein seiner Begabung entsprechendes Orchesterinstrument. Das Institut umfaßt derzeit drei Chöre zu je zwanzig Jungen, die sowohl bei den Aufführungen der Hofmusikkapelle und des sonstigen Wiener Musiklebens eingesetzt werden als auch die gelegentliche Mitwirkung an den Wiener Bühnen und die notwendigen Konzertreisen bestreiten."

Das Kulturamt im Rathaus hat 1939 am musikalischen Sektor noch weitere Anliegen, gilt es doch einfach alles zu ergreifen, was von Wert und noch nicht von der Reichsstatthalterei oder den Parteistellen okkupiert worden ist. Natürlich erinnert man sich da eines Trompeterensembles, zumal gerade das Blasen von völkischer Wichtigkeit und daher auf höherer Stufe pflegebedürftig zu sein scheint. Die Verwaltungsberichte geben hiefür wieder eine knappe, aber eindeutige Darstellung, die wir durch Blaschkes Lobesworte ergänzt sehen: „Der ‚Trompeterchor der Stadt Wien' ging aus dem früheren ‚Wiener Trompeterchor' hervor. Im Zuge der Eingliederung dieses Klangkörpers in den kulturellen Interessenbereich der Stadt Wien wurde die Vereinsgrundlage neu geordnet und zu diesem Zwecke der ‚Verein Trompeter der Stadt Wien', mit Genehmigung der Vereinsbehörde vom 29. März 1939, geschaffen. Die im Einvernehmen mit der Gemeindeverwaltung ausgearbeitete Satzung des Vereines sichert der Gemeindeverwaltung den maßgebenden Einfluß auf die Führung des Vereines. Aufgabe des Vereines ist es, Blasmusik zu pflegen und sich insbesondere auf dem Gebiet der historischen Trompeter- und Paukerkunst zu betätigen. In zahlreichen öffentlichen Aufführungen bewies der Trompeterchor sein hervorragendes Können. Er darf als die leistungsfähigste Bläservereinigung des gesamten Reichsgebietes gewertet werden. Der Verein erhält eine finanzielle Unterstützung."

Dies also war aus dem Verwaltungsbericht und jetzt kommt der magistratische Kulturchef selbst. Seine Anerkennung fällt besonders reichlich hernieder, da die Bläser bei eben der Feier, wo sie ausgesprochen wird (Kulturamtsappell im Rathausfestsaal), die Lungen vollnehmen müssen: „Der Trompeterchor der Stadt Wien, eine in dieser Art einmalige, auf freiwillige Musizierbereitschaft aufgebaute Kammermusikvereinigung von Bläsermitgliedern der ersten Kulturorchester Wiens, wurde nach dem Umbruch vom Kulturamt auf neue Grundlagen gestellt, betreut und zur musikalischen Umrahmung festlicher Veranstaltungen eingesetzt. Durch die unermüdliche Tätigkeit seines verdienstvollen musikalischen Leiters, Hans Heinz Scholtys, und die Rührigkeit seines Vorstandes, Helmut Wobisch, trug diese Vereinigung durch Bestellung und Aufführung neuer Werke zum Entstehen einer neuen Bläserliteratur bei. In besonderen Uraufführungskonzerten werden diese der Allgemeinheit zugänglich gemacht."

Die Gemeindeverwaltung förderte 1939 auch die Neugründung eines „Frauensymphonieorchesters Gau Wien", und die Vereinsbehörde stimmte mit Entschließung vom 30. November 1939 der Gründung des Orchesters zu. In der Satzung dieses der NS-Frauenschaft nahestehenden Vereines „Frauensymphonieorchester Gau Wien" wurde auf die entsprechende Einflußnahme der Stadtverwaltung Bedacht genommen. Der Verein erhielt eine größere finanzielle Beihilfe von der Gemeinde.

Zur Erforschung des Wiener Musikschaffens, von dem laut offizieller Meinung der Stadt Wien noch vieles der Öffentlichkeit nicht erschlossen war, wurde mit 1. März 1940 ein eigenes Referat für Wiener Musikforschung in der magistratischen Abteilung III/1, also im Kulturamt, gebildet. Hauptaufgabe dieses Referates sollte die systematische Erfassung der in Wien vorhandenen reichen Quellen und deren Auswertung für die Öffentlichkeit sein. Vom Referatsleiter, dem Akademiekommissar a. D. Dr. Alfred Orel, der als Musikschriftsteller und Rezensent eine im Sinn der damaligen Kunstbegriffe überaus spitze Feder führte, ist in unseren Kapiteln öfters die Rede. Univ.-Prof. Dr. Dr. Alfred Orel hat 1953 in seinem umfassenden Alterswerk „Musikstadt Wien" zu milderer Diktion gefunden, ohne dabei Grundsätzliches zu revidieren. Nicht verwechselt darf er aber mit dem christlichsozialen Gemeinderat der zwanziger Jahre, Anton Orel, werden, obwohl sich letztgenannter in publizistischen Richard-Wagner-Interpretationen erging und halsbrecherische Wegabkürzungen zwischen der katholischen Augustinus-Druckerei in Klosterneuburg und der Götterfeste Walhall entdeckte. Auch Anton Orel ging es um die „Genesung des durch eine falsche Bildung verkrüppelten, vergreisten und gemordeten deutschen Volkstums". Trotzdem hat er weder Anerkennung durch die Nazis gesucht noch wurde ihm solche zuteil.

In seinem von uns immer wieder aufgeschlagenen Rechenschaftsbericht 1943 kommt Blaschke in zwei Absätzen auf die allgemeine Musikpflege seines Kulturamtes zu sprechen. Er stellt retrospektiv fest: „Was zunächst die Musik anbelangt, wurde deren Stellenleiter in der Gauhauptstelle Kultur der NSDAP, Dr. Armin Hochstätter, neben seiner Sachberatertätigkeit in der Stadtverwaltung für das gleiche Sachgebiet gleichzeitig zum ‚Musikbeauftragten' für die Stadt Wien ernannt, so daß ihm die wesentliche Lenkung des Wiener Musiklebens im Einvernehmen mit der bezüglichen Stelle für die staatlichen Institute, dem Generalreferat beim Reichsstatthalter, zufiel. Nach seiner Einrückung versieht nun Pg. Robert Ernst diese Funktion."

Dann läßt er sein geistiges Auge kurz über das musikalische Wien schweifen, senkt aber gleich wieder den Blick zur nationalsozialistischen Volkskultur und zu ihren Vertretern hinab: „. . . Diese musikalischen Verbände und Einrichtungen, zusammen mit den dem ‚Generalreferat' beim Reichsstatthalter unterstehenden, sind die Streiter und Künder einer neuen musikalischen Entwicklung Wiens. In der Kindersingschule und bei den Sängerknaben ging gleichzeitig mit der Entwicklung der Anstalten auch der Einsatz dieser Institute für die Heranbildung einer neuen Musikpflege Hand in Hand. Um aber auch die gesamte Jugend unserer Stadt zu erfassen, wurden im Einvernehmen mit der Schulverwaltung und der Reichsmusikkammer ‚Hörererziehungsstunden' in allen Haupt- und Oberschulen der Stadt eingeführt, bei denen nach Vorbereitung durch den Schulmusikerzieher den Kindern Auszüge aus Kammermusikwerken vorgeführt werden, um die Kinder harmonisch empfinden zu lehren und an dem Echo des Dargebotenen in der Kinderseele musikalische Begabungen aufzuspüren. Für die Vertiefung des allgemeinen Verständnisses für die Musikpflege wurden die Gesangvereine, unter denen der in diesen Tagen sein hundertjähriges Bestandsjubiläum feiernde, weltbekannte ‚Wiener Männergesangsverein' an vorderster Stelle steht, sowie die Orchestervereine im ‚nationalsozialistischen Volkskulturwerk' zusammengefaßt und ihnen im Einsatz bei Feierabendstunden und besonders bei Morgenfeiern eine edle Aufgabe gestellt, die ihr verdienstvolles Wirken in der Vergangenheit nun auf weiteste Kreise unseres Volkes ausdehnt."

Blaschke vertieft sich in Details der musikalischen Jugenderziehung und erinnert sich, daß in den Wiener Kreisen die „Volks- und Jugendmusikschulen" und die „Kindersingschulen" am Werk sind: „Während die erstgenannte Type der breiten Laienerziehung dient, erhalten in den Kindersingschulen sieben- bis zehnjährige Buben und Mädel eine zielbewußte musikalische Grundschulung, die von den Erziehern geleitet wird, die aus dem Singschullehrerseminar der Musikschule hervorgehen . . . Die jährliche Abschlußveranstaltung im Großen Konzerthaussaal, bei der rund 800 Kinder mitwirkten, ist ein Erlebnis eigener Art und ein Beweis für die Gediegenheit der aufgewendeten Arbeit und für die Musikfreudigkeit unserer Jugend." Diese Veranstaltung wird auch heute noch durchgeführt, während die Hörererziehungsstunden durch klassenweisen Konzertbesuch ersetzt sind. (Auch der Ausdruck „Hörerziehungsstunden" war gebräuchlich). Blaschke sah jedenfalls als Fundament den neuen Willen und Geist der Erzieher, in ihren Schülern hohes musikalisches Können mit einer Gesinnung jenseits von Virtuosentum und jenseits der Musikbetriebsamkeit einer vergangenen Zeit zu pflegen. Vorbildliche Erzieher- und Schülerabende sollen die neue Musiziergemeinschaft zusammenleimen helfen.

Bei solchen Gemeinschaftstönen ist es zur Hausmusik nicht weit, die Blaschke wohl befürwortet, doch lieber in kleineren NS-Runden als in den Familien allein bergen will. Allenthalben hätte ihm dabei der österreichische U-Bootheld, Ritter von Trapp, an die Hand gehen können, doch dieser hatte es 1938 vorgezogen, seiner Frau und seinen zahlreichen Kindern eine neue Existenz in den USA aufzubauen. Dort kämpften sich die Trapps in Form einer singenden Familie durch die Not der Anfangszeit. Dieses Wanderleben war dem Kapitän, der einst das französische Panzerschiff Gambetta in den Grund der Adria torpediert hatte und später vor den Wiener Mittelschülern seiner Trauer über das verlorene, österreichische Küstenland wehmutsvoll Ausdruck gab, noch immer lieber als braunes Wohlwollen.

In seinem Rechenschaftsbericht 1943 verweist Ing. Blaschke des weiteren auf jene besonderen Preisausschreiben, durch die das musikalische Schaffen gefördert und angeregt werden sollte und von denen wir ja bereits einige Male vernommen haben. Anschließend zählt Blaschke den alljährlich zur Verleihung gelangenden „Beethovenpreis" von RM 10.000,— als Meisterpreis und den „Schubertpreis" von RM 5000,— als Förderungspreis auf, die beide von der Gemeinde vergeben werden.

Nein, bei aller Anerkennung der Notwendigkeit und der besonderen Leistungen dieser Ensembles, Konzertbetriebsleiter, Solisten, Pädagogen und Tonbeamten, Wiens Anspruch, Hauptstadt der Musik zu sein, ist zu keiner Zeit ohne das wahrhaft tragende Fundament der Philharmoniker und der Wiener Staatsoper vertretbar. Wir dürfen sie hier deshalb nicht völlig übergehen, wenngleich sie dem städtischen Kulturamt seitens der staatlichen Administration Wiens bzw. diverser Reichsstellen zur Verwaltung niemals gegönnt worden sind. Schauen wir zunächst bei den Wiener Philharmonikern nach, die ein Verwaltungsbericht der Stadt Wien mit der Bemerkung umschmeichelt, daß durch die Ernennung Wilhelm Jergers zum Wiener Ratsherrn die Beziehungen zwischen der Stadt und dem Orchester noch enger als bisher geworden sind. Fast dreißig Jahre später, also 1966, wird Dr. Wilhelm Jerger als Direktor des Linzer Bruckner-Konservatoriums eine Sommerakademie in St. Wolfgang leiten, wobei vor dem Pacheraltar die „Sieben Worte“ Josef Haydns aufgeführt werden. Aber 1938 fehlten noch viele Erfahrungen.

Seit 1870 fanden im goldglänzenden, großen Musikvereinssaal philharmonische Konzerte statt. 1937 galten die Wiener Philharmoniker als die Stimme Österreichs schlechthin und hatten bereits feste Reisepläne für die Weltausstellung in New York, die 1939 stattfinden sollte. Am 10. und 17. Oktober 1937 fanden die letzten Aufführungen unter Arturo Toscanini im Musikverein statt, am 17. Februar 1938 kabelte der Maestro aus New York, daß er unter der obwaltenden politischen Entwicklung nicht mehr in Österreich dirigieren werde. Das Philharmonikerabonnement 1937/38 war davon nicht berührt, denn Wilhelm Furtwängler, Bruno Walter, Hans Knappertsbusch und Albert Coates standen am Dirigentenpult zur Verfügung. Furtwängler war den Wiener Philharmonikern stets verbunden gewesen, obwohl er 1935 seine Mitwirkung bei den Salzburger Festspielen – wohl aus politischen Gründen – abgesagt hatte und in dieser Stadt später von Toscanini wegen allzu enger Bindung an die Nationalsozialisten zur Rede gestellt wurde.

Am 15. und 16. Jänner 1938 dirigierte Bruno Walter die IX. Symphonie von Gustav Mahler im Musikverein, am 20. Februar leitete er daselbst die Uraufführung von Egon Wellesz „Prosperos Beschwörung“. Nachher war Pause, und viele Plätze blieben auch bei der anschließenden Brucknersymphonie leer, da die Hitlerrede im Deutschen Reichstag zu dieser Stunde von Radio Wien übernommen wurde. Die Philharmoniker fuhren kurz nachher noch mit Bruno Walter zu einem Gastspiel nach Budapest.

Das Abonnementkonzert am 15. März 1938 fiel aus. Der Philharmonikervorstand Hugo Burghauser flüchtete mit wenig mehr als seinem Fagott, die Orchestermitglieder Arnold Rosé, Friedrich Buxbaum, Ludwig Wittels, Josef Geringer u. a. traf die braune Verfolgung. Das Rosé-Quartett wird später in London bei Anwesenheit des ehemaligen österreichischen Botschafters, Sir George Franckenstein, jene Haydn-Komposition aufführen, deren Melodie einst den bitteren Tag von Wagram eingeleitet hatte und die in Quartettfassung auch Schuschniggs Radioabschied beschloß. Noch im März 1938 trat der Kontrabassist und nachmalige Ratsherr Wilhelm Jerger provisorisch an die Philharmonikerspitze, und das Orchester wurde zum „schönsten Geschenk der Ostmark an das Reich". Furtwängler dirigierte es widmungsgemäß im April zweimal in der Berliner Philharmonie, im Sommer gastierte man zum Tag der Deutschen Kunst in München und nachher in der Saarpfalz. Trotzdem waren auch die Philharmoniker 1938 mehr als einmal von unmittelbarer Auflösung bedroht, und Wiener Dienststellen hatten daran unrühmlichen Anteil. Furtwängler trat als Retter auf und erwirkte auch Sondergenehmigungen für im Sinne der Nürnberger Gesetze belastete Orchestermitglieder.

Im Februar 1939 bereiteten die Philharmoniker ihrem einstigen Kollegen Franz Schmidt ein würdiges Begräbnis. Viele erinnerten sich dieses Genies nicht nur als eines schöpferischen Künstlers, dessen Hörner in der 4. Symphonie wie aus einer anderen Welt kommen, sondern auch seiner eindrucksvollen Lehrtätigkeit an der Akademie. Selbstverständlich waren 1938 aus der Kanzlei der Philharmoniker die Bilder Mahlers, Walters und die Rosé-Radierung verschwunden, ebenso die Mahler-Büste Rodins aus der Staatsoper. Die Gustav Mahlerstraße hieß jetzt Meistersingerstraße. Wie hatte doch einst der somit Ausgelöschte zu seiner Freundin Bauer-Lechner gesagt: „Als Jude geboren zu sein heißt so viel, wie mit einem Fuß oder einem Arm zur Welt gekommen zu sein". Allerdings, seine Rassegenossen im Wirtschaftsleben und in den freien Berufen waren mit solchen Amputationen bis 1938 viel leichter fertig geworden.

Übrigens hielt sich Bruno Walter während des deutschen Einmarsches in Österreich gerade in den Niederlanden auf. Er wurde durch ein Sonderdekret französischer Staatsbürger und nachher Amerikaflüchtling. Zu Weihnachten 1938 gab Furtwängler sein letztes Vorkriegsgastspiel an der Pariser Oper mit einer zweimaligen Siegfriedaufführung. Bald darauf sagte die französische Regierung die für Juni 1939 angesetzten Wagner-Festspiele ab.

Auch nach dem März 1938 zahlten die Philharmoniker und die Staatsoperndirektion dem Dirigenten und Direktor Felix Weingartner die Bezüge aus. Sein Auftreten in Wien wurde jedoch immer wieder verhindert, denn er hatte die Schweizer Staatsbürgerschaft angenommen und eine Eidgenossin zur Frau erkoren. 1939 waren die Philharmoniker u. a. wieder in München und später in Krakau zu hören. Als musikalischer Orchesterchef fungierte Furtwängler, der ja in Wien noch weitere Positionen übernehmen sollte. Unter den übrigen Dirigenten ragten Knappertsbusch, Böhm, Mengelberg und Sabata hervor. Am 11. Juni 1939 leitete Richard Strauss ein

Festkonzert zu Ehren seines eigenen 75. Geburtstages. Ein Ausblick auf 1940 zeigt die Philharmoniker im Rheinland, dann bei „ostmärkischen Truppen“ in Frankreich (Salins les Bains, Besançon, Dijon) sowie in Amsterdam. Im Sommer gaben sie in Salzburg sieben Konzerte und zwei Serenaden. Das Jahr 1940 bescherte auch ein Festkonzert unter Franz Lehárs Stabführung als Geburtstagsehrung desselben und schließlich die „Philharmonischen Akademien“, die auf Initiative von Clemens Krauß gemeinsam mit dem Reichsrundfunk veranstaltet wurden.

Und nun zur Oper: Ihr Direktor von 1919 bis 1924 war Richard Strauss gewesen, dem der Ausspruch zugeschrieben wird, daß der Opernchef unbedingt auch die Eigenschaften eines Dompteurs besitzen müsse. 1924 bis 1929 stand Professor Franz Schalk der Direktion vor, und die Musikpfleger im Kulturamt Blaschkes priesen ihn posthum als Wahrer echten musikalischen Empfindens. Von 1929 bis 1934 war Clemens Krauß Direktor, der 1932 den Ehrenring der Stadt Wien erhielt. 1934 folgte er einem Ruf nach Berlin, und mehrere mit ihm verbundene Mitglieder des Opernensembles taten desgleichen. Schuschnigg erinnert sich, daß die Salzburger Festspieldirektion im Sommer 1934 von einem Telephongespräch zwischen Göring und Krauß erfuhr. Göring bot Krauß und anderen Künstlern die doppelten Gagen wie in Wien. Ungefähr zur selben Zeit ließen die Illegalen in Salzburger Hotels Sprengkörper und in der Wiener Oper Stinkbomben platzen. („Requiem in rot-weiß-rot“) Die Direktion Dr. Felix Weingartners (1935–1936) sowie des Regierungsrates Dr. Erwin Kerber (1936–1940) taten ihr möglichstes zur Konsolidierung des Spielbetriebes. Nebst der Verdi-Erneuerung und der engen Bindung an das Lebenswerk Puccinis sind der Wiener Oper der Ersten Republik an Novitäten die „Bakchantinnen“ von Wellesz, die „Dame im Traum“ und „Iwan S. Tarassenko“ von Salmhofer, ferner „Wallenstein“ von Weinberger, „Giuditta“ von Lehár sowie jene Kompositionen anzurechnen, die bei der Beschreibung der R.-Strauss-Ära erwähnt werden. Am 30. Jänner 1938 fand eine Aufführung von Lehárs „Das Land des Lächelns“ als Théâtre paré zu wohltätigem Zweck statt. Die Oper bot dabei einen so glanzvollen Anblick, wie er seit kaiserlichen Tagen nicht mehr gesehen ward. Kerber vermochte sich mit einiger Schwierigkeit über den März 1938 hinaus zu halten und macht erst zwei Jahre später dem Generalintendanten Heinrich K. Strohm aus Hamburg Platz. Strohm übernahm bereits eine in ihren Grundfesten erschütterte Bühne, auf deren Wirren und Regenerationsversuche in anderen Bänden hingewiesen wird. Selbstverständlich könnte das Wiener

Opernschicksal auch in den Personen und Vorgängen innerhalb der Generaldirektion der österreichischen Bundestheater sowie im Generalreferat des Reichsstatthalters gespiegelt werden, doch würde dies zu weit führen.

Rasch noch ein Hinweis auf die Regisseure und Dirigenten des Hauses, bevor wir uns einzelnen hervorragenden Sängern der Wiener Oper zuwenden. Lothar Wallerstein, der daselbst seit 1927 tätig war, schied 1938 aus. 1939 kamen die Bühnenfachleute Guttmann und Witt, ein Jahr später Hietz, Oskar Fritz Schuh, A. Jerger und der obgenannte Kerber bei Regiearbeiten zum Zuge. Nachher beteiligten sich Hanke, Zilken und Müthel an der Inszenierungsarbeit, Hartmann, Fränzl, Arnold und Recktenwald folgten. Schon aus den dreißiger Jahren werden ergebnislose Bemühungen berichtet, die Dirigenten Erich Kleiber und Otto Klemperer an die Wiener Staatsoper zu binden. Besonders das Schicksal Kleibers ist typisch für einen Österreicher seines Formats. Sogar Schuschnigg hatte mit ihm 1936 eine Besprechung, die jedoch hinsichtlich der Wiener Oper kein positives Ergebnis brachte. Kleiber dirigierte im Frühjahr 1938 im Covent Garden jene Rosenkavalieraufführung, in der die Wiener Opernsängerin Lotte Lehmann unter dem Eindruck der Nachrichten aus ihrer Heimat zusammenbrach. Die zufällig anwesende Hilde Konetzni, ebenfalls ein Wiener Staatsopernmitglied, sprang während der Vorstellung für die Lehmann ein. Kleiber vertauschte seine österreichische mit der argentinischen Staatsbürgerschaft, einen deutschen Paß lehnte er ab. 1938 mußten die Dirigenten Professor Alwin, Josef Krips und Wolfgang Martin auf jede weitere Tätigkeit in der Wiener Staatsoper verzichten, desgleichen die Ballettmeisterin Margarete Wallmann. Aus dem Sängerkreis verschwanden nach den Märztagen außer der schon erwähnten Lotte Lehmann, Elisabeth Schumann, Richard Tauber, Kerstin Thorborg, Rose Pauly und andere. Selbst die Geschwister Konetzni und Max Lorenz dachten 1939 an Auslandsgastspiele ohne Wiederkehr, freilich, ohne diese Gedanken in die Tat umzusetzen. Alle drei feierten an der Wiener Oper während der Kriegszeit verdiente Triumphe. Kammersängerin Lotte Lehmann ging nach Australien, wo sie großen Erfolg als Gesangspädagogin hatte. Nach dem Zweiten Weltkrieg besuchte sie Wien bei besonderen Anlässen und wohnte der Wiedereröffnung der Staatsoper und des Theaters an der Wien durch die Stadtverwaltung bei.

Seit dem Frühjahr des Jahres 1938 wurde die Staatsoper entsprechend eingesetzt. Während der fünften Reichstheaterwoche im Sommer 1938, der ersten dieser Art in Wien, gastierte die Berliner

Oper am Ring. Auch die Kölnische Oper war im Mai dieses Jahres zu Gast. 1938 gab es nahezu allmonatlich Sondervorstellungen vor Kongreßteilnehmern, Staatsmännern und Winterhilfsbetreuten oder zu nationalen Gedenktagen. Ähnlich wurde 1939 verfahren. Am 5. Februar 1939 fand unter dem Protektorat Frau Winifred Wagners in der Staatsoper ein Festkonzert aus Werken ihres großen Verwandten statt, womit die Gründung einer Wiener Ortsgruppe des Richard-Wagner-Verbandes Deutscher Frauen besiegelt war. In diesem Jahr gastierte die Wiener Oper in Brünn sowie in Prag. Der hundertste Geburtstag von Peter I. Tschaikowsky im Jahre 1940 wurde am 7. Mai d. J., der damaligen deutsch-sowjetischen Freundschaft gemäß, mit einer glanzvollen Eugen-Onegin-Neueinstudierung in der Staatsoper begangen.

Die finanziellen Verlegenheiten der Direktion während der Ersten Republik sind übrigens nach dem Anschluß nicht viel schwächer geworden, da Bürckel für dieses Institut nur wenig Verständnis besaß. Erst nach seiner Abberufung kam viel Geld ins Haus, denn Hitler selbst soll dies so anbefohlen haben.

VII. KAPITEL
DIE NEUE BLÜTE

„Wien war ein bezaubernd feiner, wahrhaft liebenswürdiger Zug im Antlitz der Welt. Seit er weggewischt ist, sieht das Antlitz um ein paar entscheidende Nuancen trauriger und häßlicher aus.“ (Der Emigrant Alfred Polgar am 1. Mai 1939.)

Am 1. Jänner 1939 gab Dipl.-Ing. Hermann Neubacher samt Gattin im Rathaus einen festlichen Neujahrsempfang. Nicht nur die Kapelle Faltl, sondern auch ein Jagdbläserquintett der Wiener Philharmoniker musizierten für die Erschienenen, weil der Bürgermeister gleichzeitig Gaujägermeister war. Ihn hatte schon in den Morgenstunden ein Ständchen des Musikzuges der SA-Rathauswache vor seiner Villa aufgemuntert. Die Heizer in den Rathauskellern mühten sich nun, Wärme auf ordensgeschmückte oder dekolletierte Brüste zu legen, denn es war bitterkalt draußen. Der Donaukanal fror zu, und im ufernahen Hotel Metropol sowie wasseraufwärts im Polizeigefangenenhaus an der Elisabethpromenade wunderte sich mancher Häftling, daß er das neue Jahr überhaupt erleben durfte. In den Altreichs-Konzentrationslagern, wo die Schutzhäftlinge aus Wien als Österreicher und nicht als Ostmärker u. dgl. tituliert wurden, kamen in diesen Wochen Auspeitschungen größeren Stils, Torturen und Totschlag wiederholt vor. Die Prügelstrafe hatte der Reichsführer-SS persönlich aus alten preußischen Gesetzbüchern ausgegraben. Auch die zur Zeit in Wien Inhaftierten hatten schon allerhand über sich ergehen lassen müssen. Einige werden anläßlich des einjährigen Anschlußjubiläums 1939 nach Hause entlassen werden und den Eindruck mitbringen, daß die Prozeßvorbereitungen im Sinn der neuen Gesetzgebung, derzufolge rückwirkend gegen bekannte Feinde des NS-Deutschtums in Österreich verhandelt werden soll, nicht so recht vorwärts kommen. Aber neue politische Rechtsbrecher wird es in Hülle und Fülle geben, denn diese Elemente opponieren weiter oder bilden erfahrungslos und leicht durchschaubar neue Gruppen, denen die „Befreiungstat des Führers“ nichts gilt und die das verlachte und verfluchte Österreich wiederherstellen wollen. Zu Hunderten wird man 1939 und 1940 solche Selbständigkeitsverfechter arretieren.

Auch die Säuberung des Beamtenapparates konnte mit Jahresbeginn 1939 noch nicht abgeschlossen werden. Zwar teilte der für Personalangelegenheiten Zuständige im Verwaltungsbericht der Stadt Wien 1938 voll zeitloser kompetenzbedingter Härte mit: ,,Noch vor dem Inkrafttreten der Verordnung zur Neuordnung des österreichischen Berufsbeamtentums wurden die jüdischen Gefolgschaftsmitglieder sowie solche, die gegen die nationalsozialistische Bewegung gehässig aufgetreten waren, aus dem Dienst entfernt . . .“ Unmittelbar nach dem Umbruch wurde auch die Erbringung des sogenannten ,,kleinen Ariernachweises“ für alle Bediensteten der Gemeinde Wien und deren Gattinnen oder Gatten angeordnet. Aber die Nachweismodalitäten zogen sich, zumal wenn die Ahnenschaft im Ausland gesucht werden mußte, bis ins 39er Jahr hinein.

Die Verordnung zur Neuordnung des österreichischen Berufsbeamtentums (RGBl. I, S. 607, in der Fassung der Verordnung vom 15. Juni 1938, RGBl. I, S. 643) sah die Entfernung der Juden und jüdischen Mischlinge sowie der jüdisch Versippten aus allen öffentlichen Ämtern und die Säuberung der öffentlichen Verwaltung von allen Beamten vor, die keine Gewähr boten, jederzeit rückhaltlos für den nationalsozialistischen Staat einzutreten. Neben diesen beiden Hauptzwecken sah die Verordnung auch die Versetzung von Beamten auf andere Dienstposten in weitgehendem Maße vor. Schließlich konnten Ernennungen rückgängig oder erst zu einem späteren Zeitpunkt wirksam gemacht werden. Endlich sah die Verordnung auch noch die Versetzung von Beamten in den Ruhestand vor, wenn diese der Vereinfachung der Verwaltung oder dienstlichen Interessen diente. Je nachdem, ob die Pensionierung aus politischen oder bloß aus dienstlichen Rücksichten durchgeführt wurde, werden die Ruhebezüge gekürzt oder ungekürzt ausbezahlt. Zur Durchführung der Verordnung wurde für den Bereich der Stadt Wien ein Untersuchungsausschuß eingesetzt. Die Durchführung wurde im Jahre 1938 nicht beendet, die ursprünglichen, im Jahre 1938 endenden Fristen wurden mehrmals verlängert.

Im Zusammenhang mit der Neuordnung des Berufsbeamtentums hatten alle Beamten in verantwortungsvoller, gehobener Stellung Fragebogen über ihre politische Vergangenheit auszufüllen. Insbesondere wurde nach der Zugehörigkeit zu freimaurerischen, kommunistischen, sozialdemokratischen, politisch-katholischen, pazifistischen und legitimistischen Verbänden gefragt.

Gleichzeitig mit der Säuberung der Gefolgschaft von unerwünschten Elementen erfolgten Neuaufnahmen, die nicht nur die durch die besprochenen Maßnahmen entstandenen Lücken auszufüllen hatten, sondern auch eine Verjüngung des überalteten Beamten- und Angestelltenstandes bezweckten. Die Neuaufnahmen erfolgten im engsten Einvernehmen mit den nationalsozialistischen Betreuungsstellen für alte Kämpfer. In den Pflichteifer mischte sich dabei eine gehörige Portion Existenzangst, die noch dadurch gefördert wurde, daß die Personalstellen mit Beeinflussung der städtischen Arbeitsämter zuungunsten der strafweise Entfernten drohten.

In den Rechtspflegestellen muß man sich an neue Verhörmethoden und an die deutsche Vielfalt des Hinrichtens gewöhnen. Nun werden auch kriminelle Jugendliche amtlich vom Leben zum Tod befördert, und die Einführung moderner Fallbeilgeräte, die später je nach der Straftat bzw. der rechtlichen Stellung der Betroffenen durch Henkvorrichtungen ergänzt werden, erfordert langwierige Vorarbeiten. Man wird während der Folgezeit in Auwaldungen am großen Strom Baumstämme aussuchen, die sich zum Anbinden und Füsilieren eignen, und außerdem danach trachten, möglichst viele Delinquenten aus der Stadt weg und anderswohin zur Liquidierung zu bringen. Wer schon länger in seiner Zelle saß, wußte nur wenig von dem „Aufschwung", den Wien seit dem Frühjahr 1938 genommen hatte, oder wie es den in Freiheit Befindlichen erging. Den Häftlingen wäre auch die Nachricht kein Trost gewesen, daß im November die restlichen Geschäftseigentümer jüdischer Abstammung verhalten wurden, ihr Angebot mit hebräischen Buchstaben zu bezeichnen. Ab 1. Jänner 1939 mußten der 144. Kundmachung des Reichsstatthalters gemäß alle inländischen Juden den zusätzlichen Vornamen Israel oder Sara tragen. Hievon wurden in Wien noch 48.000 Personen betroffen, wovon 90% in der Heimatrolle vermerkt worden sind. Burgschauspieler Fred Hennings avancierte mittlerweile zum Feierabendwart des Gaues Wien der NS-Gemeinschaft „Kraft durch Freude". Nämlicher Hennings, dessen kulturkundliche Wien-Forschungen in Schrift und Wort später großen Anklang fanden, hat 1945 durch intensive Handarbeit beim Aufräumen um den halbzerstörten Stephansdom bewiesen, daß diese NS-Gemeinschaft für ihn nicht das Passende gewesen ist. Unterdessen ließ „Der Beauftrage für die NS-Betreuungsstelle für den Bereich des Gaues Wien, Ing. Hanns Blaschke" an sich selbst als Vizebürgermeister bzw. an Jölli 1938/39 viele Briefe um Einstellung verdienter Pg. in Kulturbetrieben schreiben, wobei ihm die Referenten manchmal die jeweiligen Eignungsgründe anzweifelten.

Waren es im Sommer 1938 einige Zirkusvorstellungen, die vom Kulturamt durch Freikartenverteilung den Bedürftigen nahegebracht worden sind, so öffneten sich in der kalten Jahreszeit Wiener

Lichtspieltheater kostenlos den WHW-Betreuten. In die nämlichen Monate fiel auch die Gründung und Aktivität der „Wiener Skizunft" durch Vereinigung aller Großvereine. Aber nicht nur um die „Wienerwaldschanze" in Hadersdorf-Weidlingau entstand wintersportliches Treiben, in der Krieau startete man Schlittenrennen, führte „Gaumeisterschaften der ostmärkischen Eiskunstläufer" durch und veranstaltete Eishockeykämpfe gegen Altreichsmannschaften. Ein anspruchsloses „Neues Wiener Theater" machte am 19. Dezember 1938 an der Landstraßer Hauptstraße auf, und die „Ostmärkische Filmtheater Betriebs GmbH." zeigte Erstaufführungsstreifen in der Skala, im Apollotheater, im Buschkino, im Ufatonkino, im Schwedenkino und im Opernkino. Am 22. Dezember 1938 lief in der Skala der etwas preußisch-lustige „Napoleon ist an allem schuld" erstmals über die Flimmerwand, und das dunkelgefärbte Organ einer Chansonniere tönte durch den Raum: „Kein Geschichtsbuch erzählt, was geschah in dieser Nacht, doch der Kaiser gewann seine allerschönste Schlacht . . ." Sein Braunauer Konkurrent im 20. Jahrhundert war bei privaten Dingen weniger vielseitig. Zur Herbstzeit 1938 hatte er einen Abstecher nach Wien gemacht und wollte solche Blitzbesuche nach Möglichkeit öfters wiederholen. Das Interesse Hitlers galt zuerst der Staatsoper, wie er ja überhaupt an einer exklusiven Rechtsstellung der ehemaligen Bundestheater Wiens festhielt. Außerdem traf er hier auf Leute mit „Balkaneignung", d. s. Personen, die möglichst unauffällig in Südosteuropa eingesetzt werden konnten. Dipl.-Ing. Neubacher und der frühere Außenminister Österreichs, Guido Schmidt, sollten dies bald am eigenen Leib erfahren.

Zunächst war aber Neubacher noch mit Gemeindedingen beschäftigt: Er sah im Wienerwald Liegewiesen, Meiereien usw. entstehen, wollte „über dieses Territorium absolut verfügen" und leitete magistratische Grundübernahmen größten Stils inmitten der Wiener Hausberge (Leopoldsberg und Hermannskogel) ein. Weiters ging es ihm um die Verringerung des „Ziegeldefizits", worunter Kapazitätsprobleme der Wiener Bauindustrie verstanden wurden. Auf seine Anordnung hin wurde am 2. Jänner 1939 die Heiligenstädter Straße in Berliner Straße umbenannt. Für 14. Jänner war das Richtfest der neuen Kaserne der SS-Standarte „Der Führer" im Fasangarten hinter der Schönbrunner Gloriette angesetzt.

Allerorts wurde in Wien gebaut oder der Baubeginn vorbereitet. Neue Wohnvorhaben waren dabei nicht so ins Auge springend, handelte es sich doch zunächst nur um den Ersatz für Elendsquartiere oder um Siedlungen im Geist der „Gartenstadtpolitik" des

Schmitzsystems, woran sich die Deutsche Arbeitsfront immer stärker beteiligte. Einige Jahre früher hatte die Stadt auf diesem Sektor bedeutend größere Ambitionen gezeigt. Das architektonische Bild der Wiener Zwischenkriegszeit ist bekanntlich durch jene Gemeindewohnbauten bestimmt worden, an deren Beginn der Matzleinsdorfer Hof in Margareten entstand. Man gelangte dann zum Typus der sogenannten Superblockbauten, wie z. B. der ,,Speiser-", ,,Karl-Seitz-", ,,Goethe-" oder ,,Karl-Marx-Hof", der ab 1934 ,,Heiligenstädter-Hof" hieß. Letztgenanntes Bauwerk verkörpert geradezu symbolhaft den Standpunkt der damaligen Gemeindeverwaltung. Ab 1927 stieß man in künftige Stadtplanungsbereiche vor, legte auf Gemeinschaftseinrichtungen und Geschäftslokale in den neuen Wohnhausanlagen Wert und verbaute womöglich nur etwas über ein Viertel des zur Verfügung stehenden Areals. Der Rest wurde in Parks und Spielplätze umgewandelt.

Ab 1938 kam hierzulande der Stil des Dritten Reiches, der im Volksmund als ,,germantisch" bespöttelt wurde, zur Anwendung, wovon allerdings in Wien kaum Wohnbauten, sondern vornehmlich Wehrmachtsobjekte betroffen worden sind. Die erwähnte Kaserne im Fasangarten ist noch heute hiefür ein Beispiel. Unweit davon, am Küniglberg, wurden sogar Rundtürme à la Nürnberger Burg in ein Gesamtbauvorhaben zugunsten der Luftwaffe eingeplant. Auf den ehemaligen Sportplätzen der ,,Mauerer Lust" entstanden monströse Gebilde für die Luftnachrichtentruppe. Damit im Zusammenhang wurden wertvolle Grüngebiete verwüstet, Wienerwaldteile zweckentfremdet bzw. mit Holzbarackenvierteln durchsetzt. Weit draußen vor Schwechat wuchs der Fliegerhorst Heidfeld aus der Ebene. 1938 hatten die Gestapo und diverse Parteistellen zahlreiche Privathäuser, Villen und Wohnungen beschlagnahmt, wobei auch die Gemeinde als treuhändiger Verwalter herangezogen wurde. In diesen Baulichkeiten befand sich oft nennenswerter Kunstbesitz, auch wiesen sie mitunter architektonische Kostbarkeiten auf. Nach relativ kurzer Zeit war davon kaum etwas übrig, falls die städtischen Sammlungen nicht rettend eingriffen. In den devastierten Räumlichkeiten und verwüsteten Privatparks spielte sich die Hitler-Jugend, stellte das NSKK Fahrzeuge ab und traten die Politischen Leiter zur Instruktion an.

Für die Bedürfnisse auf dem Sektor des ,,höheren Vortragswesens" der Gaustadt war die am 18. 1. 1939 gegründete ,,Wiener Kulturvereinigung" gedacht, von der die Rathausfachleute berichten, daß sie ,,aus den illegalen Kulturverbänden in der Systemzeit hervorgegangen ist". Sie meinen, daß die Vereinigung ,,außerdem zur Durchführung der in der Stadtverwaltung veranstalteten Vorträge herangezogen werden kann". Dr. Auer von Welsbach, Gesandter a. D. Krahl und andere dienten als Aushängschild, während der Referent im Reichspropagandaamt Wien, Dr. Aurel Wolfram, und etwas später Stuppäck an den Fäden zogen. Die Vereinigung will nur erstklassige Wissenschaftler, Poeten, Forschungsreisende usw. vor ihrem Pult sehen, „Musik der Nationen" spielen lassen und die Philharmoniker beschäftigen. Natürlich kommt sie in finanzielle Schwierigkeiten, und Wolfram hämmert wiederholt auf Blaschkes Gemeindegeldbörse. Wolfram ist Blaschke andererseits bei den Projekten „Haus der Wiener Künstlerschaft" im Palais Schönborn-Buchheim, das Professor Popp renovieren soll, und beim „Haus der Presse" dienlich. Viel ist daraus freilich nicht geworden. Ende 1940 wird übrigens Bruno Brehm zum Präsidenten der „Wiener Kulturvereinigung" gemacht.

Niveauentsprechend sorgten sich um die Jahreswende 38/39 innerhalb der städtischen Verwaltung diverse Organisatoren um die kulturelle Betreuung der „Gefolgschaftsmitglieder". Ein Exempel hiefür liefern die Städtischen Elektrizitätswerke, wovon folgendes berichtet wird: „Um der Gefolgschaft die Möglichkeit zu geben, kostenlos die nähere und weitere Umgebung unserer Stadt kennenzulernen, hat die Betriebsführung einen mit 29 Sitzplätzen ausgestatteten Betriebsautobus angeschafft, der neben Betriebszwecken zu mehreren Fahrten wöchentlich ausgenützt wird. Am Lunzer See hat die Betriebsführung ein mit 23 Betten ausgestattetes Heim gepachtet, das eine kleine Schar von minderbemittelten Gefolgschaftsmitgliedern mit ihren Familien zu 14tägiger kostenloser Unterkunft autnimmt. Besonders verdienten Parteigenossen wurde die Teilnahme an Hochseefahrten mit dem K.d.F.-Schiff ‚Oceana' durch Übernahme aller Kosten auszeichnungsweise ermöglicht.

Um die Pflege des Sportes im nationalsozialistischen Sinne zu gestalten, wurde dieser nach Auflösung der Sportvereinigung durch den Stillhaltekommissar in die Hände der Betriebsführung genommen. Am Werkfußballplatz wird ein neues Sportheim errichtet und moderne Duschanlagen aufgestellt. Werkeigene Tennisplätze ermöglichen den Gefolgschaftsmitgliedern die kostenlose Ausübung dieses Sportes. Im Winter werden Skigemeinschaften durch den Werkwagen in die Berge geführt und die Teilnehmer von Übungssportwarten betreut.

An bedürftige Gefolgschaftsmitglieder wurden 650 Theater-Abonnements verteilt. Nach Auflösung des Musikvereines wurde von der Betriebsführung eine Werkkapelle geschaffen. Für die

Lichtbildner wird eine eigene Arbeitsstätte errichtet. Besonders wertvolle Filme wurden von der Betriebsführung durch Mietung größerer Lichtbildtheater für die Gefolgschaft teils kostenlos vorgeführt, teils wurden Karten zu wesentlich ermäßigten Preisen zur Verfügung gestellt. Ebenso wurden der Gefolgschaft Eintrittskarten für lehrreiche Ausstellungen kostenlos abgegeben.

Im Direktionsgebäude wurde eine Werkbücherei geschaffen, die Errichtung weiterer Werkbüchereien in den Kraftwerken ist im Zuge. Der Gefolgschaft steht auch eine Reihe von parteipolitischen und volkswirtschaftlichen Zeitschriften zur Verfügung. Von der Betriebsführung wurde eine eigene Werkzeitschrift ‚Unser E-Werk' ins Leben gerufen.

Im Direktionsgebäude wurde eine zentral bedienbare Rundfunkanlage errichtet, von der aus rund hundert Lautsprecher gesteuert werden. Sie dienen der Wiedergabe der Reden des Führers, der Wiedergabe von Gemeinschaftsempfängen und der allgemeinen Verbreitung von Werkveranstaltungen. Die Errichtung eines Anschlusses der beiden Wiener Kraftwerke ist im Zuge." (Verwaltungsbericht 1938)

Solche Lustbarkeiten waren natürlich nicht überall gleich verteilt und traten meist dort intensiv in Erscheinung, wo man „Arbeitskameraden" weltanschaulich zu gewinnen bemüht war. Sonst obwalten zunehmende Strenge und eine Art ergriffener Sachlichkeit, wie sie auch die Augen des Führers widerspiegelten, die damals Professor Wilhelm Dachauer in seinem großen Hitlerbild besonders interpretiert hat. Das Erzeugnis wurde 1939 im kleinen Sitzungssaal des Rathauses aufgehängt. „Gemeinutz geht vor Eigennutz" – diesen Slogan schrie Bürgermeister Neubacher am 5. Jänner 1939 im Großen Festsaal vor seinen Vizebürgermeistern den 456 städtischen Angestellten zu, die frisch vereidigt wurden. Und dann erinnerte er sie an die Perle und ihre Fassung, die beide nach dem Führerwort „eine neue Blüte" erleben sollten.

Alle strengten sich in diesem Sinne wie hypnotisiert an. Am 24. Jänner führte Blaschke die gründende Hauptversammlung des Landesverkehrsverbandes Wien durch, am Abend wurde das Akademietheater wieder eröffnet. Vier Tage später begann das gereinigte Kabarett Simpl wieder zu spielen. Am Rathaus-Kultursektor gab es zunächst Großeinsatz für den „ersten Fasching im nationalsozialistischen Wien", für eine „einzige, lachende, freudige, singende und tanzende Stadt" mit offizieller Eröffnungsfeier am Adolf Hitlerplatz. Blaschke, von dem diese Wertung ausgeht, reiht sein Wien in dieser Eigenschaft nach Köln und München an und will „den Frohsinn jener Gemeinschaft, die sich hinter Kerkermauern bis zum Sieg bewährt hat, nicht mehr getrübt" wissen. Er wünscht sich für den „Großfaschingsbeginn" am 4. Februar „die Eroberung der Stadt durch lustiges, kostümiertes Volk, Musikkapellen, Tänze auf Plätzen und Straßen, Faschingsrodeln, eine Lichterschlittenfahrt in der Prater Hauptallee, altes Brauchtum, Maskenfeste auch auf Sportplätzen" und dergleichen mehr. Dieses entfesselte Venedig soll schließlich im Faschingszug am 19. Februar kulminieren, dessen Marschroute durch die Innere Stadt viel mit dem bisherigen Weg der Fronleichnamsprozessionen gemein hat. Der Zug muß „nicht nur den Beteiligten Gelegenheit zum Faschingstreiben bieten, sondern dessen Echo auch aus den Zusehern und von den Häuserfronten herab empfangen".

Am Rosenmontag wird laut Blaschke „ein Blumenfest auch die blühende Natur in das Faschingstreiben zaubern". Aber damit noch immer nicht zufriedengestellt, kündigt Blaschke weiter an: „Faschingdienstag wird ein Trachtenfest noch einmal all unsere Festesfreude in unseren schönen Volksgewändern und Volkstänzen zum Ausdruck bringen, um schließlich am Aschermittwoch wieder in einem Gemeinschaftsfest der ganzen Stadt zum großen Kehraus einzumünden" (Amtsblatt). Eine Schilderung der tatsächlich abgeführten Karnevalszenen wäre hier zu weitschweifig. Es war jedenfalls nicht halb so lustig, wenn auch „dreimal-kurz-gelacht" anbefohlen wurde. Nur Zeitungsreportagen und Prospekte halten heute die Erinnerung wach, und diese sind verständlicherweise einseitig.

Blaschke war während des Jänners im Rathaus besonders tätig, zumal sein Bürgermeister eines Todesfalles in der Familie wegen nicht so sehr in Erscheinung trat. Blaschke sprach auf einem Empfang für die Kaiser-Wilhelm-Gesellschaft von der Forschungsarbeit, die wieder ins rechte Licht gerückt werden müßte, bewirtete 60 südafrikanische Studenten und erinnerte Mitglieder des Aachener Madrigalkreises im Steinernen Saal an das Wiener Sängerbundfest und das dabei vorgetragene Deutschlandlied im Jahre 1928.

Apropos Südafrikaner: Auch der Führer verursachte eine Art Faschingsscherz, indem er am 30. Jänner die Kolonien der Hohenzollernära zurückverlangte, obwohl er wegen seines Ostaufbruches und seiner Judenverfolgung nicht zuletzt auf das Wohlverhalten der jetzigen Besitzer dieser Landstriche angewiesen war. Neubacher mag sich darüber Gedanken gemacht haben, sollte er doch soeben nach London reisen. Sein Präsidialbürovorstand fuhr, davon unbekümmert, mit einem Bürgermeisterkranz zum Begräbnis der Lyrikerin Else Kastner-Michalitschke, und Stadtschulratspräsident Fritz wollte bei einer Lehrerversammlung im Auditorium maximum der Universität unmöglich machen, „daß die Denkungsart der deutschen Jugend durch zu enge Berührung mit dem wesensfremden Judentum in ihrer Reinheit geschädigt werde. Die Lösung der Mischlingsfrage, die heute von seiten der deutschen Eltern dringendst gefordert wird, muß einer Reichsregelung vorbehalten bleiben". Nicht minder gefährlich als die Judenfrage in der Schule wäre nach Fritz die konfessionelle Schule gewesen, da sie eine Aufspaltung in feindliche Lager mit sich gebracht hätte.

Am 13. Jänner hielt Blaschke am Wiener Zentralfriedhof vor dem offenen Ehrengrab dem dahingegangenen Julius Bittner „einen warmen Nachruf" und erklärte dabei einfach: „J. Bittner ist nicht tot!" Kurz darauf übergab Jölli namens der Kulturamtsjury den ersten Preis des Walzerwettbewerbes an den Komponisten und Solokorrepetitor der Staatsoper, Karl Hermann Pilß. Weitere Anerkennungen gingen an Alfred Uhl und Josef Kirschmayer. Pilß Tondichtung wurde zum Komiteewalzer für den 7. Februar bestimmt und damit auch für die bei dieser Gelegenheit angeschlossenen deutschen Sender übertragungsreif.

Am 1. Februar traf Josef Bürckel, der bei dauerndem Stellungs- und Machtbereichswechsel in allen österreichischen Angelegenheiten nunmehr Gauleiter von Wien geworden war, mit Neubacher zusammen. Der bisherige Gauleiter, Odilo Globocnik, war in einen höheren SS-Stab berufen worden und sollte später als eine Art Höllenfürst im Inferno der polnischen Ghettos sowie der dortigen Arbeits- und Vernichtungslager amtieren, wo bekannte Wiener Künstler und Schriftsteller nebst anderer österreichischer Prominenz und den übrigen Millionen zugrunde gingen. Bürckel, der sich bereits mit neuen Reform- und Angleichungsaufträgen bezüglich der Wiener Verwaltung herumschlug, fuhr am Abend des 7. Februar beim Rathaus vor, um mit allen, die sonst in dieser Stadt Rang und Namen aufwiesen, den Ball der Stadt Wien 1939 zu zelebrieren. Nach einem Fahnenballett der Gruppe Hedy Pfundmayer und Neubacherworten ertönte die Pilß-Weise „Groß-Wien tanzt".

Die Wiener Volkszeitung schrieb tags darauf, daß es nicht eines „jener rauschenden Feste der Systemzeit war, nach denen der nächste Morgen schal und inhaltslos anbrach" (!), den Berichterstatter blendete viel mehr schon wieder „ein Glanz in dieser Perle, an deren würdiger Fassung nun fast bereits ein Jahr in unermüdlicher Arbeit geschmiedet wird". Unter den Schmieden befanden sich in dieser Nacht, außer den Rathausführern selbst, die Jungherren und Jungdamen mit Fräulein Aglaia Neubacher, der lebensfrohen Tochter des Bürgermeisters, im Spitzenfeld, ferner das Ballorchester Karl Pauspertls, die Militärkapelle des Wachbataillons Wien und vier weitere Orchester in diversen Räumlichkeiten. Auch ein Stammgast aus Frankfurt, Bürgermeister Dr. Krebs, stürzte sich ins Gewühl, ein indischer Turbanträger wurde achtungsvoll bestaunt, demonstrierten doch seine Landsleute manchmal im Auditorium maximum gegen die britische Herrschaft. Das Salonquartett Faltl und das Heurigenquartett Ohlenschläger im Grinzinger Stüberl sorgten für zusätzlichen Ohrenschmaus, die Tanzleitung vollzog W. Elmayer-Vestenbrugg. Neubacher hatte einen Einladungsspruch verfaßt, in dem er für die Stadt ein ,,ihrer neuen Sendung würdiges Fest an 1938 historisch gewordener Stätte" versprach. Damit meinte Neubacher den Rathausfestsaal, den am 9. April 1938 der Führer höchstselbst betreten hatte, wobei dieser Augenblick bekanntlich zum ,,Tag des Großdeutschen Reiches" ausgedehnt wurde. Neubacher schrieb außerdem vom Froh- und Glücklichsein und wie dieses Wien nunmehr ,,aus tiefer Not befreit, einer schönen Zukunft entgegengeht".

Wenige Tage später starben Franz Schmidt und die Schauspielerin Helene Odilon. Am Zentralfriedhof taten sich für sie Gemeindegräber auf. Schmidt ließ seine Kantate ,,Deutsche Auferstehung", zu der ihn der Organist Schütz bald nach dem Anschluß gedrängt hatte, unvollendet zurück, und seine Bewunderer erklärten dies mit dem Widerwillen des Meisters gegen die politische Textvorlage. Nun, da er bei seiner geliebten Tochter im Jenseits war, konnte ihn niemand mehr darüber befragen.

Am 2. März reisten Blaschke und seine engeren Kulturamtsfreunde nach München, wo der Oberbürgermeister der Hauptstadt der Bewegung, Reichsleiter Fiehler, aufwartete und ihnen mit den Worten zutrank, daß dem Führer ,,viel mehr noch als andere Städte des Altreiches seine Heimatstädte am Herzen liegen". Blaschke seinerseits anerkannte München als Lehrmeisterin für das Wiener Kulturamt. Und dann erzählte er dem Fiehler vom ,,Trümmerhaufen" in Wien, wie er dies schon am 28. Februar 1939 daheim getan hatte. Er meinte damit das Endergebnis der Systemzeit, aus dem nun endlich, freigelegten Trieben gleich, die enormen Leistungen der Wiener Kulturschaffenden sprießen sollten.

Daheim, an jenem 28. Februar, war er mit dieser Ansicht vor dem Lehrkörper der Wiener Frauenakademie erschienen und hatte sich trotz der Trümmer, die er auch in dieser 42 Jahre alten Privatschule in der Siegelgasse in unarischer Art aufgehäuft vorzufinden glaubte, zu großem Optimismus berechtigt gesehen. An diesem letzten Februartag nahm Blaschke, nachdem die monatelangen Verhandlungen darüber abgeschlossen waren, die offizielle Inobhutnahme und Verwaltungsübergabe der Anstalt magistratischerseits vor. Er entband den zeitweiligen Geschäftsführer Zita von dieser Direktionsobliegenheit und betraute den Kulturamtsvertrauten Architekt Johannes Cech mit der vorläufigen Leitung des Instituts. Dabei ergab sich wieder eine willkommene Redegelegenheit: Blaschke schilderte seine Amtsvorgänger als Zwerge, die natürlich jetzt den Weg Wiens „zur Stadt der Kunst und Kultur im großdeutschen Reich schlechtweg" nicht mehr unterwühlen können. Blaschke entschuldigt sich formell in der Frauenakademie ob solcher Überheblichkeit, hält diese aber andererseit für durchaus angebracht. Er dürfte in den vorangegangenen Monaten einiges über das Kulturleben anderer Städte des Dritten Reiches erfahren haben, wobei ihm Vergleichsmöglichkeiten geboten wurden, die zugunsten der heimischen Situation ausfielen. Entscheidend sind dem Vizebürgermeister jedenfalls „die Summe der von dieser Stadt ausgehenden schöpferischen Genialität, die Verhältniszahl ihrer reproduzierenden Künstler und deren Befähigung und schließlich die künstlerische Erlebnisfähigkeit ihrer Bevölkerung. Gerade für diese drei wichtigen Voraussetzungen aber leistet die Frauenakademie wertvolle Pionierarbeit".

Die Wiener Frauenakademie, eine auf das Frauenstudium beschränkte Kunstlehranstalt, die auch akademische Klassen umfaßte, wurde laut kulturellem Verwaltungsbericht 1939 früher von einem Verein geführt. Sie ging durch die Verfügung des Stillhaltekommissares für Vereine, Verbände und Organisationen vom 13. November 1938 in das Vermögen der Stadt Wien über. Die Übernahme der Anstalt erfolgte mit 1. März 1939. Der Stand der Schüler betrug im Schuljahr 1938/39 insgesamt 109.

Das Musische war bekanntlich schon einige Monate vorher durch die Gründung der Musikschule der Stadt Wien zum Anliegen des Kulturamtes geworden. Freilich gab es dabei auch eine negative Seite: So waren das „Neue Wiener Konservatorium", das „Wiener Volkskonservatorium" und das „Konservatorium für volkstümliche Musikpflege" – lauter Wiener „Vormärzeinrichtungen" – dem Stillhaltekommissar zum Opfer gefallen, der ihr bescheidenes Eigentum 1939 der Stadtverwaltung auslieferte. Nun meldet der Verwaltungsbericht 1939 bezüglich des Hauses der neuen Musikschule in der Johannesgasse:

„Zunächst wurde im März 1939 der Turnsaal dieses Gebäudes als kleiner Konzertsaal eingerichtet. Im Juli 1939 wurde der Umbau des Doppelgebäudes in Angriff genommen. Die Bauarbeiten konnten im Herbst wegen der durch den Krieg bedingten Materialverknappung und des Arbeitermangels nur langsam durchgeführt werden und erstreckten sich bis zum Ende des Jahres 1939. Der Bau des geplanten großen Konzertsaales sowie die Gestaltung der ebenerdig gelegenen Halle und der Festräume mußten zurückgestellt werden.

Wegen Einberufung einiger Schulleiter und wegen der Beschlagnahme verschiedener Schulgebäude durch das Militär mußten einzelne Schulen im Herbst 1939 zusammengezogen oder verlegt werden . . . Neu eingegliedert wurde als Volks- und Jugendmusikschule die Beethoven-Stiftung in Mödling. Der Unterricht an den Kindersingschulen wurde im Jänner 1939 in 120 Städtischen Volksschulen erteilt; bis zum Sommer 1939 waren insgesamt 180 Schulen erfaßt. Infolge des Raummangels, der durch die Kriegsverhältnisse bedingt war, mußte der Unterricht an der Kindersingschule im Herbst 1939 eingeschränkt werden. Er erstreckte sich dann auf gleichbleibender Höhe bis März 1940 auf rund 130 Volksschulen.

Die durch den Krieg bedingten Verhältnisse haben im Herbst 1939 auch in der Musikschule einen Rückschlag gebracht, der sich am allerstärksten in der Musikschule Johannesgasse auswirkte. Da die Fertigstellung des Baues sich immer wieder verzögerte, mußte der Unterricht an einzelne Volks- und Jugendmusikschulen verlegt und konnte nur provisorisch geführt werden. Erst im Jänner 1940 wurde der Unterrichtsbetrieb in vollem Umfang auch an der Musikschule der Stadt Wien aufgenommen.

Im Frühjahr 1939 wurden eigene Instruktionskurse für Bläser aus den Musik- und Fanfarenzügen der HJ von der Musikschule der Stadt Wien eingerichtet, und zwar in der Weise, daß vier bis fünf Instruktoren zu den einzelnen Bannen entsendet wurden und an Ort und Stelle die wichtigsten Blasinstrumente in Gruppen unterrichteten. An der Kindersingschule waren im ersten Jahre 80 Singleiter und 82 Helferinnen tätig. Nach der Umorganisation der Kindersingschule im Herbst 1939 wurden nur mehr 56 Singleiter in der Singschule beschäftigt. In den Lehrplan ist neben dem Singen der Unterricht in Blockflöte aufgenommen worden."

So sind also zwischen der Frauenakademie und der Musikschule, abseits jeder fachlichen Thematik, einige interessante Vergleichsmöglichkeiten gegeben. Und was meint Blaschke in seinen Schriften dazu? Er, der schon bei der Musikschule für Zusammenarbeit mit der Hitler-Jugend eingetreten war und dies auch erreicht hat, registriert mit Befriedigung den gleichen Trend in der Frauenakademie. Doch die Facherfahrung von 1939 bis 1943 läßt ihn daneben den Trend zur weltanschaulich weniger wichtigen Auslotung modischer Details anerkennen, der dann nach 1945 zu den Erfolgen bei Entwurf und Ausführung von Wiener Damenmoden ins Schloß Hetzendorf (Modeschule der Stadt Wien) geführt hat. Blaschke erklärt also: „Zur Heranbildung eines künstlerisch ausgebildeten, weiblichen, kunsthandwerklichen Schöpfertums wurde die ehemalige Frauenakademie von der Stadt übernommen und nun als ‚Kunst- und Modeschule' unter Leitung von Architekt Johannes Cech gestellt. Mit einem neuen Lehrplan, einem Ausbau besonders der Mode und der Textilfächer, der Aufnahme des Schneiderfaches als Pflichtfach und der Einführung neuer Unterrichtsgegenstände wurde die Schule mit neuem Geist erfüllt, die in Verbindung mit dem Haus der Mode, der nationalsozialistischen Frauenschaft und der Gauführung des B.d.M.-Werkes ‚Glaube und Schönheit' mithelfen soll, den alten Ruf der Stadt auf dem Gebiet des Kunsthandwerkes zu mehren. Die Schülerinnen sollen, auch wenn sie nicht in das Berufsleben eintreten, sondern als Hausfrauen und Mütter ihre Lebenssendung erblicken, dazu befähigt werden, in ihre Familie und in die Dinge ihrer Umgebung edle Schönheit zu tragen. Die weltberühmten Wiener Jugendkunstklassen von Professor Cizek, die gleichfalls vor der Auflösung standen, wurden in ihrem Bestand gesichert und laufend gefördert, so daß diese Quelle der Erneuerung der Kunst aus der unverbrauchten Jugend weiterhin sprudeln kann."

Aber nicht bloß in der Frauenakademie, auch in der Verwaltungszentrale, d. h. im Kulturamt selbst sollten Quellen sprudeln. Hier handelte es sich aber um finanzielle Brunnen, aus denen Ehrenpensionen und außerordentliche Zuwendungen flossen. Dabei wollte man zunächst auf die überkommenen Rechte Rücksicht nehmen und sich in gewissem Sinn sogar auf die jüdische Kulturleistung von gestern beziehen – eine menschliche Regung, die wahrscheinlich hier und dort das Äußerste hinausschob und vielleicht sogar Hoffnungen und Dankbarkeit erweckte. Auf Dauer war sie natürlich nicht gedacht. Der Bericht der Stadtverwaltung für 1939 bemerkt vorsichtig: „Die Ehrenpensionen und außerordentlichen Zuwendungen wurden vom Standpunkt der rassischen Zugehörigkeit überprüft und hiebei grundsätzlich festgelegt, daß nichtarische Abstammung die Verleihung einer Ehrung ausschließt. In berücksichtigungswürdigen Fällen wurde bei nichtarischer Abstammung des bisherigen Beziehers einer Ehrengabe die Überführung in die gehobene Fürsorge veranlaßt."

Stipendien waren freilich ausnahmslos sogenannten Deutschblütigen vorbehalten. „Die Stipendien und Schulgeldbeihilfen wurden gegenüber früher in weitaus größerem Ausmaß verliehen. Bei der

Verleihung der Schulgeldbegünstigungen wurde mit der HJ zusammengearbeitet. Erstmalig wurde auch in einem Falle, in dem es sich um ein aufstrebendes Talent handelt, einem Hörer der Akademie der bildenden Künste ein Stipendium von monatlich RM 100,– verliehen und ihm damit die Möglichkeit einer künstlerischen Schulung geboten." Das weitaus größere Ausmaß am Schulgeld- und Stipendiensektor war, am heutigen Maßstab gemessen, keineswegs eindrucksvoll. Die Unterstützung bei wissenschaftlichen Studien fehlte; allerdings wurde damals das Kulturamt für derartige Begabtenförderung nicht als kompetent angesehen. Das Amt für Jugendpflege gewährte seinerseits Hochschülern Zuschüsse, die im Einzelfall geringfügig waren.

Blaschke hat sich stets mit den Arbeitsschemata seines Kulturamtes beschäftigt und auf Einteilung geschaut. Wie sehr ihm dies angelegen war, zeigen seine Ausführungen bei einer Albertina-Veranstaltung im Februar 1939, wo er das Wiener Kunstleben in 13 Haupt- und acht Nebengruppen sortiert, die alle „zentral erfaßt und gelenkt werden müssen". Im gleichen Monat hat Blaschke auch vor den Fremdenführern Wiens gesprochen und sie „Pioniere für die Geltung der Stadt" geheißen. Er ist froh, daß die frühere Freunderlwirtschaft der Fremdenführer mit den Hotelportiers aufgehört hat. Das Zuschanzen von lukrativen Führungen hat obligatorischer Zuweisung durch den Wiener Verkehrsverein Platz gemacht. Viel Erfahrung konnte Blaschke mit diesem System allerdings nicht mehr sammeln, da die Fremdensaison Wiens in den nächsten sechs Jahren mit Ausnahme einzelner „Soldatenbesichtigungen" von anderen Faktoren gelenkt worden ist. Das überstieg jedoch zunächst seine Vorstellungskraft wie auch die Phantasie jener 35 Hauptschriftleiter aus dem Altreich, die am 8. März von Bürgermeister Neubacher und den Wiener Pressechefs der NSDAP im Parlament, wohin in nächster Zeit die Gauleitung übersiedeln sollte, empfangen wurden. Anfang März trat Vizebürgermeister Kozich im Kursalon mit einer Art Kristallvase vor die Teilnehmer des eissportlichen 3-Städte-Kampfes Wien–Berlin–München und ehrte damit die Sieger. Die Wunderteamerinnerung Matthias Sindelar war zum allgemeinen Schmerz ins Gemeindeehrengrab gesunken. Kozich trauerte nicht nur offiziell um diesen Verblichenen, sondern begab sich auch unter die Kraftsenioren: Die Vereinigung der alten Wiener Athleten hatte ihn zu ihrem Ehrenmitglied ernannt!

Neubacher betrachtete in jenen Tagen ein „Dank-Mal" von Röben und Pfeffer, das er im Direktionsgebäude der Gaswerke in der Josefstädter Straße zur Anschlußerinnerung enthüllt hatte. Er präzisierte dort die Ereignisse vor einem Jahr dahingehend, daß damals „die illegalen Truppen des Nationalsozialismus auf ein Zeichen des Führers zum Angriff übergehen konnten". Laut Amtsblatt sangen die herbeigeeilten Arbeiter daraufhin „ergriffen" die Lieder der Nation. Den Bürgermeister überkam jetzt öfters überschäumende Redelust, denn der Anblick des Führers, der am 17. März im Hotel Imperial Neubacher die Hand schüttelte, inspirierte ihn offenbar zu rhetorischen Glanzleistungen. „Ich komme soeben aus dem Hauptquartier", teilte er ehrfurchtsvollen Versammlungsteilnehmern nachher mit, „ich komme von dem zu majestätischer Größe aufsteigenden Neuordner von Mitteleuropa, vom größten Mann der deutschen Geschichte!" Der Bürgermeister spielte damit auf die Beseitigung der tschechoslowakischen Republik an, die von Hitler nach der bei Österreich bewährten Methode durchgeführt worden war.

Neubacher versteht sich auf Ehrungen. So nimmt er am 14. März seinen Stabsleiter SA-Oberführer Gstöttenbauer und das Gemälde Hans Franks von der Führervollzugsmeldung am Heldenplatz 1938 in die Kanzlei des Reichsstatthalters mit. Dort bekommt Dr. Seyß-Inquart das Bildnis als Geschenk überreicht, das ihn immer an seinen „Ehrentag", nämlich den 14. 3. 1938, erinnern soll. Der Anschlußspezialist Seyß wird trotzdem seines hiesigen Regentendaseins nicht mehr froh, denn Berlin will seine Erfahrungen anderenorts einschlägig nützen. Bald soll er Reichsminister werden, dann stellvertretender Reichskommissar für Polen und später Reichskommissar in den Niederlanden. Am Ende wartet auf ihn jene Schlinge, die Wiener Rechtsanwälte anno 1934 vor dem Wiener Militärgericht vergeblich von den jetzt durch Straßenbenennung Geehrten abwenden wollten. 1939 gehen auch die meisten engeren Kollegen und Mitarbeiter Dr. Seyß-Inquarts, nachdem sie in Wien ihre Schuldigkeit getan haben. Unter ihnen finden wir den Kultur-Staatssekretär Dr. Kajetan Mühlmann wieder, der sich angeblich mit Bürckel und Kaltenbrunner nicht verträgt und von Göring zunächst in Polen und dann in Westeuropa zur Kunstbetreuung eingesetzt wird. Um den 20. April 1939 läßt Neubacher den Kopf Hitlers übergroß in weißer Masse vor dem Rathausturm aufstellen. Das Haupt soll von Lorbeer umgeben an den 50. Geburtstag seines Trägers gemahnen.

Das Frühjahr 1939 stand so recht im Zeichen der Jugend. „Aufhebt unsere Fahnen in den frischen Morgenwind" scholl es aus jungen Kehlen, und niemand verwies mehr mit strenger Miene und erhobenem Zeigefinger darauf, daß man mit solchen Fahnen irgendeine höhere Ordnung verletzen oder sich im frischen Morgenwind verkühlen könne. Im Gegenteil, beleibte Beamte und graumelierte

Kulturschaffende liefen nun keuchend in Klothhosen herum und versuchten sich bei Kampfsport und Leibesübungen. Im Vorfrühling waren Neubacher und der Berliner Oberbürgermeister Lippert in den Augarten gegangen und hatten dort den Grundstein zum ersten Hitler-Jugend-Heim Wiens gelegt, das von der Reichshauptstadt bezahlt werden sollte. Sie versenkten im frischen Mauerwerk eine Truhe mit diesbezüglicher telegraphischer Korrespondenz, mit je einem Völkischen Beobachter aus den Märztagen des Jahres 1938 und des Jahres 1939 sowie mit den Bauplänen für das Heim. Sinnsprüche und Reden hallten durch die noch kahlen Baumreihen.

Einige Monate später meldete das städtische Amt für Jugendpflege über sein Heim- und Herbergsreferat: ,,Dieses Referat ist dem Leiter der Abteilung selbst vorbehalten. Es wurden Arbeiten, wie Sicherstellung der Geldmittel, Auswahl der Baugründe und Betreibung der Planungsarbeiten, für folgende HJ-Heime in Angriff genommen." Im einzelnen handelte es sich um das HJ-Heim Augarten mit einer Bausumme von RM 600.000,–, um das HJ-Heim Sudetendeutschland mit einer Bausumme von RM 50.000,– sowie um das HJ-Heim Czartoryski-Schlössel mit einer Bausumme von RM 400.000,–.

Weitere Anweisungen von Bauplätzen für künftige HJ-Heime wurden angeregt und eingeleitet, darunter eine Baustelle in Wien XIV., Am Wolfersberg, und eine in Maria Enzersdorf (ehedem fürstlich Liechtensteinsche Schenkung am Kleinen Rauchkogel). Die erste Aufgabe der Abteilung Jugendpflege zur Durchführung der Verwaltungsarbeit war die Erfassung sämtlicher Unterkünfte für die Hitler-Jugend im Gebiet Groß-Wien, eine Aktion, die am Ende der Berichtszeit noch nicht abgeschlossen war. Es waren jedoch schon bis zu diesem Zeitpunkt rund 300 Unterkünfte erfaßt, für die von da ab die Regelung aller Angelegenheiten betreffend Miete, Reinigung, Beleuchtung, Beheizung usw. durch die Gemeindeverwaltung erfolgte.

Auch für die Förderung der geistigen Jugendertüchtigung gibt es ein Referat beim städtischen Amt für Jugendpflege. Dieses meldet sich wie folgt zu Wort: ,,Das Referat hat die Aufgabe, die kulturelle Arbeit der Hitler-Jugend im gemeindlichen Sektor zu fördern und die Zusammenarbeit mit dem Kulturamt der Stadt Wien sicherzustellen. Durch Einrücken des mit der Bearbeitung beauftragten Sachbearbeiters wurde die kaum ins Rollen gekommene Arbeit mangels eines geeigneten Ersatzes eingestellt." Schließlich wird, zusammenfassend, festgehalten: ,,Die Zusammenarbeit mit der NSDAP ist dadurch gewährleistet, daß sowohl Abteilungsleiter wie fast sämtliche Sachbearbeiter und Referenten aus den Reihen der Hitler-Jugend hervorgegangen sind und zum Teil auch noch ehrenamtliche Mitarbeiter der Gebiets- oder Obergauführung sind. Die Zusammenarbeit ist auch dadurch gegeben, daß die Gemeindeverwaltung für die Aufgaben der Hitler-Jugend wesentliche Zuschüsse gibt, welche gleichfalls eine enge Fühlungnahme notwendig machen."

Nebst dem Volkswohnungsbau und der Produktion von Gemeindesiedlungen beschäftigte sich eine andere Rathausabteilung viel mit den technischen Angelegenheiten des Amtes für Leibesübungen. Im Frühjahr 1939 wird hier auf die Jugend ebenfalls besondere Rücksicht genommen, gilt es doch die bevorstehenden Studentenweltspiele in Wien vorzubereiten. Darüber referiert diese Abteilung: „Anläßlich der Studentenweltspiele mußten die Leichtathletikanlagen und Umkleideräume des Wiener Stadions in großem Umfang umgebaut und vergrößert werden. Im Stadiongelände wurde eine Übungsstätte für den Betriebssport und ein Solarium neu geschaffen. Der Pratersportplatz in der Rustenschacherallee wurde als Trainingsgelände für die Studentenweltspiele hergerichtet und erhielt eine neue Schießstätte mit zwölf Kleinkaliber- und sechs Pistolenständen. An Planungs- und Vorbereitungsarbeiten sind vor allem anzuführen: Großschießstätte XIII, Am Paradies (wo bereits im Vorjahr gearbeitet und besichtigt wurde! Verfasser), Schießstätten XVI, Wilhelminenberg, Mauer und Kaltenleutgeben. Drei Sportplätze wurden ganz umgebaut und auf fünf Sportplätzen größere Erhaltungsarbeiten durchgeführt. Auf 24 Spiel- und Eislaufplätzen wurden Erhaltungsarbeiten geleistet."

Durch die Schaffung Groß-Wiens hatte sich die Zahl der Turnsäle von 341 auf 394 vergrößert. Im Berichtsjahr wurden in 346 Turnsälen Instandsetzungs- und Erneuerungsarbeiten von Geräten und in 53 Sälen bauliche Erhaltungsarbeiten durchgeführt. Die Großturnhalle im 21. Bez. Jedlesee (die der dortigen Pfarrverwaltung natürlich wieder abgenommen worden ist) wurde umgebaut und die Turnschule I, Am Hof, für das Betriebsturnen eingerichtet. Der Turnsaal in der Volkswohnungsanlage XII, Am Fuchsenfeld, wurde gründlich wiederhergestellt, in zwei Schulen wurden Brause- und Umkleideräume neu angelegt. Nach der Eingemeindung hat sich die Zahl der in technischer Verwaltung stehenden Schulturnplätze von 164 auf 202 erhöht. Umfangreichere Erhaltungsarbeiten wurden im Jahre 1939 auf 15, normale Erhaltungsarbeiten auf 20 Plätzen durchgeführt.

An Wiener Feierlichkeiten lohnt es sich für die ersten Monate des

Jahres 1939 folgendes der Veranstaltungsfülle zu entnehmen: Am 23. Jänner fand eine Gedenkstunde für Julius Bittner im Konzerthaus, am 17. Februar die Trauerfeier für Franz Schmidt im Musikvereinssaal statt, am 22. Februar eröffnete Neubacher das „Haus der Mode in Wien“ am Lobkowitzplatz 2. Dort residierte die geldbedürftige „Gesellschaft zur Förderung der Mode und des Wiener Geschmacksgewerbes“. Am 7. März wurde die erste Filmfeierstunde Wiens durchgeführt, am 13. März nahm Reichserziehungsminister Dr. Rust die solenne Umwandlung der Österreichischen Staatserziehungsanstalten in nationalpolitische Erziehungsanstalten vor. Am 8. März 1939 hatte im Rathausfestsaal vor dem italienischen Justizminister und Reichsminister Dr. Frank die Gründungsfeier der Wiener Zweigstelle der deutsch-italienischen Gesellschaft stattgefunden. Wer dachte dabei schon an die bei Deszey festgehaltene Anekdote, derzufolge ein österreichischer Diplomat von seinem italienischen Kollegen während der Märztage 1938 mit folgenden, verbindlichen Worten Abschied genommen hatte: „Exzellenz, Sie haben uns 1915 verraten, Sie haben dies 1935 wiederholt. Bitte, verraten Sie uns weiter.“

Selbstverständlich wurde am 9. April 1939 auch der Rathaustag des Großdeutschen Reiches zelebriert, dann drängte sich die Hitler-Jugend (im April und auch nachher) in den Rathaushof, um hier Fahnen, Fähnlein und ähnliches zu übernehmen. Am 26. April eröffnete der Reichsgesundheitsführer die Wiener Akademie für ärztliche Fortbildung, am 3. Mai überreichte Vizebürgermeister Hanns Blaschke den Ehrenring der Stadt Wien an den Schauspieler und Sänger Richard Waldemar. Der also Ausgezeichnete galt als mimische Reinkarnation des Wienertums und erhielt den Ring zu seinem 70. Geburtstag. Waldemar, der in diesen Jahren als Frosch in der Volksopern-Fledermaus brillierte, ist bereits 1929 Bürger der Stadt Wien geworden. 1942 war ihm auch noch das 50jährige Bühnenjubiläum beschieden, dann wurde es stiller um seine Person, bis er 1946 in einem später von der Stadt Wien in Obhut genommenen Grab ganz ausruhen durfte. Waldemar, dessen Großvater Remmark der beste Freund Johann Nestroys gewesen war, hat sein Talent für komische Charakterrollen zuerst am Josefstädter-Theater, dann im Kolosseum und im Apollo-Theater erprobt. Der Ehrenring gefiel ihm mehr als dem Bürgermeister, der auf dem magistratischen Verleihungsakt notierte: „Aber für später Ausschreibung eines schöneren Ehrenringes mit Adlerwappen!“ Dieser Bemerkung ist 1941 durch einen neuen Ringentwurf von Oswald Haerdtl entsprochen worden, der nach abermaliger Wappenänderung auch in der Zweiten Republik beibehalten wurde. Selbstverständlich kam auch das seitliche Hakenkreuzerl nach 45 weg.

Wer das Kleine nicht ehrt, ist das Große nicht wert! Mit dieser Begründung sei auf die Erstaufführung der Puppenbühne des Nationalsozialistischen Lehrerbundes hingewiesen, wo ab 3. März 1939 „Hilf-mit" gekräht wurde. Dieses Schlagwort war auch der Titel einer Jugendzeitschrift geworden. Zwei Tage später fand ein Wiener „Volksfilmtag" statt, Gleichenfeiern, goldene Hochzeiten und Dienstjubiläen reihten sich an.

Aber schon einige Tage früher boten die Straßen Wiens ein absonderliches Bild. Den Forderungen des Führer getreu, tagte der Reichskolonialbund in dieser Stadt, obwohl hier niemals die in anderen Erdteilen begangenen kolonialen Sünden ausgebrütet worden waren. Zwischen dem 16. und 18. Mai konnte man trotzdem an allen Wiener Ecken grimme, von abenteuerlichen Steppenhüten überschattete Gesichter treffen, darunter Waffen-Röckchen im Kaiser-Wilhelm-Stil oder die üblichen Braunhemden und Schaftstiefel. Nur die Reitochsen fehlten, die vielleicht bei der Parade auf dem Ring am Platz gewesen wären, aber sicher nicht während der Festvorstellung in der Staatsoper oder beim großen Empfang im Rathaus. Blaschke hielt dabei eine seiner Wiener Lobreden, wobei er die hiesigen Forscher und Dienstnehmer in Übersee mit den deutschen Kolonialgründern durcheinanderwarf. Diesen Ausführungen lauschte auch der einschlägige Ressortminister Italiens, um seinerseits dann das faschistische Glaubensbekenntnis zu erläutern.

In der magistratischen Amtssprache gab es jetzt Kraftdroschken statt Taxis, Lauben statt Schreberhütterln und zahlreiche parteilinguistische Neuschöpfungen. Für jene Behelfsbauten in den Wiener Kleingärten führte die Rathausverwaltung 1939 einen Architekturwettbewerb durch. Auch der Konkurrenz „Wien im Blumenschmuck" galt ihre Obsorge. Einer weiteren Veranstaltung, die im Juni stattfand, sei hier gedacht, obwohl Ing. Blaschke und seine Mitarbeiter damit überhaupt nichts zu tun hatten. Sie ist jedoch deswegen erwähnenswert, weil der niederösterreichische Lyriker Theodor Kramer, der kurz darauf emigrierte, ein ungemein treffendes Gedicht davon überliefert hat. Seine Verse lauten:

Wenige waren es, die Stellung nahmen
unterm Himmel, um zur Stadt zu gehn;
als sie singend ihres Weges kamen,
blieben viele auf den Steigen stehn.

Schütter quoll der Weihrauch und die Reiser
längs der Straße standen schier entlaubt;
klagend sang der kleine Chor sich heiser
und das Volk entblößte still das Haupt.

Manche kannten nur vom Hörensagen
noch den Umgang; doch dem baren Haar
tat es wohl, daß selbst in diesen Tagen
irgend etwas manchen heilig war.

Und indessen sie dem Zug nachstarrten,
salzigen Auges, Mannsvolk, Weib und Kind,
schwenkten aus den Fenstern die Standarten
alle das verbogne Kreuz im Wind.

Anderseits konnte man sich während dieses Frühjahrs in Ausstellungen zurückziehen, wobei es ja nicht bloß die Gerngroß-Schau ,,Aus dem Ahnengau des Führers" sein mußte. Die Albertina bot Holzschnitte, das Künstlerhaus die schon erwähnten ,,Berge und Menschen der Ostmark", die Österreichische Galerie ,,Alt-Wiener Meisteraquarelle" und das Kulturamt seine ebenfalls schon genannte Kunstausstellungswoche in der Secession. ,,Glaube und Schönheit" demonstrierte der Bund – reifender – deutscher Mädchen in der Kunsthalle Zedlitzgasse, und ,,Gotische Buchmalerei im südostdeutschen Raum" zeigte die Nationalbibliothek. Die deutsche Bibel König Wenzels, der Willehalm des Wolfram von Eschenbach und eine besonders schöne Biblia pauperum waren zu sehen.

Nebst den schon angeführten Verstorbenen mußten in diesen Monaten auch die Komponisten Winkelmann und Moser, der Dichter Povinelli, die Schauspielerin Alice Holzer-Hetsey, die Maler Rojka und Jettmar sowie der Schriftsteller Egmont Colerus die letzte Reise antreten. Im Burgtheater machten sich Lippls ,,Pfingstorgel" und Wenters ,,Deutscher Heinrich" breit. Doch nicht nur auf der Bühne, sondern auch in den Amtsräumen des Hauses am Ring bahnten sich Tragödien an, die mit der Bildung von Widerstandsnestern, ja mit Attentatsvorbereitungen auf Goebbels zusammenhingen. Ein begabter Sohn des österreichischen Dichters Anton Wildgans wird darin verwickelt sein. Besagter hat als ,,Berghofbauer" mehrere geheime Schriften gegen die Nazis vervielfältigt. Shakespearehaft folgten gemeiner Verrat und grausige Verfolgung in und außerhalb des Burgtheaterensembles auf dem Fuße. In der Staatsoper probte man zum ersten und letzten Mal den für 10. Juni

1939 anberaumten „Friedenstag" von Richard Strauss. Das Raimundtheater rührte im Mai für die „Frau Luna" des Berliners Lincke die Reklametrommel, die Exl-Bühne spielte bäuerlich im Theater an der Wien. Ab März hieß es in den Kammerspielen, die am 1. Februar 1939 ihr Haus wieder geöffnet hatten, „Lisa, benimm dich", doch dieser musikalische Erfolg Hans Langs wurde von Willi Forst mit seinem „Bel ami"-Film überstrahlt, der am 28. Februar im Apollo erstaufgeführt wurde. „Bist kein Held, doch ein Mann, der gefällt", sangen daraus die harmlosen Volksgenossen bei den sonntäglichen Wienerwaldausflügen oder bei Gefolgschaftsabenden in Grinzing, wenn die Aufsicht gelockert war.

VIII. KAPITEL
VERWANDLUNG

Auf dem Umschlag der ersten Pausennummer 1939, jener Monatszeitschrift, die den Blaschkewillen publizistisch ausdrückt, steht das Wort „Verwandlung". Darunter ist ein Tänzergesicht, dem gerade eine Maske aufgedrückt wird, zu sehen. Dem Beschauer bleibt es überlassen, diese Symbolik politisch oder als bloße mimische Episode zu interpretieren.

Für Walter Müllern, der auf Seite 3 über den „Wiener Fasching" schreibt, steht 1939 jedenfalls eindeutig fest: „Die Faschingsfeste sind nicht mehr wie ehedem bloße lärmende Menschenansammlungen . . . Diese Art wurde abgelöst von der freien und natürlichen Lustigkeit, die immer nur dort zu finden sein kann, wo Musik und Tanz sich dem Volksempfinden anpassen . . . Dieses kulturwichtigste Ziel hat der Reichsmusik- und Reichstheaterkammer vorgeschwebt, als sie ihren Mitgliedern den Auftrag erteilten, auf unbedingte Einhaltung der deutschen Eigenart zu achten." Schon die Vorbereitungen für diese Lustigkeit waren spaßhaft.

An Hand der für das „Gschnas im Wiener Künstlerhaus" angefertigten Wandmalereien wird demonstriert, daß „das thematische Feld, auf dem die Wiener Künstlerschaft sich ohne Zwang austoben konnte, die Verwandlung der in ihrem Wachstum fast schon erstarrten Donaustadt zum neuen Groß-Wien und darüber hinaus seine gigantische Planung war". Als benachbarte Bildlegende lesen wir: „Mit seinem Modell im Arm schaut der Künstler vom noch nicht entrümpelten Dachatelier aus auf das luftgeschützte Wien." Der Brandbombengefahr und der Verteidigung durch Flak oder Jagdverbände wird damit im Jänner 1939 noch eine ahnungslos-heitere Seite abgewonnen. Gschnas gab es 1939 auch in anderen Künstlerklausen, wobei „der Stammbaum der Meckerer" aufgezeichnet und ähnliche regimetreue Scherze getrieben wurden. In Blaschkes Faschingszug wandelten überdimensionierte Wiener Raunzer mit, vor dem Rathausturm wachte ein gerüsteter Riese, der einen Maßkrug Bier von sich streckte und mit derben Zutaten versehen war. Bei kleineren Faschingsumzügen gab es auch härteren politischen Tabak, etwa lächerliche Heimwehrleute, die einen dementsprechend desolaten Wagen mit der Aufschrift „Landesregierung" zogen. Dies alles geschah etwa unter dem zeitgemäßen Schriftstellermotto: ,,Mensch, sei positiv dagegen"!

Im Heft Nummer 2 verkündet die Schriftleitung den Wettbewerb um den Erzählerpreis der ,,Pause" für die beste bisher unveröffentlichte deutsche Erzählung, die bis 1. Juni 1939 vorgelegt und von einem vom Kulturamt der Stadt Wien bestimmten Preisgericht als solche bewertet wird. Der erste Preis beträgt 1000,– RM. Außerdem will die Schriftleitung aus den Einsendungen eine Anzahl zum Erstabdruck erwerben. Unter Erzählung wird nicht die ,,heute so im Schwange befindliche Kurzgeschichte verstanden, da es in ihr der Handlung am bewegenden seelischen Element fehlt . . . Die Kurzgeschichte gründet sich vornehmlich auf das stoffliche Element." Bei klassischen Erzählungen dagegen wäre das stoffliche Element nicht das Wesentliche gewesen, meint ,,Die Pause" und will zu deren ,,durchsichtigen, feinen Erzählerstil" zurückkehren.

Auf den nächsten Blättern bringt Egon Kott heimatliche Berge und Menschen mit den ersten ganzseitigen Farbreproduktionen aus dem Schaffen zeitgenössischer Maler, offenbar eingedenk des Hitler-Wortes: ,,Heiße Liebe zu meiner deutschösterreichischen Heimat, tiefen Haß gegen den österreichischen Staat" (Mein Kampf, Seite 14). Andre, Frank, Eisenmenger, Huber, Puchinger, Dobrowsky, Hauk und Kitt sowie Miller-Hauenfels werden mit ihren Felsabgründen und kantigen Bauernfiguren gewürdigt, Josef Leitgeb schließt einen Aufsatz über die Farbigkeit der alpinen Landschaft an. Bei ihm sind, allerdings in Schwarzweißbildern, Gerstenbrand, Pevetz, Laske, Coßmann, Lobisser und Pötsch zu finden. Und bald ist wieder Franz Vogl mit ,,Arteigenem Brauchtum", seiner eigentlichen Kulturamtsspezialität, da.

E. v. d. Nüll fragt dann alle zeitgenössischen Komponisten ,,Was wird aus der Oper?" und meint, daß allein Deutschland seinem Ruf als musiktheatralische Geistesmacht ersten Ranges Ehre macht. Walter Tschoeppe bespricht Wiener Premieren und wendet sich gegen die abstumpfende Gleichmäßigkeit von Abonnementkonzerten und ausschließlich Althergebrachtem. Vorsichtig geht er mit einem sogar in der Staatsoper aufgeführten Erstlingswerk des Dessauers Wille um, dem O. E. Groh zum Text verhalf, und lobt das romantische Klavierkonzert von Joseph Marx sowie die 4. Symphonie des ,,Brahms-Reger Nachfolgers" Franz Schmidt. Dieser Volkstheater-Groh wurde sehr in Anspruch genommen. Sein Schauspiel ,,Die Fahne" modellierte man zu dem Film ,,Der Gouverneur" zurecht, in dem Willi Birgel als südamerikanischer Militärdiktator unter Parlamentariern höchst eindrucksvoll aufräumte.

In den volkstümlichen Vorträgen an der Wiener Universität rief Privatdozent Dr. Otto Pommer, daß die Dauerkrise der Philosophie überwunden werden müsse: „Wir sind keine Pragmatisten, die marxistisch denken, aber wir Nationalsozialisten sind Realisten." Die einzigen Philosophen der Neuzeit, die realistisch dachten, sind laut Pommer und „Pause" die Denker Leibniz, Schopenhauer und Nietzsche. Etwas leichter hatte es Professor Dacque, der im Saal des Deutschen Klubs über das innere Wesen von Mythos und Märchen sprach. Ihm zufolge entgötterte der Wahnsinn des Marxismus die Welt. Dacqué versuchte seinerseits, Darwin und dessen Abstammungslehre zu entgöttern. Edmund Finke schrieb eine für damals vernichtende Kritik über Gerhart Hauptmanns „Dorothea Angermann". Den Josefstädter Darstellern dieses Werkes, Paula Wessely, Otto Wernike u. a., verzieh er dabei wegen ihrer schauspielerischen Erstklassigkeit. Es ist deutlich zu spüren, daß man mit Hauptmann parteiamtlich noch nichts ins Reine gekommen zu sein scheint, wie dies dann gegen Kriegsende, als man in Wien auf den Dichter keinesfalls mehr verzichten wollte, der Fall war. „Die Pause" erwähnte auch einen Ostmark-Zyklus des Mannheimer-Nationaltheaters, wo u. a. die Oper Wagner-Régenys „Die Bürger von Calais" aufgeführt wurde.

Im Heft Nummer 3 bezog sich unser Blatt auf „die großangelegte Rede von Vizebürgermeister Ingenieur Blaschke über das Kulturleben Wiens am 28. Februar". Gemeint waren seine Erklärungen in der Albertina vor Wiener Kunstschaffenden, wo er die Referatseinteilung des Kulturamtes als Maßstab für die Lenkung aller diesbezüglichen Kräfte verwendete. „Die Pause" versprach, seinen Richtlinien zu folgen und deshalb von Monat zu Monat einen Querschnitt durch das deutsche Kulturleben der Gegenwart aufzuzeichnen und Erinnerungen wachzurufen, die an Gedenktage geknüpft sind. Dann teilte man mit, daß vom Kulturamt der Stadt Wien ein Preisausschreiben für Wiener Volksstücke ausgeschrieben wurde. Es winkten 3 Preise und zwei Anerkennungen im Gesamtbetrag von 3500 RM; letzter Einsendetermin war der 1. September 1939.

Genug der Pausenkultur! Jetzt meldet sich Wladimir von Hartlieb mit politischen Reportagen, jetzt werden von Hermann Stuppäck viele Seiten dem Führer als Staatsmann und Mensch, seinem geistigen Werk, der Gestaltung des NS-Rechtes, der Rassereinheit und der Geburt einer neuen Gemeinschaft gewidmet. Interessante Abbildungen sind darunter, wobei der Photograph und Hitlerintimus Heinrich Hoffmann nicht zu kurz kommt. Dann dringt die Pause ins eben besetzte Böhmen und in die Slowakei ein, zeigt von dort deutschverwandte Volkskunst und lockende, aber ob ihrer Fruchtbarkeit sicher auch gefährliche, slawische Trachtenmädchen. Josef Nadler behauptet nachher, daß sich das deutsche Volk dem tschechischen gegenüber keiner Schuld bewußt sei.

In Heft Nummer 4 wird die Kulturamtskonkurrenz um das Walter von der Vogelweidedenkmal am Leopoldsberg angekündigt. Demnach schreibt die Stadt Wien einen Reichswettbewerb für den besten Entwurf mit Preisen im Gesamtbetrag von 15.000,– RM aus. Das Preisgericht soll im Sezessionsgebäude zu Rate sitzen. Weil wir in diesem Kapitel schon wieder auf jenes Heil stoßen, das Blaschke in Wettbewerbseinladungen erblickt, darf es selbst unter Vorausgriff auf die Zeit bis 1943 in seinem Bericht „5 Jahre Kulturamt" hiezu zitiert werden: „Den Ankäufen von Plastiken und der Vergebung des Schmuckes kahler Wohnhausbauten sowie der Ausschreibung von Wettbewerben für Denkmäler aller Art folgen die Großaufträge zum Schmuck unseres Stadtbildes. Die Figur des Sehers Chamberlain, die neben seinem 20jährigen Wiener Wohnhaus am Esterhazypark aufgestellt werden soll, ist fertig, für die Denkmäler für Walther von der Vogelweide, Schönerer, Ziehrer und Gregor Mendel wurden Wettbewerbe bereits veranstaltet, für Hildebrandt, Hugo Wolf, Richard Wagner und Anton Bruckner werden diese noch ausgeschrieben werden." Wie wir schon wissen, wurden Kompetitionen nicht nur für bildende Künstler sondern in nahezu allen Kunstsparten durchgeführt. Aber bei den Bildhauern, den Architekten und den Malern war die Methode am augenfälligsten anwendbar.

Die Große Ostmarkschau in Berlin, wie die Exposition „Berge, Menschen und Wirtschaft der Ostmark" in der „Pause" 1939 (Nr. 4/5) benannt wurde, veranlaßt alle Gauleiter dieses Territoriums zu Begrüßungsworten, die lediglich vom Berliner Oberbürgermeister mit einem Willkommensabsatz unterbrochen werden. Die Ausstellung wurde unter der Schirmherrschaft Görings am 26. Mai 1939 von Seyß-Inquart im Beisein von Neubacher und Blaschke eröffnet. Der Kunststaatssekretär Dr. Kajetan Mühlmann, der sich jetzt etwas schnoddrig Kai nennt, hält anschließend fest, daß sich die Ostmark als ein deutscher Stamm den Volksgenossen im Altreich darstellt. Da muß es Neubacher in seiner „Pausen"-Adresse schon billiger geben; er geniert sich nicht, Wien aus dieser Ostmark als nach dem Osten vorgeschobenes, uraltes Kultur- und Wirtschaftszentrum herauszuhalten und dieses Zentrum ausschließlich dem Reich direkt zu applizieren. Was Wunder, wenn dann der Tiroler Gauleiter von jener Leistung sprechen kann, welche die deutschen Stämme in den Alpen und an der Donau auszeichnet, jene natürlich voneinander streng zu separierenden Stämme, die nun einzelne, freie Glieder der Nation geworden sind. Sein Oberdonauer Kollege ersetzt schlauerweise jeden Sammelbegriff durch das Wörtchen ;,,Hier". Keiner der Gauherren traut sich also nach rechts oder links ins Nachbarland zu schielen oder gar die ehemalige Unterdrückerin Wien zu apostrophieren. Wo waren die Zeiten, von denen Guido Zernatto schreibt, daß viele Alpenländler in die Hauptstadt ihres kleingewordenen Vaterlandes strömten? Was sich nach Zernattos Meinung in den letzten Jahren vollzogen hatte, war als geistige Neubesiedelung der alten Metropole an der Donau zu werten. (Aus ,,Die Wahrheit über Österreich", Paris 1938). Nichts von all dem ist nun in der ,,Pause" zu lesen. Dafür gibt es dort eine Menge Reichsbollwerkhistörchen und furchtbar gescheite Auslassungen, wie sich in diesem Reichskolonial- und Reichsvorfeld wunderbarerweise die schönen Künste entwickeln konnten. Von vielen noch unbemerkt, begannen unterdessen in ganz Europa die Lichter auszugehen.

,,Sie werden meine Ostmärker noch kennenlernen", wird der Führer in einigen Monaten den westlichen Feinden zurufen, und in Blaschkes Hitler-Jugend-Zeitschrift ,,Das junge Reich" wird man sich über die alliierte Fehleinschätzung des Kamerad Schnürschuh lustig machen. Dies war tatsächlich ein Irrtum, denn man hatte den jüngeren Österreichern lange genug vorgeredet, wie sehr sich ihre Vorfahren für das Reich zerrissen hatten und wie sehr dies zu größter Anstrengung verpflichte, gleich den Altreichsdeutschen jetzt würdig vor der Geschichte zu bestehen. Nun könnten sie zeigen, was alles in ihnen stecke, nun, da sie von allem reichsfremden Ballast befreit und entschlackt worden seien. Und die älteren Jahrgänge wurden davon abgebracht, weiter herumzurätseln, welches Reich eigentlich gemeint sei, vielleicht das sacrum imperium, das römische Reich mit dem zweifelhaften Zusatz der deutschen Nation, das Reich der niemals untergehenden Sonne, das Reich Bismarcks, oder nur das Dritte Reich nationalsozialistischer Zählung. Sie erinnerten sich bitter, mit welchem Hohn der Westen das in Schmerzen geliebte Reich Franz Josephs überschüttet hatte, vergaßen auf Hitlers Habsburghaß und stürmten den ,,Pausen"-Beispielen nach. Karl Springenschmied deutete den gewünschten Rückschluß aus dieser Verwirrung in seinem Pausenartikel ,,Lambrechtshausen, Gestalt und Sinnbild der Ostmark" folgendermaßen: ,,Das deutsche Volk in Österreich hatte einen schweren Kampf gegen die politische Kirche siegreich bestanden. Der Versuch, von Österreich aus ein ,heiliges römisches Reich' zu schaffen, wurde durch den Kampf der nationalsozialistischen Bewegung zerschlagen. Auferstanden ist das heilige

Reich der Deutschen, das neue Großdeutsche Volksreich Adolf Hitlers." Soweit das Kämpfertum Springenschmieds!

Die Briten und ihre Verbündeten sollten dies auf den Höhen rund um Dombas und Stören zu spüren bekommen, desgleichen am Narvik-Fjord, in Nordserbien, in der Metaxaslinie und bei der mörderischen Seefahrt nach Kreta. Erst auf den Fünftausendern des Kaukasus und in den Wolchowmooren ging diesen Ostmärkern der Atem aus. Aber das traurig-süße, heimliche Kärnten in den Gedichten Zernattos hat ebensowenig mit jener markigen Reichsgrenzlanderklärung des stellvertretenden Gauleiters Kutschera in der „Pause" zu tun wie etwa der Abwehrkampf 1919 mit der Lapplandfront. „Das Deutsche Reich ist nicht das alte Österreich", wird Hitler in seiner jugoslawischen Kriegsankündigung feststellen, und Winston Churchill wird wieder einen „Ehrenplatz für Österreich nach dem Krieg verlangen": Im steigenden Mißtrauen versinkt so das deutsche Ostmarkinteresse. Hitler wird nach der Vorführung des Wiener Films „Der weiße Traum" ausrufen, daß die Österreicher unvergleichliche Filme machen könnten, es ihm jedoch lieber wäre, sie würden bessere Soldaten sein.

Die österreichischen Rekruten werden auf Altreichsverbände aufgeteilt, in den Pausenerinnerungen an altösterreichische Waffentaten wird jedes Wort sorgfältig abgewogen, und nur betagte k. u. k. Feldmarschalleutnants im Wiener Cottage können noch darin mit neidvoll skeptischem Seitenblick auf den täglichen Wehrmachtsbericht zwischen den Zeilen lesen. Doch diese Pensionisten sterben bald. Das Rot-Weiß-Rotbuch 1946 aber zitiert den Reichsminister und Chef der Reichskanzlei Dr. Lammers in einem Schreiben an die Obersten Reichsbehörden vom 8. April 1942 Rk 4490 B wie folgt: „Betrifft: Verwendung der Bezeichnung Ostmark. Wie sich aus verschiedenen Äußerungen zu meinem Schreiben vom 19. Jänner 1942 – Rk 724 B – ergibt, ist eine zusammenfassende Benennung der sieben Reichsgaue, die bisher als ‚Reichsgaue der Ostmark' bezeichnet wurden, in manchen Fällen nicht zu vermeiden. Ich bitte in diesen Fällen an Stelle der bisherigen Sammelbezeichnung ‚Reichsgaue der Ostmark' die Bezeichnung ‚Alpen- und Donaureichsgaue' zu verwenden, jedoch darauf Bedacht zu nehmen, daß die Verwendung dieser Sammelbezeichnung nur dann erfolgt, wenn dazu eine Notwendigkeit besteht und eine Aufführung der einzelnen Reichsgaue aus besonderen Gründen nicht angebracht ist."

Vertiefen wir uns nach diesem informativen Exkurs wieder in die Seiten der „Pause" des Frühsommers 1939, wo Robert Ernst und Ernst Geutebrück als „Die jungen Künstler der Ostmark" vorgestellt werden. Der Tondichter Ernst ,,schöpft aus dem Urquell deutscher Wesenskraft" und ,,erwächst aus dem künstlerischen Ideenkreis Josef Reiters". Der Radiofachmann Ernst Geutebrück in schmucker SS-Uniform meistert zahlreiche Lieder und wird wegen seiner symphonischen Suite ,,Leonardo da Vinci" belobt. Daran schließen sich fünf Dichter und Dichterinnen mit unscheinbaren Versen, ein Spengler, der nach dem Umbruch Sachbearbeiter im Beirat der Reichsfachschaft der Klempner und Installateure geworden ist und einen riesigen Wappenlöwen für das Salzburger Festspielhaus fabriziert, sowie Alois Plefke, von dem die Pause glaubt, daß er einer der wenigen Graphiker sei, deren Kunst in der Idee des Nationalsozialismus wurzelt. Tatsächlich sieht man von ihm ein NSDAP-Abzeichen aus dem Jahre 1933 mit dem Slogan: Ein Volk, ein Reich! Ein Hanakschüler und ein Innsbrucker Jus-Student mit Werbeplakaten beschließen den Reigen.

Univ.-Professor Dr. Alfred Orel verwirft und preist daraufhin Kompositionen inmitten ,,zeitgenössischer Musik in der Ostmark". Zu den Verworfenen zählen natürlich die Kunstbolschewiken von Schönberg bis Webern, zu den Gepriesenen die Wagnerepigonen, ferner Reiter, Schmidt, Horn, Marx und Roitz, natürlich auch Jerger und Geutebrück, bis zu den Jüngsten um Schiske. Dann führt Walter Tschoeppe ein Pausengespräch mit dem überaus strammen Schulinspektor und Dozenten Dr. Erich Marckhl, der sich vor dem Rathauskulturamt wegen der Hörererziehungsstunden tief verneigt. Ein mit F. Zeichnender nimmt sich des Ostmärkischen Schrifttums der Gegenwart an: ,,Als der Führer im März 1938 die Ostmark erlöste und heimnahm . . . reihte er auch die Dichter und Schriftsteller der südostdeutschen Gaue in das größere Deutschland ein . . ., die zum größeren Teil schon längst der nationalsozialistischen Weltanschauung angehörten." F. nennt als solche Bruno Brehm, den vom Führer ehrenbesoldeten Hermann Graedener und Josef Weinheber, für den unlängst bei einem Weimarer Dichtertreffen Volk und Poeten im Begriff waren, wieder zusammenzufinden. F. versucht sich auch in der Umarmung jener Lyriker, die er in Blut und Boden oder in deutschem Geist verwurzelt weiß, also bei Erna Blaas, Hans Biebisch, Linus Kefer, Hans Kloepfer, Josef Leitgeb, Max Mell, J. G. Oberkofler, Ernst Scheibelreiter, Friedrich Sacher, Max Stebich, Hermann Stuppäck, Josef Weinheber, Edmund Finke und Ingeborg Teuffenbach-Capra. Unter den Romanschreibern finden Brehm, Jelusich, Hohlbaum, Perkonig, Strobl und Waggerl besondere Anerkennung oder Genehmigung.

Laut Dr. Schuschnigg trugen Hohlbaum und Strobl zur Lektüre

des ehemaligen Bundeskanzlers in der Gefangenschaft bei. 1938 war dieser in einer Wäschekammer des Gestapohotels Metropol eingesperrt und diente dort seiner mehrköpfigen Wachmannschaft als Leibsklave und zur Belustigung. Man gab ihm die Juligedenknummer des Völkischen Beobachters zu lesen, in dem jenes Stroblgedicht abgedruckt war, das den Tod von Schuschniggs erster Gattin als gespenstische Rache für 13 gehenkte Putschisten rühmt. Von Hohlbaum erfuhr Schuschnigg später im Konzentrationslager Sachsenhausen. Dort las er im Völkischen Beobachter eine Auslassung des Genannten, wonach Adolf Hitler Gott selbst oder irgendwie Gott gleichzusetzen wäre. Kurze Zeit darauf erfuhr Schuschnigg, daß Hohlbaum eine hohe bibliothekarische Funktion in Weimar anvertraut bekommen hatte.

Von ausgezeichneten Prosaautoren mit wissenschaftlichem Einschlag wären laut F. in der „Pause", wo selbstverständlich niemand die Situation des letzten österreichischen Bundeskanzlers kennt, die Herren Hartlieb, Corti, Menghin, Weber, Rohan und erstaunlicherweise auch Springenschmied zu nennen. Als Dramatiker gelten Schönherr, Wenter, Ortner, Groh, wieder Graedener, Billinger und abermals Mell. F. hält Billinger und Mell zwar für Mystiker, aber „nicht in einem besonderen religiösen Sinn, sondern mit den Dämonen ringend . . .!"

Die Pausenkulturchronik des Monats Juni vermerkt die Eröffnung der in den Prunkräumen der Nationalbibliothek von Professor Josef Gregor veranstalteten Theaterausstellung in Gegenwart von Richard Strauss und dem nunmehr als Reichsminister titulierten Dr. Seyß-Inquart. Letztgenannter war nicht mehr Reichsstatthalter für die Ostmark, denn der Führer hatte am 22. April mit seinem Ostmarkgesetz alle Gaue reichsunmittelbar gemacht und eine Übergangslösung mit Bürckel verfügt. Seyß mußte wegen auswärtiger Verpflichtungen seine Prachtvilla am Schafberg, zu der ihm die Gemeinde eine neue Straße gebaut hatte, zusperren. Die Pfarre Dornbach verlor damit einen merkwürdigen Förderer, und Dr. Schuschnigg war gezwungen, die Hoffnung auf jenen Besuch, den ihm Seyß zum Dank für die Hilfe bei Erlangung der Kanzlerschaft in der Umbruchsnacht versprochen hatte, endgültig fahren zu lassen. Doch nicht nur Seyß spielte in der kirchlichen Laienorganisation eine Rolle. E. Lothar erzählt, wie er und andere Wiener Emigranten 1939 am Vorplatz des kleinen Gotteshauses in Hyde Park von Franklin Delano Roosevelt, der dort seinerseits ein kirchenorganisatorisches Ehrenamt versah, ins Gespräch gezogen wurden.

Wenige Tage später wird Seyß in Wien sein Glück zugunsten des alten Schützlings Dr. Kajetan Mühlmann versuchen, der sich bekanntlich mit Bürckel zerkracht hat. Seyß wird Göring darüber einen acht Seiten langen Brief schreiben und darin auch seine eigenen Anschauungen über Österreich darlegen: Seyß beklagt sich, daß Bürckel das Österreichische hierzulande unsichtbar machen und dadurch verhärten will, während er als Anschlußexperte dieses Österreichische wirklich auflösen könnte. Dies hätte er in Kulturfragen schon mehr als einmal bewiesen. Bürckel hätte Mühlmann mit Recht eine Äußerung dahingehend unterstellt, daß Seyß-Inquart nur darauf warte, bis der saarländische Parteifunktionär in Österreich Schiffbruch erleide. Ja, das sei schon richtig, aber er, Seyß-Inquart, stelle eben den besseren Großdeutschen dar. Er vertraue sich da ganz dem „Eckhart" Göring an, zumal sich auch der Führer selbst einzumischen gedenke. Mühlmann werde von Bürckel als Sündenbock für ein politisch zu freimütiges Programm des „Wiener Werkel" verwendet, obwohl besagter Mühlmann allerorts eindringlich vor den untragbaren Tendenzen in diesem Kabarett gewarnt habe. Aber die dortigen Leute hätten woanders ihren Rückhalt . . . Und so geht es immer weiter bis die Reichsstatthalterei als verunglückt bezeichnet wird und Seyß sich in seiner Charaktergröße völlig verkannt sieht. Es langt, wie wir ja wissen, trotzdem noch zum Sitz im Berliner Kabinett.

Die Theaterschau in der Nationalbibliothek, die der neue Reichsminister dann im Juni 1939 gedankenverloren durchhinkte, war auch dem Lebenswerk des toten österreichischen Bühnenbildners Professor Alfred Roller gewidmet. Ob Seyß die Grundsätze zeitgenössischer Gestaltungskraft ebenso einleuchtend waren wie die im Festsaal der Bibliothek dargestellte Bühnenleistung vergangener Zeiten, vermochten die übrigen Ehrengäste nicht zu erkennen.

„Unseren ostmärkischen Dramatikern fehlt es keineswegs an dem, was im Rahmen magischer Realitäten wirklich und wahrhaftig den Dichter ausmacht: Echtheit, Größe und Sinnbildhaftigkeit", hatte Herr F. in der „Pause" erklärt. Anschließend daran kam Kurt Ziesel in dieser Zeitschrift zu einer damals höchst seltenen Entdekkung: „Man kann im Grunde aber gar nicht von einer Dichtung der Ostmark im üblichen Sinne sprechen, in dem man Heimat und Herkunft aus Wien, aus der Steiermark, Tirol, Salzburg, oder der anderen Gaue als einordnendes Mittel zur Abgrenzung unserer dichterischen Kräfte untersucht. Denn die Ostmark und ihre besondere kulturelle, also auch dichterische Funktion ist nicht nur bestimmt von Landschaft und Rasse, sondern mehr als jeder andere Teil Deutschlands von der Sendung und von dem Geheimnis des Raumes." Ziesel, der die ostmärkischen Poeten bereits an führender Stellung im deutschen Dichterraum sah, setzte sich dann mit Neuerscheinungen auseinander und stieß dabei gleich auf „wunderschöne Gedichte an die Mutter, an Kärnten, an den Führer, an die lebendige Wirksamkeit des Wortes Deutschland in den Herzen der Ostmärker", lauter Reime, deren Verfasserin er mit der Hitler-Jugend liiert wußte. Bei der vorliegenden Prosa fiel ihm „unter den wenigen gelungenen Versuchen, die deutsche Gegenwart in der Dichtung zu gestalten", die Erzählung „Der Soldateneid" auf, die den Konflikt zwischen Eid und sogenannter Volkstreue beim Bundesheer im Jahre 1938 höchst wünschenswert interpretierte. Dieses Produkt Ernst Tümlers wurde als Fortsetzungslektüre in der „Pause" abgedruckt.

Am 7. Juni 1939 veranstaltete das Kulturamt der Stadt Wien eine offizielle Ehrung für den soeben verstorbenen Komponisten Professor Josef Reiter, Träger des Goldenen Ehrenzeichens der NSDAP, dem das Ehrenringlein beizufügen die Pausennotiz vergißt. Blaschke sprach vor seinem im Konzerthaus aufgestellten Katafalk, ehe leise Orgelmusik einsetzte. Orel hielt den Pausennachruf und meinte, daß aus Reiters Werk nicht das Sehnen zum Volk spricht, sondern bereits das ihm Zugehören. Am 9. Juni starb im Groß-Wiener Perchtoldsdorf der Jugend- und Schulschriftsteller A. Th. Sonnleitner, dem die „Pause" ein paar freundliche Worte gönnte, ohne auf seinen eigenen Namen Alois Tlučhoř aus Daschitz in Böhmen zu vergessen. Schon wieder ging damit einer aus Perchtoldsdorf und seiner Umgebung für immer fort.

Über diesem begnadeten Erdenfleck im Süden Wiens, der selbst heute noch trotz aller Versiedlung an den dunklen Föhrenhängen des südlichen Wienerwaldes unvergleichlich reizvoll anmutet, schwebten seit geraumer Zeit die Genien. Perchtoldsdorf hatte schon zur Babenbergerzeit eine bedeutende Position inne. 1442 wurde der hervorragende Wissenschaftler, Diplomat und begeisterte Österreicher Thomas Ebendorfer Pfarrer allhier. Nach dem Gemetzel von 1683 kamen steirische Ansiedler, 1809 französiche Truppen, 1846 Grillparzer als Sommergast, 1848 Banus Jellachich, 1874 der Anatom Josef Hyrtl, 1938 deutsche und 1945 russische Truppen. Ritter von Gluck und die Biedermeiermaler hatte es dorthin gezogen, Hugo Wolf hatte im Gartenhaus Windebang gearbeitet, Hofmannsthal im Rodauner Schlößl gedichtet und gelitten. Später zog die Schriftstellerin Marie Grengg in dieses Objekt. Unweit davon ruhte Professor Eisenmenger von Pinsel und Palette aus. Anton Wildgans hat vom benachbarten Mödling her oft Besuche in Perchtoldsdorf gemacht. Um die blutgetränkten Mauern des Petersdorfer Kirchturms und um die Ruinen der alten Babenberger Burg zog sich fiebriger Glanz: Schmidt und Pfitzner hingen dort ihren 1938 allseits begehrten Klangidealen nach, Sänger und Schauspieler übten in der Abgeschiedenheit ihrer Villen. Strobl schrieb in Perchtoldsdorf an seinen Romanen, Boeckl quälte sich inmitten seiner Kinderschar mit Kunstbegriffen ab, die so gar nicht zur Auffassung dieses großen Malers passen wollten. Erst in weiter Schicksalsferne warteten die Seckauer Fresken auf ihren Meister.

Im Amtshaus am idyllischen Perchtoldsdorfer Hauptplatz herrschten die Kreisleiter und HJ-Bannführer. Sie bargen ihre geheimen Waffenlager aus den Kellern, beaufsichtigten die Judenaustreibung und gaben acht, daß die hektische Begeisterung der Hautevolee ringsum nicht nachließ. Der Freund des Hptm. Leopold und Eingemeindungsfunktionär Dr. Tavs, dessen jüngster Plan zur Beseitigung Österreichs, wiewohl noch im Februar 1938 aufgedeckt, wenigstens in geänderter Form Wirklichkeit geworden war, fühlte sich hier wie zu Hause. Seine Kampfzeit als Patentamtsbeamter hatte ihn nicht nur mit dem Patentanwalt Blaschke verbunden, sondern damals auch den augenzwinkernden Beistand mancher hochgestellten Kollegen im Staatsdienst gebracht. Nun blickte er öfters nach Mauer hinüber, wo er noch vor kurzem ärmlich wohnen mußte.

Was melden die Sommer-,,Pausen" weiter? Mit Genehmigung der Reichsschrifttumskammer gründete Jelusich einen ,,Wiener Dichterkreis", dem die bereits vorhin genannten Schriftsteller angehörten. Er hatte jetzt mehr Muße, da das Burgtheater bereits am 8. Mai von ihm an Lothar Müthel übergeben werden mußte. Es war höchste Zeit hiefür geworden, denn am 3. Juni traf Goebbels zur Eröffnung der Reichstheaterfestwoche, an der auch der italienische Kulturminister Dino Alfieri teilnahm, in Wien ein. Wie die Pause berichtet, erlebte ,,die Feststadt die unbeschreibliche Freude, auch den Führer in ihren Mauern begrüßen zu dürfen, der zur Feier des 75. Geburtstages von Richard Strauss die Erstaufführung der Oper ,Friedenstag' in der Wiener Staatsoper besuchte." Am nächsten Tag, es war dies der 11. Juni 1939, erschien Hitler auch in seiner Burgtheaterloge. Goebbels, den Neubacher vom Flugfeld abgeholt hatte, wohnte mit italienischen Regierungsgästen im Schloßhotel Cobenzl. Dorthin kam ebenfalls der Führer auf Besuch, der sich in den Sammlungen der Hofburg umgesehen und im Café Burggarten wohlgefühlt hatte. Der Reichspropagandaminister bezeichnete diesmal die Deutschen als das theaterbesessenste Volk der Erde. Goebbels hatte auch einer Tagung der Reichstheaterkammer am 5. Juni im Wiener Rathaus präsidiert, deren Glanz aus vielen silbernen Schulterstükken, Armbinden, Palmenarrangements und dem obligaten Führerkopf aus Erz komponiert worden war.

In Baden konzertierten bei einer Beethoven-Festwoche die Wiener Symphoniker mit dem Weißgärber-Quartett, dem Gausymphonieorchester Niederdonau, ja sogar mit dem Kirchenchor der Stadtpfarrkirche, dem Musikkorps der Fliegerhorstkommandantur Bad Vöslau und mit dem Staatsopernchor. Am 15. Juni wurde der Generalmusikdirektor des Reichssenders Leipzig, Hans Weisbach, zum Leiter der Wiener Symphoniker bestellt und damit allen Unklarheiten über die Zukunft des Orchesters ein Ende gemacht.

Die Vereinigung bildender Künstler zeigte 196 Zeichenblätter Olaf Gulbranssons, im Messepalast war die „Ostmark – altes Germanenland" zu sehen. Für diese „Schau frühdeutscher Kulturhöhe" war der zum Gruppenleiter avancierte Prof. Dr. Anton Haasbauer vom Volksbildungsamt des Ministeriums für Innere und Kulturelle Angelegenheiten zuständig. Den Besuch der Exposition, die vom 14. Juni bis 14. Juli 1939 geöffnet war, empfahl offiziell der Landesleiter der Ostmark im Reichsbund für Deutsche Vorgeschichte, der Gaubeauftragte für Vorgeschichte in den Gauen Wien und Niederdonau und der Sachbearbeiter für Vorgeschichte im NS-Lehrerbund, Gau Wien. Man sieht, auch ferne Jahrhunderte können organisatorisch erfaßt werden. Das Naturhistorische Museum demonstrierte als Sonderschau das körperliche und seelische Erscheinungsbild des Juden. „Wir begreifen, daß die Juden niemals erlöst werden können, weder von Göttern noch von Menschen, und daß uns nichts anderes übrig bleibt, als diese ewigen Untermenschen, deren Rassenseele entwicklungsunfähig ist, für immer aus dem Dasein gesunder Völker zu entfernen", erklärte „Die Pause" schlicht.

Anläßlich der Reichstheaterfestwoche beschäftigte sich unsere Zeitschrift natürlich mit dem deutschen Bühnenleben und würdigte eingehend die neue Freilichtspielwelle, worunter theatralische Geschehnisse und keineswegs Kinos verstanden wurden. Außerdem befaßte sie sich mit den Wanderbühnen der DAF und ihren Arbeiterbesuchen sowie mit den weltanschaulich sehr wichtigen Bauerntheatern. Das Reichssportfeld und die Dietrich-Eckart-Freilichtbühne in Berlin wiesen in der „Pause" den Weg zur gewaltigen Schauarena altrömischer Prägung mit eigenen Spielformen.

Wenden wir uns wieder den jungen Ostmarkkünstlern zu, aus denen „Die Pause" diesmal die Schauspieler Hans Frank, Franz Böheim, Leon Epp, Olly Holzmann u. a. herausklaubt. Die im Künstlerhaus gezeigte Ausstellung „Entartete Kunst" liefert der Redaktion ebenso wie die schon genannten „Berge, Menschen und Wirtschaft der Ostmark" reiches Bildmaterial. Von dieser Blaschke-Mühlmannschau liegt nun auch das Ergebnis rund um den Berliner Funkturm vor, wobei die Ergänzung der vorangegangenen Wiener Ausstellung ,,Berge und Menschen der Ostmark" deutlich wird. In der Reichshauptstadt standen ein Hallenreich von 25.000 Quadratmeter und ein Freigelände zur Verfügung, die weidlich genützt worden sind. Die Wiener Künstlerschaft war an den großen Wandmalereien, an den Säulenreihen mit Portraitmasken sowie innerhalb des eigentlichen Maler- und Bildhauerraumes maßgeblich beteiligt, und das Haus der Mode am Lobkowitzplatz führte seine neuesten Schöpfungen in Berlin vor.

Dr. Karl Pawek widmet hernach dem Roman ,,Harte Freude" von Siegfried Freiberg eine überlange Rezension. Er nennt das Werk den ,,wahrhaftigen Wiener Roman, der den seelischen Akkord dieser Stadt besitzt". Diesen Akkord hört Pawek in den Herzen und in den Schicksalen jener Freibergschen Massen, die aus der bäuerlichen Lebenssphäre aufbrachen, um, mit nichts anderem als der nackten Existenz ausgerüstet, auf dem Boden der alten Residenzstadt den Stoff für das Werden einer neuen gesellschaftlichen Existenzform abzugeben.

Pawek wagt hiebei, den gleichen Gegensatz Wiens mit Berlin anzudeuten, den wir bei Aurel Wolfram bemerken. Sommerliche Deutschlandfahrten, Ernst Kratzmanns Kunstwanderungen und dezente Badefreuden für beide Geschlechter verwischen aber bald in der ,,Pause" den angedeuteten Kontrast. Das Blatt drängt sich dann in die Münchner große deutsche Kunstausstellung 1939 und läßt seine Leser ideale Frauenleiber in Bronze, Marmor und auf Leinwand bestaunen. Die ,,Bäuerliche Venus" von Hilz, die als erstes nationalsozialistisches Striptease-Mädchen mit Anrecht auf Postkartenvertrieb gelten kann, ist ganzseitig dabei. Eine Gastspielreise des Hauses der Mode durch die Ostmark und das Sudentenland schließt sich noch an, ein letzter Blick wird auf das biedermeierliche Salzkammergut geworfen, dann rollen die motorisierten Vorhuten des 2. Weltkrieges über den ,,Pausen"deckel. Die Stunde der Bewährung großdeutscher Neoromantik hat soeben begonnen.

Nun kommen die ersten Kriegsabenteuer und die deutsche Kultur im Osten an die Reihe. In der September-Pause fragen Dr. Pawek ,,Wozu der Krieg?" und Reinhold Lorenz ,,Haben die Polen Wien gerettet?" Pawek meint damit nicht den deutschen Feldzug an die Weichsel, sondern den alliierten Aufmarsch im Westen, für den die Franzosen und Engländer offensichtlich mit unarischer Zahnpastareklame geworben werden müssen. Hierzulande ist laut Dr. Pawek die nämliche Frage durch die geistige Idee und die bereits bekannte fanatische Sachlichkeit des neuen Deutschland hinlänglich beantwortet. In diesem Zusammenhang sieht sich der Autor allerdings zur scheinbar ehrenden Annahme berechtigt, daß „an der Grundlegung der individualistischen demokratischen, kapitalistischen Soziallehren kein deutscher Denker einen bedeutenden Anteil hat". Reinhold Lorenz aber gibt selbst die nötige Aufklärung zu seiner Titelfrage, wenn er die Rolle des Polenkönigs 1683 in zahlreichen Details verkleinert und dabei auch des geistlichen Zuträgers Marco d'Aviano kritisch gedenkt.

Es würde zu weit führen, ab jetzt auf die dauernden Interpretationsversuche des Kriegsgeschehens bzw. auf die historische Untermauerung der Kriegsgründe in der „Pause" jedesmal zu reagieren. Mit Rudolf Kremser, Egon Kott und Karl Anton Prinz Rohan geht es in dieser Tonart weiter, worunter plötzlich zwei wundervolle Trakl-Gedichte gestreut werden, die an den 1914 in einem Krakauer Lazarett verstorbenen Lyriker zu erinnern wagen. „Die Pause" kommentiert, daß das Werk des früh Vollendeten in seinem Gehalt deutlich die Wahlverwandtschaft seines Schöpfers mit altrussischem Wesen zeige. Hymnender Aufschwung ins Ideale sei nicht seine Art gewesen. Dann blicken sich Otto Wilhelm Fischer und Elisabeth Epp als Kurfürst Moritz und Königin Maria auf der Volkstheaterbühne in die Augen. Die Uraufführung des Dramas „Der Komet" von Rudolf Kremser gibt ihnen hiezu Anlaß.

Der Pausenherbst 1939 ist von Bauernstolz, Brauchtum und Scholle im deutschdominierten Europa stark beeinflußt. Orel registriert anschließend das Wiener Konzertleben im Kriegswinter 39/40 und verweist auf die acht Orchesterkonzerte im Wiener Konzerthaus, die der neue Dirigent des Wiener Stadtorchesters Wiener Symphoniker und erster Kapellmeister am Reichssender Wien, Hans Weisbach, leiten wird. Dürauer erklärt die neueingeführten Dunkelkonzerte. Beim Reichssenderzyklus steht das symphonische Werk Bruckners oben an. Im Konzerthaus versucht man in volkstümlichen Nachmittagen, die laut Orel zu einem kulturellen Faktor im Musikleben Wiens geworden sind, eine Verbeugung vor der UdSSR mit Mussorgsky, Rachmaninow und Tschaikowsky.

Im Oktober beschwört Jelusich „Innere Haltung" herauf, und Blaschke übt höchstpersönlich „Selbstvergessen": Er will damit den Tag der deutschen Hausmusik feiern. Für ihn ist es mit dem modischen Kult der Ziehharmonika in Schihütten oder sonstwo nicht getan, er wendet sich an die deutschen Mütter und Wienerinnen, ihre Kinder der Städtischen Musikausbildung bei Streich- und Blasinstrumenten zu überlassen. Die Frage des Wiener Orchesternachwuchses beginnt offenbar akut zu werden; die Epoche musikalischer Unterbeschäftigung ist vorbei. Auch der städtische Musikbeauftragte Dr. Hermann Hibler stößt ins hausmusikalische Horn.

Dann erblickt der Pausenleser die bezaubernde Paula Wessely als Trutzige in der Josefstadt, Else Schulz und Ester Rethy von der Staatsoper zeigen ihm Schmuckstücke, Gusti Huber, Christl Mardayn und Lotte Lang kann er im Josefstädter Theater, in der Komödie und in den Kammerspielen beobachten. Kurt Ziesel befaßt sich mit „Neuer Dichtung zwischen Kampf und Stille". Nach ihm wird „erfreulicherweise" dieses Jahr erstmals weitgehend eine Ausschaltung der Übersetzungsflut aus den westlichen Demokratien erfolgen. Damit ist laut Ziesel auch der deutschen Dichtung mehr als bisher Spielraum gegeben. Der Spielraum der deutschen Dichtung war freilich durch die Papierbewirtschaftung, die Reichsschrifttumskammer, die Abt. VIII im Reichspropagandaministerium, mehrere Beratungsstellen, das Zentrallektorat der NSDAP, das Hauptamt für Schrifttumspflege (Rosenberg), die Reichsschrifttumsstelle, die Parteiamtliche Prüfungskommission sowie diverse Reichsstellen und Arbeitskreise für Literatur zur Erziehung und Wissenschaft begrenzt. Die meisten Büros gaben Wertungslisten heraus, z. B. für schädliches und unerwünschtes Schrifttum, für Jugendliche und für Büchereien ungeeignete Druckschriften, Jahresschauverzeichnisse, Jahresgutachtenanzeiger, Jahreslisten für Jugendbücher, Sonderlisten usw. Die Unerwünschtheit oder Förderungswürdigkeit der Autoren bzw. ihrer Werke wechselte von Jahr zu Jahr. Natürlich gab es beim Referat für Übersetzungswesen eine Kompetenz für „Übersetzungsliteratur der Feindstaaten". (Nach Dietrich Strothmann.)

Professor Orel erlauscht dann als Uraufführung aus dem Manuskript das neue Klavierkonzert von Karl Schiske. Damit muß sich Orel des längeren in der Pause auseinandersetzen und aufzeigen, wie leicht man an den jüdischen Geistesabgrund kommt, um hernach zwischen der dekadenten Atonalität und der überspitzten Klangdifferenzierung das Ende der Romantik durchsteuern zu können. Er glaubt, daß dies Schiske gelungen ist, wenngleich dem Kritiker anscheinend nicht ganz wohl dabei ist. „Der neue große Inhalt, den unser Leben erhalten hat, wirkt sich auch in einem neuen Weg aus, den unsere Musik der Jungen geht", meint Orel begütigend, doch Nadler kommt in Heft 11/12 sehr scharf mit der Frage: „Was ist deutsch?" Er erklärt, daß wir nur darum ein so unvollkommenes Bild von der immer gleichzeitigen und immer allseitigen Entfaltung des deutschen Wesens haben, weil wir die Geschichte des deutschen Volkes stets unter abwechselnden Gesichtspunkten betrachten und weil wir noch nicht lernen konnten, diese Geschichte als eine ganzheitliche Entfaltung und Verwirklichung der Deutschheit zu übersehen.

Dr. Ernst Kratzmann, dessen etwas erotischer, jedoch nun parteiamtlich empfohlener Faustroman in der Systemzeit verboten war, trotzdem aber – wie Ziesel jetzt in der Pause schreibt – in den Kerkern von Hand zu Hand ging (natürlich wegen der deutschen Seelenrepräsentation!), wurde zum 50. Geburtstag gebührend gefeiert, bzw. kam wieder selbst zu Wort. Dann verteilte „Die Pause" den angekündigten Erzählerpreis für die beste bisher unveröffentlichte Arbeit dieser Art. Josef Mühlberger, Ernst Flessa, Hans Friedrich Huffenbach, Christine Ameran und die erst 19jährige Vroni Rothmayer erhielten ihre RM-Prämien. Als Preisrichter fungierten der Landesleiter der Reichsschrifttumskammer von Wien, Dr. Karl Hans Strobl, der ordentliche Professor für deutsche Sprache und Literatur an der Universität Wien, Dr. Josef Nadler, der Referent für Schrifttum im Kulturamt der Stadt Wien, Hermann Stuppäck, der Kulturschriftleiter des Völkischen Beobachters, Dr. Wilhelm Antropp, und der Hauptschriftleiter der „Pause", Egon Kott. Ihre Entscheidung war unter Blaschkes Vorsitz zustande gekommen. Der erste Preis von 1000,– RM wurde übrigens nicht vergeben, stattdessen wurden 10 weitere Einsender mit Anerkennungen bedacht. Dem Kurt Ziesel war in der gleichen Pausennummer freilich Bruno Brehm lieber, „der durch die Verleihung des Nationalpreises für das ganze deutsche Volk ein Begriff für soldatische deutsche Dichtung aus der Ostmark geworden ist". Das Soldatische rutschte situationsgemäß auch bei anderen Pausendichtern nach vorne. Finster blickte hernach Hermann Thimigs Rappelkopf aus den letzten Pausenseiten des Jahres 1939, während Paula Pfluger als Lope de Vegas kluge Närrin hold-unwissend zu all den Verwandlungen ringsum lächelte.

IX. KAPITEL
REVISION DER POSITIONEN

„Ich glaube an das Wiedererstehen Österreichs in seiner idealen Form.“ (Franz Werfel im Februar 1939)

„Mit dem Reich, in dem Reich, für das Reich.“ (Motto Dipl.-Ing. Neubachers für Wien im Mai 1939)

„Jeder gibt heute bereits zu, daß unsere friedliche Eingliederung in das großdeutsche Reich uns in einer Zeit gerettet hat, wo in der Welt eine Generalrevision der bisherigen Völkerpositionen im Gange ist und wo diese Revision für andere Völker mit schwersten Opfern verbunden ist. Der Gedanke der tschechisch-deutschen Zusammenarbeit wird niemals aufhören, unser Lebensinteresse zu sein.“ (Der tschechische Staatspräsident Dr. Hácha am 5. Dezember 1939)

Der Mai, der alles neu macht, präsentierte 1939 der Wiener Stadtverwaltung eine zurechtgeschneiderte Altreichsuniform, welche der alten ostmärkischen Kämpfergarde durchaus nicht passen wollte. Am 1. Mai 1939 übernahm Gauleiter Bürckel mit dem Inkrafttreten des Ostmarkgesetzes als Beauftragter der NSDAP die Leitung der gesamten staatlichen und kommunalen Verwaltung. Unter demselben Datum setzte er eine vorläufige Geschäftsordnung für die Verwaltung der Stadt Wien fest. Gleichzeitig bestimmte er Bürgermeister Doktor Ingenieur Neubacher zu seinem allgemeinen Vertreter für die gesamte Verwaltung der Stadt Wien und beauftragte mit der kommissarischen Führung der Hauptarbeitsgebiete innerhalb der Gemeindeverwaltung sieben Beigeordnete. Am 1. Mai 1939 fand die erste Sitzung der Ratsherren der Stadt Wien statt. Dabei wurde die vorläufige Hauptsatzung bekanntgemacht, und Gauleiter Bürckel berief 78 Beiräte.

Und wo war bei dieser Neugestaltung Dipl.-Ing. Hanns Blaschke geblieben, der nunmehr den unschönen Titel „Beigeordneter“ tragen muß? „Der bisherige Vizebürgermeister Blaschke wurde mit der Hauptabteilung für Verkehrswerbung und kulturelle Aufgaben betraut. Die besonderen kulturellen Aufgaben werden vom Gauleiter persönlich wahrgenommen", meldet das Amtsblatt und berichtet weiter, daß dem Thomas Kozich, der wie bisher Jugend und Sport behandeln soll, der Wiener Gebietsführer der HJ als erster Mitarbeiter zur Seite gestellt wird. Am 13. Mai betraut Bürckel den Kozich extra mit der Führung des Sportes und der Leibeserziehung im Gau Wien. Es waren eben alle Positionen in Frage gestellt, die traditionelle Cliquenwirtschaft erschüttert, jeder mußte zusehen, ob er seine bisherige Stellung zu halten vermochte und neue Agenden an sich ziehen konnte. Folgerichtig wurden in Berlin und anderswo eilends neue Gönner gesucht, Freundschaften geschlossen und Interessengemeinschaften eingegangen – kurz gesagt, die österreichische Cliquentradition wieder aufgenommen.

Unter den frischgebackenen Ratsherren, die sich am 11. Mai im ehemaligen Gemeinderatssitzungssaal versammelten, fallen als kulturell interessiert der Kreisleiter Hans Berner, der Burgschauspieler Ulrich Bettac, der Malprofessor Leopold Blauensteiner, der Schriftsteller Bruno Brehm, der Philharmonikerführer Wilhelm Jerger und der Universitätsrektor Josef Knoll auf. Nicht zu vergessen der neue Ratsherr Dr. Phillip von Schoeller aus altbekannter Familie, den wir bereits als Konzerthauspräsidenten von Blaschke loben gehört haben. Bürckel hält ihnen von hohem Pult herab eine großangelegte Rede, in deren Verlauf er die Bedeutung Wiens für das Volksdeutschtum im Südosten auseinandersetzt. Im Augenblick entsprach dies nur sehr beschränkt den tatsächlichen Zuständen, denn die Volksdeutschen unterlagen überall einer straffen Parteiführung, deren Exponenten als Minister des jeweiligen Staates den direkten Draht mit Berlin pflegten und danach ihre anderssprachigen Kabinettskollegen in den einzelnen Regierungen beeinflußten. Der Führer hatte die Volksdeutschen bereits formell unter den Schutz seines Reiches gestellt und damit das Interventionsrecht in Anspruch genommen. Niemand ahnte, daß damit die ersten Schritte zur Vernichtung des jahrhundertealten Deutschtums und seiner Kultur in Osteuropa getan wurden.

Der Redner Bürckel schildert vor den Ratsherren die Wiener „Judenverdrängung" seit dem März 1938 und stellt fest, daß hier naturgemäß alles viel schneller durchgeführt werden mußte als im Altreich. Dies gelte auch für den kulturellen Sektor, und sicherlich seien da und dort gewisse Härten vorgekommen. Viel mehr als solche Späße bekümmert ihn jedoch die momentane Schwierigkeit, das so entstandene Vakuum durch nationalsozialistischen Gegenwert aufzufüllen. Die Ostmärker, die aus den Systemkerkern hervorgekommen sind, können das offenbar in so kurzer Zeit nicht schaffen.

Hier müssen eben die Altreichsfachleute in die Bresche springen! Diesen letzten Satz denkt Bürckel sicherlich, spricht ihn aber vor den Ratsherren nicht aus. Er erzählt ihnen lieber vom Operettenzeitalter, das wieder aufgefrischt werden soll, und von einem bevorstehenden Ankauf des Theaters an der Wien.

Die Judenverdrängung Bürckels, vornehmlich aus der ehemaligen Bundeshauptstadt ins Ausland, wurde ebensowenig besprochen wie die antisemitischen Novemberereignisse des Vorjahres. Das Attentat des Herschel Grynspan auf den deutschen Botschaftsbeamten Rath in Paris am 7. November 1938 und die darauf angesetzte „Kristallnacht" im ganzen Reichsgebiet brachte in Wien die zu erwartenden Drangsalierungen und Verwüstungen bei jüdischen Kultusobjekten sowie manche Räuberei jüdischen Kulturgutes. In diesem Herbst 1938 waren die Juden gemäß der fünften Durchführungsverordnung zu den Nürnberger Gesetzen auch aus den letzten freien Berufen entfernt worden.

Die jüdische Auswanderung, in der Wien damals als Startplatz eine Spitzenposition in ganz Deutschland einnahm, bot im Frühjahr 1939 ein uneinheitliches Bild, das durch die Auswirkungen der vorjährigen Evian-Konferenz und die eher schleppende Auslandshilfe sowie durch die schrittweise Kompetenzübernahme seitens der Gestapo bestimmt war. „Die ganze Welt hat zu uns nein gesagt", läßt Paul Claudel in „Das harte Brot" seine Jüdin Sichel von ihrem Volk sagen. Als sich die Welt 1939 der Konsequenzen dieses Nein bewußt wurde, war es für viele dieser Unglücklichen in Wien und anderswo meist zu spät. Die Reichsführung sah in ihnen günstigenfalls eine Art von Geiseln oder Handelsware, der eroberte polnische Raum bot Gelegenheit zur vorläufigen Verwahrung. Im Herbst 1939 begannen die Wiener Deportationen, und zwar zunächst nach Lublin, denn Auschwitz und andere Orte waren noch uninteressante Flecken nördlich der Tatra, deren sich hierzulande höchstens ein alter k. u. k. Reservist aus seinen Übungstagen entsinnen konnte. Die privilegierten Wiener Juden, etwa 14.000 Fälle, wurden allenfalls zwei bis drei Jahre für Theresienstadt aufgehoben. Aus dem Schattenreich dieser ehemaligen österreichischen Festung gelang dann manchen die Wiederkehr, die Mehrzahl segnete dort das Zeitliche bzw. wurde weiterverschickt. Zurück blieben die jüdischen Friedhöfe in Wien, die ihrerseits der Austilgung durch Krampen und Schaufel vorbehalten waren. Das Rathauskulturamt konnte in einem Fall die Erhaltung des aus dem Mittelalter stammenden Gottesackers erreichen. OMR Dr. Krauß ersann zu diesem Zweck die Einführung eines Vogelschutzgebietes an eben der Stelle und holte jahrelang hiefür Gutachten aus dem Altreich ein. Auch der jüdische Teil des Zentralfriedhofes überdauerte in desolatem Zustand das Dritte Reich. In den Elendsquartieren rund um Lublin jedoch drehte Veit Harlan Außenaufnahmen für seinen Jud-Süß-Film. Etwa ein Jahr wird vergehen, bis Kardinal Innitzer die Gründung einer Erzbischöflichen Hilfsstelle für nichtarische Katholiken wagt, deren 23 Mitarbeiterinnen unter jesuitischer Führung selbstlosen Einsatz leisten. Eine von ihnen wird selbst deportiert und vergast werden.

Nun zu jenen Beiräten der Stadt Wien, die Bürckel 1939 für die kulturellen Belange vorgesehen hat. Da ist zunächst der Zeitungsredakteur Hans Zoglmann, wiederum der Kreisleiter Hans Berner, der Professor Dr. Alfred Orel, der Dichterfunktionär Dr. Karl Hans Strobl, der Schauspieldirektor Robert Valberg, der Maler Hans Frank, der Bildhauer Oskar Thiede, der Generalmusikdirektor Hans Knappertsbusch, der Burgtheaterchef Lothar Müthel und der Filmmanager Karl Hirt vom Rosenhügel. Am 17. Juni 1939 trat dieser Kulturbeirat unter Vorsitz Blaschkes zu seiner ersten Sitzung zusammen. Nur Knappertsbusch fehlte aus dienstlichen Gründen. Blaschke redete lange über seine Aufgaben, und die Beiräte dankten dem Beigeordneten im Rahmen einer allgemeinen gelenkten Aussprache. Am 1. Mai hatte Bürckel also jene vorläufige Geschäftsordnung für den bisherigen Magistrat festgesetzt, von der wir schon im Kapitel „Die neue Blüte" andeutungsweise informiert wurden, die aber erst im Herbst 1939 Anwendung fand. Durch die vorläufige Geschäftsordnung wurde die Gemeindeverwaltung, wie gesagt, nach Hauptarbeitsgebieten gegliedert. Die III. Hauptabteilung umfaßte die kulturellen Angelegenheiten, worunter zunächst die Gruppe VIII des bisherigen Magistrates fiel. Die Jugendpflege und das Amt für Leibesübungen wurden in der Hauptabteilung VII untergebracht, in der Hauptabteilung IV waren die Theater- und Kinopolizei sowie die Schulhausverwaltung, technische Agenden der Stadtbildpflege u. dgl. zu Hause.

Die Tätigkeit der Hauptabteilung III bestand in erster Linie in dem weiteren Ausbau der im Jahre 1938 geschaffenen kulturellen Einrichtungen und in dem weiteren Neuaufbau des kulturellen Lebens in Wien. Die Arbeiten wurden begreiflicherweise durch die permanenten historischen Ereignisse, die sich in der Berichtszeit abspielten, beeinträchtigt. Mangel an Personal, Mangel an Material und auch finanzielle Schranken boten oft nicht leicht zu überwindende Hindernisse. Gleichwohl darf eine erfolgreiche Tätigkeit auf kulturellem Gebiet, durch die vielfach Neuland erschlossen wurde, verzeichnet werden. Das Neuland erwies sich freilich, wie wir aus der bisherigen Schilderung der Bestrebungen des Kulturamtes bereits da und dort entnehmen konnten, oft als Fata Morgana: Die Politiker und ihre Beamten oder Berater entdeckten es wohl am Horizont und planten seine Erreichung und Bebauung. Doch es war eine Luftspiegelung von Dingen, die schon seit jeher in Wien bestanden und sich der ihnen innewohnenden Kraft gemäß belebten, die nur viel weiter weg von den gleichsam im Wüstensand watenden Kulturamtskundschaftern entfernt waren, als diese annahmen.

In den immer wieder zitierten Verwaltungsberichten wird einerseits von finanziellen Schranken erzählt, andererseits die Bereitstellung größerer Geldmittel gerühmt. Es kam eben darauf an, was man sich vornahm oder was man für wünschenswert hielt. Alles in allem war jedenfalls bedeutend mehr Geld da als früher. Ob die kulturelle Situation Wiens in ihrer Wandelbarkeit damit ausreichend beeinflußt werden konnte, bleibt einer analytischen Wertung vorbehalten. Zunächst ging das Kulturamt, d. h. die Abt. III/2, architektonisch dort, wo es zugelassen wurde, forsch ins Zeug.

„Abgesehen von der wichtigen Mitarbeit bei der Pflege des Stadtbildes und der Denkmalpflege war es Aufgabe baukünstlerischer Tätigkeit, für die Ausgestaltung des historisch bedeutungsvollen Asperner Friedhofes zu sorgen, wofür ein engerer Wettbewerb ausgeschrieben wurde, ferner die Trauungssäle in den Standesämtern künstlerisch zu gestalten . . . Ebenso bei der Gestaltung der öffentlichen Plätze für die Abhaltung von Feierstunden. Eine Mitarbeit ergab sich auch bei verschiedenen Wettbewerben, so beim Wettbewerb ‚Gartenheime für Dauerkleingartenanlagen', beim Wettbewerb ‚Heime in Kleingartensiedlungen' und vor allem bei dem Wettbewerb zur Gestaltung des Volksgartens, des Heldenplatzes und des Burggartens. Insgesamt erhielten elf Baukünstler Aufträge." (Aus einem Rechenschaftsbericht)

Daran schloß sich die Pflege der bildenden Kunst, wobei man sich zunächst mit der Entfernung aller Werke „volksfremden Charakters" identifizierte und anschließend festhielt: „Gleichzeitig galt es, die schaffenden bodenständigen Künstler, die durch die vergangenen Notzeiten schwer betroffen waren, wirtschaftlich zu fördern. Dies wurde durch Auftragserteilung in größtem Umfang angestrebt. Insbesondere wurden Aufträge zur Verzierung städtischer Gebäude durch Plastiken, die vorwiegend Aussprüche des Führers als Themen hatten und die in Bronze und Stein ausgeführt wurden, erteilt. Büsten, Plaketten von Opfern der Bewegung und Gedenktafeln zur Erinnerung an den Kampf um die Macht wurden bestellt." In den Ausstellungen des Künstlerhauses und in einer „Deutsch-Italienischen Ausstellung“ wurden Kleinplastiken zugunsten der Städtischen Sammlungen angekauft. Zur Vervielfältigung durch die Porzellanfabrik Augarten wurden ebenfalls einzelne Plastiken erstanden, und insgesamt 90 Bildhauer erhielten Aufträge.

In gleicher Art wurde die Förderung der Malerei eingeleitet. Diese Aufträge hatten Wandbilder, heroisierende Bildnisse der Julikämpfer, Fresken an städtischen Wohnhäusern, Terrakottawandbilder, Porträts historischer und nunmehr führender Persönlichkeiten, Landschaftsbilder aus dem Bereich des Reichsgaues Wien, Augenblicksbilder wichtiger Ereignisse und Bilder althistorischer Stätten zum Inhalt. Verschiedene Gelegenheiten wurden für die Ausschreibung von Wettbewerben benützt, so der Wandschmuck im Saal des Siedlungsheimes Rosenhügel. Dort ersetzten die Professoren Lex, Sannwald und Fenzl die bisherigen Fresken, die „nicht dem Geist nationalsozialistischer Weltanschauung entsprachen“ (Amtsblatt). Wettbewerbe gab es für die verschiedenartigen, für Veranstaltungen erforderlichen Plakatierungen, die Bemalung von Theatervorhängen in der Volksoper, in der Komödie und im Ronacher, die Bemalung der Glasfenster im Ratsherren-Sitzungssaal des Rathauses, die Herstellung von Wandbildern im Krematorium, die Herstellung von Erinnerungsgobelins in den Festräumen des Rathauses. Insgesamt erhielten 300 Maler Aufträge oder wurden mit einem Ankauf bedacht.

Doch damit nicht genug. Sogar die Schrift wurde auf amtlichen Drucksachen korrigiert, dem Wiener Kunsthandwerkverein die Eröffnung von Leistungsschauen im Zwiebackhaus ermöglicht und eine solche Schau zur Leipziger Messe expediert. Aktienankäufe der Wiener Porzellanfabrik Augarten sollten den Gemeindeeinfluß auf dieses Unternehmen entsprechend sichern. „Augarten“ hieß übrigens auch ein Dichterkreis, dem man 1939 Druckkostenbeiträge und Beihilfen gewährte.

Weiters zählt der Verwaltungsbericht auf: „Besondere Beachtung wurde der Volkstums- und Brauchtumspflege gewidmet: Volkstümliche Veranstaltungen des Jahres- und Lebenslaufes wurden abgehalten (1. Mai, Sonnwendfeier, Erntedankfest, Hüterumzug in Perchtoldsdorf, Jul- und Fastnachtfeier). Der Formung der Namensgebung, der Trauung und der Begräbnisfeier für Gottgläubige, dem Volkstanz und Volkslied galt besondere Betreuung. Durch ständige Ausstellungen in einem Geschäftsraum im 1. Bezirk, Herrengasse, wurden breiten Schichten der Bevölkerung der Wert überlieferten Brauchtums für das tägliche Leben und die Festgestaltung richtunggebend vor Augen geführt. Das Handpuppenspiel, dessen Bedeutung erst die letzte Zeit wieder erkannt hat, wurde maßgebend gefördert. Zur Pflege der Handpuppenspiele wurde ein eigener, unter dem Schutz der Gemeindeverwaltung stehender Verein gegründet. Die volkskundlichen Einrichtungen, vor allem das Volkskundemuseum, wurden finanziell namhaft gefördert.“

Und nun zu einigen Sondermaßnahmen des Jahres 1939, die von Bezirksmuseen über das bald steckengebliebene Freiluftbühnenprojekt Blaschkes bis zu den letzten Denkmalschutzmaßnahmen der Stadtverwaltung reichen:

Die Rechtsverhältnisse des Bezirksmuseumsvereines Mödling und des Vereines Weinmuseum Klosterneuburg und der verschiedenen Wiener Heimatmuseumsvereine wurden dem unmittelbaren Einfluß der Gemeindeverwaltung unterstellt sowie die Satzungen dieser Vereine entsprechend geändert. Mit 6. Juli 1939 wurden in Wien die sogenannten Kreismuseen zur Betreuung heimatkundlicher Werte geschaffen, die jeweils mehrere Bezirke zusammenrafften und der Oberleitung der städtischen Sammlungen unterstellt waren. Von besonderer Bedeutung war auch die Eingliederung des Wiener akademischen Wagner-Vereines, durch die die Städtischen Sammlungen in den Besitz wertvoller Gegenstände aus dem Nachlaß des Tondichters Hugo Wolf gelangten. Auf dem Gebiet des Theaterwesens sind die Errichtung einer Freiluftbühne im Prater nächst der Jesuitenwiese, die finanzielle Förderung von Gastspielreisen von Wiener Theatern in die Slowakei und nach Polen besonders zu erwähnen. In Fragen der Beschaffung der verschiedenen Materialien in der Zeit der durch den Krieg bedingten Einschränkungen wurde den bestehenden Bühnen Hilfe geleistet. Anfang Juni 1939 wurden die Verhandlungen wegen Ankaufs des Gebäudes des Theaters an der Wien erneut aufgenommen. Das seit Oktober 1938 im Eigentum der Gemeindeverwaltung stehende Bürgertheater konnte, da die Verhältnisse den erforderlichen Umbau nicht zuließen, im Berichtsjahr nicht eröffnet werden. Mit der Herstellung des Films: „Die Steine reden“, der von zuständigen Stellen mit allen Prädikaten ausgezeichnet wurde, wurde ein Musterbeispiel für einen Kulturfilm der NS-Ära geschaffen. Auf dem Gebiet des Volksbildungswesens griff die Gemeindeverwaltung durch maßgebende Unterstützung des Deutschen Volksbildungswerkes helfend ein.

„Die Mag.-Abt. 50 hatte mit ihrer Errichtung auch die Sicherstellung künstlerisch, geschichtlich oder kulturell wertvoller Gegenstände im Sinne des Denkmalschutzgesetzes und des Ausfuhrverbotsgesetzes übertragen erhalten. Diese Aufgabe gewann bei der Liquidierung jüdischer Vermögen besondere Bedeutung. Für die Städtischen Sammlungen ergab sich hiebei wiederholt Gelegenheit zu bedeutungsvollen Erwerbungen. Es sei hier nur an die Erwerbung der Strauß- und Lanner-Sammlung und eines Werkes des Malers Moritz Schwindt (Illustration zur „Hochzeit des Figaro") hingewiesen. Mit dem Inkrafttreten der neuen Geschäftseinteilung ging diese Aufgabe an die Staatliche Verwaltung des Reichsgaues Wien über" (Verwaltungsbericht 1939). Die vom Berichterstatter genannten Städtischen Sammlungen dienten also als Ablagerungsstätte für politische Kulturbeute. Die Sammler im Museum meldeten prompt, daß sich darunter eine größere Anzahl von Gemälden, Glas, Porzellan befindet, das im Zusammenwirken mit den Denkmalschützern und der Gestapo fremdem Zugriff entzogen werden konnte. Der erstmals genannte Nachlaß der Dynastie Strauß wanderte ebenso hieher wie die Bestände des aufgelösten akademischen Richard-Wagner-Vereins. Besonders reichhaltig sind dabei Einlagerungen, die sich auf Anton Bruckner und Hugo Wolf beziehen und nun jenen Objekten angereiht werden, welche von der Gemeinde schon vor Jahren, also noch in normaleren Zeiten, aus demselben Besitz käuflich erworben worden sind.

Die Städtischen Sammlungen sind 1939 jedenfalls besonders vermehrt worden. Der Aufarbeitung kam der Umstand zustatten, daß in der Berichtszeit der eigentliche Museumsdienst von der Stadtbibliothek organisatorisch getrennt wurde. Das Historische Museum war ab 1939 nur noch mit dem Römischen Museum der Stadt Wien, dem Schubert- und dem Haydn-Museum vereint. Entsprechend dieser Teilung zwischen Bibliothek und Museum wurde auch die Aufgabe der einzelnen Beamten klarer als bisher in den Rahmen ihrer Institute eingefügt. Die Referatseinteilung wies dem eigentlichen Museum die Sammlung des gesamten Darstellungsmaterials des Wiener Stadtbildes in seinen Veränderungen, also die Pläne, Ansichten, Modelle, Hauszeichen usw., zu. Ferner die Schöpfungen der bedeutendsten Wiener Maler, Wiener Plastiker und Kunstgewerbler. Hinzu kamen die Bildnisse und Büsten bedeutender Wiener Persönlichkeiten sowie alle für die Darstellung der Wiener Bühnen belangvollen Gegenstände, weiters alle für die Veranschaulichung der übrigen Kulturgeschichte Wiens bezeichnenden Objekte, zum Beispiel Kostüme, modische Beigaben, historische Wagen und dergleichen mehr. In das Römische Museum wanderten die Bodenfunde aus vorgeschichtlicher, römischer und frühmittelalterlicher Zeit, wobei sich infolge der verstärkten Bautätigkeit manche interessante Entdeckung ergab. Das Uhrenmuseum sollte die Entwicklung und Geschichte der Uhr unter besonderer Berücksichtigung der Wiener Erzeugnisse festhalten; im Haydn-Museum wurde der Tondichter, sein Wirken und sein Kreis der Nachwelt begreiflich gemacht. Dem Schubert-Museum oblag die Darstellung von Lebensbildern der Schubertepoche. Die Ortsmuseen sollten ein Bild der räumlichen, geschichtlichen, kulturgeschichtlichen und gewerblichen Entwicklung ihres Bezirkes wiedergeben.

Die topographische Abteilung des Historischen Museums konnte 1939 ihre Bestände durch Handzeichnungen Rudolf von Alts, durch den Verbauungsplan des Karlsplatzes, durch zwei Aquarelle mit der Darstellung des hinter dem Stephansdom geplanten Hauptbahnhofes von Wien und durch viele andere Veduten erweitern. Hinzu kam die Erwerbung von alten Stichen des ausgehenden 18. Jahrhunderts, die neu gewonnenen Wiener Randgebiete betreffend. Wie die Verwaltungsberichterstatter melden, hat man auch ein Bild des Altmeisters der Wiener Genremalerei, Karl Maria Schuster, erworben, der unter dem Titel „Werkkonzert in der Floridsdorfer Lokomotivfabrik" dem Einfluß nationalsozialistischer Kulturpolitik in den Arbeitsstätten des Volkes Ausdruck verlieh. Die Porträtsammlung des Historischen Museums wurde durch Aufträge an verschiedene zeitgenössische Künstler weiter ausgestaltet, und zwar vor allem durch Konterfeis solcher Persönlichkeiten, die sich um die Vertretung des deutschnationalen Gedankens in Wien besonders verdient gemacht hatten. Am bemerkenswertesten sind jedoch die Erwerbungen für die sogenannte Städtische Gemäldesammlung, die bald ein fast autonomes Dasein zu führen begann. Dorthin kamen 1939 wirklich einige großartige Werke der Barock- und Empire-Malerei sowie Biedermeierprodukte und wertvolle Miniaturen. Auch ein Egger-Lienz-Gemälde und das Ölbild „Frau mit Krug" von Dobrowsky hielten in der Gemäldesammlung Einzug. Von den modernen Malern sind außerdem nachstehende Neuerwerbungen erwähnenswert: Das Bild Dipl.-Ing. Blaschkes von Rudolf Böttger, mehrere Darstellungen aus den Theatern des Volkes, Ansichten von Braunau und Perchtoldsdorf sowie einige Künstlerporträts.

Auf Initiative der Städtischen Sammlungen waren damals drei große Bildreihen im Entstehen begriffen oder zum Teil schon vollendet. Die erste Reihe umfaßte Landschaftsmotive an der einstigen Stadtgemeindegrenze, die zweite Reihe sollte den Blick auf Wien von den umschließenden Höhen schildern und die dritte Reihe die Schönheit der Ringstraße darlegen. An diesen Themen beteiligten sich zwölf bekannte Wiener Meister. Unter den vielen eingekauften Büsten ragte ein Haupt Srbiks von Stemolak hervor. Alt-Wiener Porzellan und Kothgasser-Gläser erreichten 1939 ebenfalls das Rathaus. Zu den Ankäufen der Städtischen Sammlungen traten auch noch jene Gegenstände, die dem Historischen Museum aus Ankäufen des Kulturamtes selbst zugewiesen wurden. Darunter befanden sich ein junger Fuchs auf Leinwand, ein gemalter Führerkopf, detto der Beigeordnete Kozich in Öl, ein Boxergesicht und die Bildnisse von zwölf Julikämpfern auf Eternit. Für das Weinmuseum im eingemeindeten Klosterneuburg erwarben die Städtischen Sammlungen einen geschlossenen Bestand historischer Weinobjekte und halfen bei der Neuaufstellung des Klosterneuburger Ortsmuseums. Unter den zugunsten des Uhrenmuseums angekauften Objekten befand sich 1939 eine hochwertige Sammlung von Emailuhren.

Gegenüber dieser Aktivität des Historischen Museums nahm sich der Tätigkeitsbereich des Archivs der Stadt Wien im gleichen Jahr eher ärmlich aus. Trotzdem gab es dort sehr viel einzugliedern, und man war über die zusätzlichen neuen Räume im Hause Johann-Sebastian-Bach-Gasse Nr. 17 überaus glücklich. In der Stadtbibliothek erfuhr die Ausgestaltung der Umbruchs- und Parteibücherbestände die sinngemäße Fortsetzung. Auch die Schriften über die Rückgewinnung des Sudetenlandes und über den polnischen Krieg wurden eingereiht. Wie der Verwaltungsbericht zu melden weiß, wurde dem Südosteuropabereich der Bibliothek besondere Aufmerksamkeit geschenkt und dies in der Absicht, der neuerstarkenden Stellung Wiens als „Südostimperium des Reiches" gerecht zu werden. In der Handschriftensammlung fanden der Nachlaß des Wiener Volksdichters Rudolf Havel und der Dichterin Eugenie delle Grazie Platz, Anzengruber- und Nestroy-Briefe sowie eine umfangreiche Musikerkorrespondenz marschierten in die Lagerstätten. – Im März 1940 werden sich alle einschlägigen Gemeindeinstitute an einer Hugo-Wolf-Ausstellung im Konzerthaus beteiligen. Die Stadtbibliothek bestückt auch noch eine kleine Fledermaus-Ausstellung in der Volksoper durch Beistellung von Musikzeitschriften, Autographen und Druckwerken. Aber bis zu diesen Expositionen vergeht noch ein schicksalsschwerer Herbst, in dem die ersten Wiener fallen oder verwundet werden. In Dachau und Flossenbürg toben sich die KZ-Wachen und Capos an wehrlosen Österreichern aus, und die ersten Judenkinder aus Wien verkommen vor Hunger, Kälte und Dreck in der Verschickungsregion an der deutsch-russischen Interessengrenze.

Zurück zum Frühling 1939: Das Kulturamt regte sich, wie wir schon gelesen haben, unter den Aprilwinden sehr kräftig. Ein Blumenkorso im Prater, der aus einem modernen und einem historischen Teil (Mode 1910) bestehen sollte, mußte als Auftakt zur Reichstheaterfestwoche vorbereitet werden. Dazwischen galt es, eine „Maiennacht im Wiener Stadion" zu präparieren, die sich den nächtlichen Ereignissen auf anderen Spielfeldern des Dritten Reiches würdig zu zeigen hatte. Aus dem Opernhaus der Stadt Wien kam hiefür Regisseur Fritz Klingenbeck hervor, R. Gailing sorgte für die malerische Gestaltung: Im Messepalastdepot häuften sich die Kostüme, und B. d. M.-Mädchen probten mit Bläsern, dem Rundfunkorchester und dem Volksopernballett den Auftritt in der beleuchteten Arena. Eine Jury unter Blaschkes Vorsitz, der die drei Messechefs sowie Blauensteiner, Böttger und Cech angehörten, sollte unter den Einsendungen eines diesbezüglichen Wettbewerbes des Kulturamtes die besten Graphiken für das Herbstmesseplakat 1939 aussuchen. Während der Wiener Maibaum, eine 150 Jahre alte Fichte mit 42 m Höhe, vom Gutswald Merkenstein bei Vöslau bzw. nach dem Transport vom Matzleinsdorfer Bahnhof unter klingendem Spiel der Rathauswache zum Aufstellungsort transportiert wurde, freute sich Neubacher über ein Danktelegramm Hitlers für das diesjährige Geburtstagsgeschenk. Der Bürgermeister hatte seinem Führer bekanntlich den Suttinger-Plan von Wien verehrt. Dieses aus dem Jahr 1684 stammende Unikat war von der Gemeinde kürzlich erst dem Stift Heiligenkreuz abgenommen worden.

Das Kulturamt beschäftigte sich währenddessen besonders intensiv mit dem Wettbewerb um das Walter-von-der-Vogelweide-Denkmal, das in Zukunft weithin sichtbar am steilabfallenden Nordhang des Leopoldsberges aufragen sollte. Im Preisgericht saßen Bürckel, Neubacher und Blaschke, der Münchner Architekt Bestelmeyer, der Wiener Architekt und Sachberater Kutschera mit Cech als Ersatzmann, ferner der Berliner Arno Breker, Ferdinand Opitz von der Wiener Reichskunstkammer, Karl Stemolak, Sachberater Wilhelm Fraß mit seinem Ersatzmann Professor Alfred Hoffmann, sowie Professor Blauensteiner, Sachberater Stuppäck und Ersatzmann Jölli. Spätestens am 29. Juli wollte man die Entwürfe für den Vogelweider in der Sezession entgegennehmen. Bis dahin gab es schon wieder neue Wettbewerbe, und zwar um das schöne Groß-Wien in der Photographie und für die schon zitierte Glasfensterbemalung im Stadtratssaal. Die Maler Aigner, Hauk und Holzinger sind diesmal die Gewinner.

Am 5. Mai übernahm SS-Standartenführer Fridolin Glaß, der mit Blaschke aus den Tagen des Juliputsches 1934 besonders verbunden war, das Reichspropagandaamt in Wien, und am 19. November 1939 übernahm Kreisleiter Hans Arnhold die Wiener Gaupropagandaleitung. Blaschke sah sich jedoch von seinen Amtsobliegenheiten im Rathaus ganz in Anspruch genommen: Er begrüßte Sänger aus Koblenz, empfing am 6. Juni die an der Deutschen Dichterfahrt teilnehmenden Schriftsteller im Kahlenbergrestaurant, kümmerte sich um die für 26. Juni vorgesehene Zuerkennung der Preise im Wettbewerb um die Bemalung des Volksopernvorhanges und hörte Mitte Juli ein Fanfarenkonzert des Trompeterchores der Stadt Wien im Arkadenhof. Aufgeführt wurden die „Musik für den Wiener Rathaushof für 5 Chöre" von Karl Hermann Pilß und die Fanfare in Es von George Metaxa.

Auf der kleinen Jesuitenwiese wurde mit Blaschkes Gemeindegeld ein Zuschauerparterre für 2400 Sitzende und 2500 Stehende ausgegraben. Karl-May-Festspiele sollten davor in Szene gehen. Für diesen Zweck pachtete der Schauspieler Harry Payer jene Freilichtbühne, die er alsogleich mit 140 Rothäuten und Trappern überschwemmte. Winnetou, der in dem nach ihm benannten Prairiestück des Reichstheaterkammerpräsidenten Ludwig Körner mit seiner Silberbüchse hantierte, war samt seinem Freundeskreis eine von den NS-Erziehern nicht vorbehaltlos anerkannte Persönlichkeit. Der damalige Reichsjugendführer, Baldur von Schirach, erklärte in einer vom Großdeutschen Rundfunk übertragenen Rede, daß sich der – wohl etwas zu religiöse – Autor Karl May einige Verdienste um die Jugendbildung erworben habe, daß man aber seiner Geschichten in einer Zeit, da der spanische Bürgerkrieg genug Stoff zu Abenteuern biete, nicht mehr bedürfe. Die Sommerregen und die Kriegsgefahr schwemmten ihrerseits das kontinuierliche Interesse fort. „Der Zigeunerbaron" und „Der Vogelhändler", die beide der ursprünglichen Absicht nach auch in den Prater übersiedeln sollten, haben zirka 20 Jahre später auf den Freiluftbühnen im Boden- und im Neusiedlersee wohlverdiente Heimstatt gefunden. Im Prater blieben zunächst zwei Künstlergarderoben, eine Scheinwerferanlage und viel Umfriedungsdraht übrig. „Die Größe und Brutalität des äußeren Zeitgeschehens ist an sich musischem Versenken fremd", hatte Blaschke Ende Mai 1939 bei seiner Ausstellungseröffnung von Gulbransson-Zeichnungen etwas resigniert erklärt. Er wollte dagegen allerdings „aufklärend und initiativ vorangehen" und seinen Kulturfreunden „nach Möglichkeit die Basis erweitern". Dazu gehörte wahrscheinlich auch die Umbenennung der Jesuitenwiese in K.d.F.-Wiese, die aber schnell an Wichtigkeit verlor und vergessen ward.

Am 5. Juli 1939 wurde die von Kozich vor einigen Wochen angeregte Sportehrennadel der Stadt Wien durch Neubacher erstmals 51 darob Verdienten überreicht. Kozich und der Bürgermeister nahmen erfreut zur Kenntnis, daß die Rathauswache geschlossen das

SA-Wehrabzeichen erworben hatte. Zwei Tage später enthüllten die SS-Standartenführer Fridolin Glaß und Hanns Blaschke im Stiegenhaus des Waisenheimes Hohe Warte ein Planetta-Bild von Fritz Rojka und erinnerten die elternlosen Kleinen damit an ihren einstigen Mitzögling. Der Anstaltsleiter nahm außerdem eine Führerbüste von Josef Bock und zwei Hitler-Jugendbilder von Franz Windhager in Empfang. Am 18. Juli erwartete Blaschke den Ulmer Oberbürgermeister, der mit seiner Ordinari-Schachtel traditionsgemäß die Donau herabgeschwommen kam, am Nußdorfer Spitz. 200 junge Schwedinnen, die auf der Durchreise zum Budapester Pfadfindertreffen etwas später im Rathaus Station machten, ließ er sich entgehen. Ihnen dankte Neubacher für die schwedische Ausspeisung nach dem Ersten Weltkrieg und pries die großdeutsche Heimkehr. Auch englische Studentinnen machten am 2. August noch schnell bei Bürgermeister Neubacher ihren Besuch. Im Vorraum des Rathaus-Festsaales, der nun Ostmarksaal hieß, begannen die vorbereitenden Arbeiten zwecks Anbringung der großen Gemälde und Gobelins von Eisenmenger, Cech und Hurm. Im nahen Nibelungensaal sollte der „Einzug König Etzels in Wien“ von Egger-Lienz durch ein Bild Kitts sinnvoll ergänzt werden, im Steinernen Saal mehrere Türkenbelagerungsgobelins ihre Bleibe finden. Nach Xanten am Rhein sandte Neubacher kämpfende Augarten-Hengste als Revanche für einige Gaben aus dieser Stadt. Der WAC-Platz wurde zu einer städtischen Sportanlage ausgebaut, die Restaurierung der Deckenmalereien in diversen Rathausräumen schritt trotz der sommerlichen Hitze voran, die Rüstungen des historischen Museums glänzten im Scheinwerferlicht vor schwitzenden Kulturfilmproduzenten.

Die großdeutschen Feierlichkeiten der Saison 1939 waren mit den bisher aufgezählten Ereignissen keineswegs erschöpft. Am 28. Mai lärmte ein Münchner Maifest über die Jesuitenwiese im Prater, am 18. Juni gab es wieder eine militärische Übernahmsvorführung in der Spanischen Hofreitschule, wobei Oberst Podhajsky in leitender Funktion auftauchte. Von 1. bis 9. Juli 1939 wurde die Jesuitenwiese in einen K.d.F.-Vergnügungspark mit großen Freilichtveranstaltungen umgewandelt, am 4. Juli begann ein Wiener Brucknerfest, am 8. Juli überreichte Blaschke 105 Fremdenführern ihre Bestellungsurkunden. Die aus den städtischen Lehranstalten entlassenen jungen Wiener trugen in ihren Schultaschen zwei Bücher nach Hause, die ihnen Dipl.-Ing. Neubacher für den weiteren Lebensweg als Geschenk mitgegeben hatte. Der eine Band stammte von Reichsleiter P. H. Bouhler, der sich später um das Euthanasieprogramm besonders annehmen sollte, und hieß: „Kampf um Deutschland". Das zweite Buch war unter dem Titel „Deutschland ruft Euch" vom Wiener Stadtschulrat in Auftrag gegeben worden. Der 5. und 6. August blieb dem Dornbacher Kirtag vorbehalten. Nicht eingerechnet in diesen Sommer sind noch Dutzende Verbandstagungen und Fachkonferenzen, deren Veranstalter Wien als Treffpunkt ausgewählt hatten.

Im Kunstgewerbemuseum wurde Altdeutsch-Donauländisches ausgestellt, in der Zedlitzhalle veranstalteten bildende Künstler einen Sonderverkauf ihrer Produkte, am 21. August zog die junge Deutsch-Italienische Kunst in die Schauräume der Akademie am Schillerplatz ein. Die Radler rasten schon Anfang Mai rund um das Rathaus, Städtewettkämpfe, Höhenstraßenrennen, Motorregatten und Dauersegelflüge ergänzten das Wiener Sommersportprogramm. Um den 20. August erhielten die Geschwister Pausin, Eisschnelläufer Stiepl und ein SA-Radfahrer die Sportehrennadel von Brigadeführer Kozich. – „Das Wiener Stadion ist ein Rumpfbau geblieben", hatte das Amtsblatt am 5. August 1939 geschrieben und daran die übliche Schmähung der vergangenen Gemeindeverwaltungen und der jüdischen Geschäftemacher im Sport geschlossen. Nunmehr sind die beschränkten Umkleidemöglichkeiten für die Übungen von Parteigliederungen, NSRL-Vereinen und Betriebssportgemeinschaften verbessert und der Massentrainingsbetrieb erleichtert worden. 60 Tonnen Original-Olympiadeckmaterial für die Leichtathletikanlagen, Rundenzähler, Zeitnehmertreppen, Stahlhürden und Hammerwurfgitter werden noch beschafft, Kozich will die erste Bauetappe bis zu den bevorstehenden Studentenweltspielen beendet wissen. Die Aufstockung des Stadions um einen dritten Rang, womit eine Platzvermehrung von etwa 60.000 Sitz- und Stehplätzen auf 73.000 Sitzplätze erzielt wurde, wird erst am Beginn der sechziger Jahre erfolgen. Gleichzeitig hat das Stadion seine erste Flutlichtanlage und 20 Fernseh- und Rundfunkkabinen erhalten.

Im Hochsommer 1939 polemisierten die Wiener Tagesblätter sehr scharf gegen die britische Politik in Europa, in Palästina, Südafrika und China. Selbstverständlich bekam auch Polen schon seinen Teil ab. Die Jugendherberge „Untere Augartenstraße", die behelfsmäßig um zwei Schulgebäude in der Umgebung erweitert werden mußte, hat ungeachtet dessen Hochbetrieb. Die 18jährige Winnie Markus startet ihre Theater- und Filmkarriere, im Tagblatt ist eine besonders gelungene Zeichnung des Künstlerhausmitgliedes R. Fuchs, den 80jährigen Knut Hamsun betreffend, abgedruckt. Die Manöver, Probealarme und Ministerbesprechungen innerhalb des Achsenraumes werden immer häufiger, der Verwaltungsbericht 1939 meldet, daß im Sommer Einquartierungen größeren Umfanges stattfanden, welche im August und September anläßlich des Feldzuges gegen Polen durch Beistellung von Schulen und anderen städtischen und privaten Objekten für die Errichtung von Reservelazaretten und Hilfskrankenhäusern noch erweitert wurden. Zahlreiche Anforderungen von Schulen erfolgten durch den Polizeipräsidenten von Wien zur Abhaltung von Musterungen für die Wehrmacht und für den polizeilichen Luftschutz. Am Halbturm des Stephansdomes beginnen umfangreiche Renovierungsarbeiten. Die Alpen- und Donaugauleiter beraten in der Festspielstadt Salzburg über die Durchführung der Ostmarkgesetze, das neue Fahrgastschiff „Stadt Wien" unternimmt von der Station Praterquai aus drei erste Besichtigungsfahrten. Donauaufwärts bei Mauthausen, dort, wo die Gemeinde Wien seit jeher ihre Pflastersteine brechen läßt, entsteht ein neues Konzentrationslager, das bis 1945 mehr als 300.000 Menschen umschließen soll, wovon 150.000 sterben werden. Die bulgarisch-deutsche Kulturannäherung wird durch eine Wiener Zweigstelle, der mitunter auch die Symphoniker musikalisch zur Verfügung stehen, gegen englisches Liebeswerben in Sofia intensiviert, das Phantom „Groschengrab" als Nahrungsmittelverschwender publizistisch bekämpft. „Kampf dem Verderb" wird überall propagiert. Die westfälische Marine-HJ legt mit großen Kreuzermodellen bei der Augartenbrücke an, der Planetta-Platz bekommt seine Planetta-Büste, das Raimundtheater wird technisch vervollkommnet und sein Spielplan von „Frau Luna" auf „Salzburger Nockerln" umgestellt. Nachher soll vermutlich Pepöks „Hofball in Schönbrunn" mit einem Josef-Wenter-Text drankommen. Im Rathaus stehen Neubacher, Kozich und Blaschke inmitten eines Besucherstromes von ausländischen Jugendgruppen, Sportlern, Schriftleitern, Ärzten, Lehrern, Alpenfahrern und Neugierigen.

Am Samstag, dem 19. August, beginnen in Wien die Studenten-Weltspiele 1939. Rund 2000 Wettkämpfer sind – zumeist aus den befreundeten Nachbarstaaten und sonstigen halbfaschistischen Ländern – eingetroffen, und zirka 20.000 interessierte Urlauber folgen ihnen laut Statistik. Den Auftakt besorgt ein Rundfunkkonzert unter dem Motto: „Wien grüßt seine Gäste" im Musikvereinssaal. Eine Gefallenenehrung beim Burgtor sowie Ansprachen von Reichsminister Rust und Studentenführer Dr. Scheel im Stadion schließen sich während der nächsten Tage an. Das Programm sieht weiters einen Bürckel-Empfang, eine Einladung Dr. Scheels ins Schloßhotel Cobenzl, eine Josefsplatzserenade, ein K.d.F.-Praterfest mit Lampionbeleuchtung in der Hauptallee und ein Burggartensommerfest mit einer Künstlerakademie unter der Devise „Fröhliches Wien" vor. Nach einer Woche kommt die Siegerehrung an die Reihe, doch geht diese Feierlichkeit bereits in den anderen Sorgen der Stadt unter. Auffallend ist die schwache Rathausbeteiligung an den Studentenspielen. Wohl gibt es einmal die Rathausfestbeleuchtung und einen Empfang durch Bürgermeister Neubacher, doch der beschränkt sich in seiner Rede auf die Beteuerung des Friedenswillens und der Aufbaufreudigkeit in Wien. Schnell empfängt er auch noch den italienischen Erziehungsminister Bottai, wobei u. a. der SS-Gruppenführer Dr. Ernst Kaltenbrunner, Gaustudentenführer Dr. Freysleben und Kreisleiter Dr. Tavs zuschauen. Die Gemeindeverwaltung mußte sich in diesen Tagen bereits ganz auf die Kriegswirtschaft umstellen. Schon am 2. September 1939 konnte in der Volkshalle des Rathauses eine öffentliche Auskunftsstelle in allen Angelegenheiten der kriegswirtschaftlichen Bezugsregeln in Betrieb genommen werden. Dies geschah nur 24 Stunden, nachdem das Kriegswirtschaftsgesetz überhaupt erlassen worden war, und sechs Tage vor der Verordnung des Ministerrates für die Reichsverteidigung über den „Tod von Volksschädlingen".

Auf der außenpolitischen Bühne agierten die Verantwortlichen nicht so erfolgreich wie im ökonomischen Bereich: Am 27. August 1939 war die große Länderauktion im Kreml formell zu Ende gegangen. Hitler hatte den Meistbietenden abgegeben und sich den Sowjets gegenüber an Ostpolen, an Estland, Lettland und etwas später auch an Litauen sowie an gewissen Grenzgebieten in Rumänien und in Finnland desinteressiert. Die Westmächte erinnerten sich dagegen nun doch ihrer moralischen Verpflichtung aus den Pariser Vororteverträgen anno 1919 und offerierten der UdSSR eine mehr oder weniger platonische Zusammenarbeit, deren militärischer Wert von Moskau weitaus realistischer eingeschätzt wurde als von Warschau. Das Resultat war ein deutsch-russischer Pakt, der den Sowjets Zeitgewinn und ein Sicherheitsglacis verhieß, obschon der Führer ins polnische Feld ziehen, dafür die Kriegserklärung der Briten und Franzosen einstecken und die Baltendeutschen sowie andere deutschsprachige Splittergruppen rücksiedeln mußte. Hinsichtlich des Südostens kam man zu keiner bindenden Absprache bzw. sahen die Sowjets die deutschen Aspirationen auf diesen Teil Europas nicht für endgültig an. Die Stellung Wiens als unabsetzbare Königin der Donau blieb daher auf Flußsand gebaut. Aber der offizielle Jubel über die gesprengte Einkreisung Deutschlands und die Sondermeldungsfanfaren der ersten Waffentaten übertönten alle pessimistischen Äußerungen in dieser Stadt, zumal solche Reden bald als Heimtücke der Unbelehrbaren „durchschaut" und von Willfährigen zur Anzeige gebracht wurden. Tatsächlich durchschlug die zunächst unvergleichbar brillante Wehrmacht Hitlers wiederholt den gordischen Knoten der Diplomatie, das großdeutsche Schwert sauste ein ums andere Mal vernichtend hernieder. Zwischen den einzelnen Streichen schlang sich der Knoten allerdings wieder auf geheimnisvolle Weise, zumal die Deutschen mehrmals Verschnaufpausen einschieben mußten. Die Ausschaltung französischer Festlandheere und der Waffenstillstand von Compiègne bzw. die Besetzung von zwölf oder dreizehn europäischen Staaten stärkten zwar das deutsche Potential, reichten aber nicht zum Abschluß eines genehmen Friedens. Winston Churchill hielt in London und an der Cyrenaika durch, F. D. Roosevelt half den Atlantik beschützen, der Caudillo in Madrid ließ sich nicht aus seiner Reserve locken und die geplante Auseinandersetzung mit den bolschewistischen Lebensraumverrieglern faszinierte den Feldherrn und Staatsmann aus Braunau von Monat zu Monat mehr. Vorher mußte er aber einen verhängnisvollen Umweg durch die Schluchten des Balkans beschreiten.

Die Propagandarechnung in Wien stimmte nicht immer, denn feindliche Weisen fanden jetzt ihren Weg zu den willigen Ohren der Wiener Jugendlichen. Die Liedchen von der Wäsche, die auf der Siegfriedlinie trocknen sollte, und später über F. D. R. (Initialen des US-Präsidenten) gingen so manchem mehr unter die Haut als „Oh, du schöner Westerwald" bzw. „Bomben auf Engelland", ganz zu schweigen von reinen Parteiliedern, wie „Es zittern die morschen Knochen", „Durch Gau Groß-Wien marschieren wir" oder gar „. . . Henkt die Juden, stellt die Pfaffen an die Wand" usw. Ihr Reiz von 1938 war einfach vorbei. Gegen subversive Einflüsterungen halfen nur schwerste Strafe, wenn sie durch das Abhören der Feindsender akzeptiert und weiterverbreitet worden waren, oder der Einberufungsbefehl, woran sich noch ein paarmal das keuchende Absingen einer Marschkomposition von Herms Niels schließen durfte. Das Pfeifen und Orgeln der Geschosse bildete den letzten Akkord.

Blaschke und die Seinen sind von solchen Gegensätzen nicht erschüttert, zumal wir ja eigentlich noch bei 1939 halten und sie von Mozart bis Lehár alles Gehobene zu ihrer musikalischen Munition zählen, die für ein kulturelles Trommelfeuer am besten geeignet scheint. Mit dem Tod des Komponisten Bittner haben wir uns schon an anderer Stelle beschäftigt. Blaschke entsandte seinen Oskar Jölli, wie schon erwähnt, zur Bittner-Gedenkfeier am 2. April 1939 in die

Wiener Volksoper, und Jölli würdigte dort den Dahingegangenen in einer Rede bekanntlich nicht nur als Musiker, sondern auch als Textdichter. Liedervorträge und Bittners Te-Deum in D für Soli, gemischten Chor und großes Orchester beschlossen die Feierstunde, um die Kojetinsky und Kolisko besonders bemüht waren. Die Volksoper brachte drei Tage später den „Bergsee" Bittners auf die Bühne, bis Dezember folgten mehrere recht konventionelle italienische und deutsche bzw. österreichische Opern. „Die Kirmes von Delft" und „Feuerfunken" gehörten zum Direktionssteckenpferd, Tanzspiele populär zu machen. Am 19. November trippelte das „Rotkäppchen vom Wiener Wald" in einem Märchenspiel von Karl Schreda über die Szene. Am 1. Oktober 1939 war die Wiener Volksoper unter Wahrung ihrer Eigenschaft als städtische Einrichtung in treuhändige Verwaltung des Intendanten Kammersänger Anton Baumann als Bevollmächtigten der Stadtverwaltung übergeben worden und hatte sich damit vom K.d.F.-Umfassungsgedanken der Deutschen Arbeitsfront endgültig entfernt. Nur Gastspiele und verbilligte Karten kamen und gingen in diese Richtung.

Am 4. Mai 1939, also noch vor Sommerbeginn, soupierte ein italienisches Studentenorchester auf Einladung der Stadt Wien im Gipfelrestaurant jenes Kahlenberges, der in diesen Wochen von einem Meteor erleuchtet, von einer Sonnenfinsternis verdunkelt, von nordlichtartigen Himmelszeichen umzuckt, also mit dem ganzen Arsenal unheilverkündender Himmelstheaterrequisiten versehen war. Zum Theatralischen gehörte auch die Enthüllung eines Grabdenkmales für die Schauspielerin Adele Sandrock auf dem Matzleinsdorfer Friedhof am 19. August und ein politisches Volksfest des Kreises X im Überschwemmungsgebiet 24 Stunden später. Zwischendurch wurde beim Tag des Deutschen Volkstums (Ende Juli) und beim Tag der Deutschen Hausmusik (Ende November) dahermusiziert, vom 30. November bis 3. Dezember tagte auch eine einschlägige Arbeitsgemeinschaft in Wien.

Am 23. Oktober 1939 fand die erste Darbietung in der Reihe „Konzerte junger Künstler" statt, die das Kulturamt der Stadt Wien zur Förderung unbekannter, aber begabter junger Musikanten veranstaltete. Der Erfolg ist dieser Reihe nicht sonderlich treu geblieben, wobei man wahrscheinlich auch die Einberufungen in Betracht ziehen muß. Am 4. November wurde das bereits erwähnte „Frauensymphonie-Orchester Gau Wien", dem auch kein Durchbruch ins große Musikleben beschieden war, unter die Obhut der Stadtverwaltung genommen. Schließlich wurde am 26. November der Orgel-Professor Franz Schütz Präsident der Gesellschaft der

Musikfreunde, nachdem er sich schon vorher bei der Leitung besagter Gesellschaft im Sinn der Zeit stark exponiert hatte. W. Thomas beschreibt ihn allerdings als einen Organisten von hohen Graden und prächtigen Musikanten: „Franz Schütz war ein ‚Illegaler', der es sich angelegen sein ließ, den Mann mit dem guten Kern in der rauhen Schale so eindrucksvoll in seiner polternden Gradheit zu repräsentieren, daß ich glaube, keinen fanatischeren Nazigegner gekannt zu haben, der mit so konzessionsloser Besessenheit den Machthabern zu Leibe rückte, wie er es tat. Zugleich einer der fanatischsten Verfechter Franz Schmidts, jenes in Wien so hoch verehrten nachromantischen Epigonen, war er einer der wenigen, die in Wien die Beziehung zur Welt Johann Sebastian Bachs lebendig hielten . . . Dieser Franz Schütz war ebenso der Chef der ‚Gesellschaft der Musikfreunde' am Karlsplatz wie später der Musik-Hochschule am Schwarzenbergplatz. Er wußte, was alles zu leisten war, sollte dieses Institut wieder so zu Ehren und Ansehen gelangen, daß nicht nur die Musikbeflissenen aller deutschsprachigen Länder, sondern ebenso die musikalische Jugend des Balkans, Englands, der westeuropäischen Länder wieder in Wien ihre Studien absolvieren würden. Für den Rückgang des internationalen Ansehens gab es einen äußeren Grund – die politische Entwicklung seit 1938 und den Krieg. Die inneren Ursachen jedoch lagen tiefer. Wenn auch die führenden Instrumentalisten der Philharmoniker, unter ihnen die hervorragenden Konzertmeister Mairegger und der junge, virtuose Wolfgang Schneiderhahn, den Unterricht in den Meisterklassen erteilten, so waren doch wesentliche Lehrpositionen mit überalterten, teilweise bewußt entwicklungsfeindlichen Lehrkräften besetzt . . ." (Bis der Vorhang fiel.)

Am 9. Dezember 1939 ernannte Gauleiter Bürckel den Staatsrat Professor Dr. Wilhelm Furtwängler zum Bevollmächtigten für das gesamte Musikwesen der Stadt Wien. „Gauleiter Bürckel hat mit der Berufung Furtwänglers nicht nur seine persönliche Liebe zu Wien geoffenbart", seicherlt das Amtsblatt am 16. Dezember, „sondern auch der ersten Musikstadt der Welt den ersten Dirigenten der Welt geschenkt." Die Dienststelle Furtwängler wurde damit in Wien zu einem Wallfahrtsort vieler um das musikalische Wohl Besorgter, inklusive des späteren Gauleiters Baldur von Schirach. Das Orakel Furtwängler hielt andererseits lange nicht alles, was es versprach, oder vielmehr, was man sich von ihm versprach. Musische Genialität und Organisationstalent oder Begabung für den Einsatz anderer, ja selbst eigene Leistungswilligkeit auf diesem Gebiet erwiesen sich als durchaus verschiedene Begriffe. Sein Ansehen bei den zentralen

Machthabern war überdies geringer, als er selbst und seine Bewunderer annahmen: Furtwängler verwechselte oft die ihm infolge seines Propagandawertes zuerkannte Narrenfreiheit mit ernstlicher Hochachtung.

Von den Sportveranstaltungen im Jahre 1939 haben wir schon einiges erfahren, und so bleibt uns nur der Zusammenschluß der beiden Eissportvereine, „Verein Kunsteisbahn Engelmann" und „Wiener Eislaufverein", zur sogenannten Wiener Eissportgemeinschaft am 27. Oktober nachzutragen. Hanne Niernberger, Edi Rada und die Geschwister Pausin gewannen dort wenig später die Meisterschaft 1939, der österreichische Weltmeister im Eiskunstlauf 1938, Felix Kaspar, fehlte dabei schmerzlich. Kaspar errang seinen Titel im Februar 1938 im Berliner Sportpalast. Dort wurde er mitsamt der übrigen österreichischen Mannschaft auch zum Anhören jener Hitler-Rede befohlen, die B. Walter im Wiener Musikverein so viele Zuhörer gekostet hatte. Kaspar ging im Herbst 1938 auf Tournee nach Australien und verzichtete auf die Heimreise nach Wien. Er wurde Eislauftrainer in den USA.

Das Bühnensterben in Wien wurde in diesen Monaten zu einer sehr unangenehmen Begleiterscheinung der städtischen Kulturarbeit, da diese auf die Lebensverlängerung der Institute abzielen sollte. So wurde mit wechselndem Erfolg dem einen Haus zur Wiedereröffnung verholfen, während das andere seine Pforten schloß. An der Wien hatte man sich im Frühjahr 1939 bis auf ein Musiklustspiel mit der Exl-Bühne als Gast weitergetastet, im Sommer dieses Jahres aber endgültig Schluß gemacht. Im städtischen Bürgertheater ließen sich die Exl-Leute 1939 nicht mehr blicken, auch ein anderes Programm kam dort nicht in Frage. Die Scala stellte sich 1939 völlig auf Kino um. Leon Epp und seine Truppe, die aus der „Insel" am Parkring 8 von SS-Requirierern hinausbefördert worden waren, fanden kein neues Domizil, und die Kleine Bühne in der Josefstadt am Benoplatz lebte nicht über 1938 hinaus. Die bereits genannten Kammerspiele in der Rotenturmstraße und das Stadttheater unter Friedl Czepa nahmen 1939 nach längerer Pause wieder ihren Spielbetrieb auf, wobei der musikalisch untermalten Erheiterung bzw. einer mehr oder weniger anspruchslosen Unterhaltung gefrönt wurde. Das gleiche ging noch in ein oder zwei anderen Theatersälen Wiens auf unterer Ebene vor.

Mit Elan wagte sich dagegen die Staatsoper im Oktober 1939 an „Die Frau ohne Schatten" von Richard Strauss heran und verdaute kurz darauf Lortzings „Waffenschmied" und einen „Schwarzen Peter" von Norbert Schulze. „Was wird hier gespielt?" fragte der Autor des gleichnamigen Kriminalstückes, Theo Lingen, der um seine nichtarische Frau bangen mußte, am 31. Dezember im Akademietheater. In der Burg aber gab man sich vor Weihnachten ganz den ,,Heroischen Leidenschaften" Erwin Guido Kolbenheyers hin. Von den Erstaufführungen der Ostmärkischen Filmtheater-Betriebsgesellschaft m. b. H. müssen ,,Hotel Sacher" am 15. März 1939, ,,Das Ekel" am 22. August 1939 und ,,Morgenrot" am 16. November 1939 genannt werden. Der erste Film, weil er die Todeskrankheiten des habsburgischen Wien in einer Neujahrsnacht zu interpretieren glaubte, der zweite Film, weil er Hans Moser zu einer einzigartigen Charakterstudie Gelegenheit bot, und der dritte Film, weil er den unerfahrenen Wienern die Vorteile des deutsch-englischen Ertränkens im Atlantik, des Umkommens im U-Bootbauch, im Eiswasser oder als Haifischmahlzeit höchst romantisch andeuten wollte. Tatsächlich meldeten sich in der Gaustadt U-Boot-Aspiranten, obwohl diese Waffengattung noch sehr in den Anfängen steckte.

Machen wir noch einen Herbstspaziergang mit dem Herrn Beigeordneten Blaschke und schauen wir dabei auch in seinem Kulturamt nach, ob etwas vergessen worden ist! Blaschke geht in diesem Herbst nicht so viel aus wie sonst, seine SS-Uniform hängt etwas öfter im Schrank. Er blickt lieber aus dem kulturellen Hintergrund auf das Wiener Leben und entdeckt zunächst, daß mit Unterrichtsbeginn im September 1939 an Wiener Hauptschulen erstmals eine fünfte und sechste Klasse geführt werden, deren erfolgreiche Absolvierung zum Eintritt in den gehobenen Dienst der öffentlichen Verwaltung berechtigt. In der städtischen Gemäldesammlung kommen seine Experten darauf, daß eine bisher wenig beachtete Elfenbeinminiatur von Robert Thoer stammt, und die Stadtbibliothek schließt die Inventarisierung des ,,Artaria"-Verlages ab. Die Walther-von-der-Vogelweide-Jury hat 19 Entwürfe ausgezeichnet, kann sich aber auf keinen eindeutig festlegen. So wird ein neuer, begrenzter Wettbewerb angefangen. Die bedeutendste Beethovenbüste, ein 1812 entstandenes Werk Franz Kleins, ist glücklich in städtischen Besitz übergegangen. Andererseits kommt die Stadt von der Erhaltung ihrer Patronatskirchen los, da diese nach Seyß-Inquarts Kirchenbeitragsgesetz nun den einzelnen Kirchenvorstehungen selbst aufgebürdet wird. Das Kulturamt läßt in der Leichenhalle I auf dem Zentralfriedhof wieder einmal Fresken von Hauk anbringen, in der Aufbahrungshalle soll Otto Homolatsch ähnliches tun. Beide Herren sind auch in einem Kindergarten und in einem städtischen Wohnhaus an der Arbeit. Die Bauabteilung des Rathauses beschäftigt ihrerseits noch ein Dutzend Maler und 16 Bildhauer zur Ausschmückung städtischer Bauten, bevor sie des einschlägigen Referates verlustig geht.

Am 21. November würdigte Blaschke in einer Schulfeier den nun schon sattsam bekannten Hausmusik-Tag. Vorher war die Schuljugend ins Konzerthaus und ins Musikvereinsgebäude zu sechs Konzerten marschiert. Wenige Tage später begann der Weihnachtsmarkt mit K.d.F.-Liedereinlagen auf dem historischen Platz Am Hof, wobei der Name „Christkindlmarkt" gerne vermieden wurde. Am 13. Dezember veranstaltete das Kulturamt gemeinsam mit dem Reichssender Wien im Wilhelminenspital ein großes Konzert für verwundete Soldaten. Der gesamte Staatsopernchor unter Professor F. Großmann sowie Hilde Konetzni, Herbert Alsen und Dr. Roßmayer gaben ihr Bestes. Kürzlich hatte auch ein Schriftsteller namens Erich Kernmayer über Einladung des Kulturamtes den ersten Blessierten des Zweiten Weltkrieges etwas vorgelesen. Am Eislaufvereinsplatz tummelten sich Tag für Tag kostenfrei 300 Schüler, denn das deutsche Volk war laut Kozich ein „Volk in Leibesübungen" geworden. Am 20. Dezember drängten sich die Wiener Ratsherren in dem Großen Sitzungssaal zu ihrer dritten öffentlichen Sitzung, wo sie bei der Verkündung der neuen Vergnügungssteuer an Stelle der bisherigen Lustbarkeitsabgabe und des nunmehr irgendwie erfolgten Ankaufes des Theaters an der Wien nichts als Jasagen durften. Dabei erfuhren sie, daß im Wohnungsamt Verhaftungen vorgenommen worden waren, daß der Gauleiter außerhalb der normalen Rechtssprechung über jemand die Schutzhaft verhängt hatte, daß man dem Klerus Wohnräume wegnehmen wollte und daß laut Blauensteiner Künstlerateliers benötigt würden. Dann brüllten sie dreimal das Sieg-Heil auf ihren Führer. „Stadtbeigeordneter Ing. Hanns Blaschke hat einen neuen, schönen Versuch gemacht, das künstlerische Erlebnis zu vertiefen, indem er zunächst eine große Anzahl von Gefolgschaftsmitgliedern der Brown-Boveri-Werke im Rahmen einer Feierstunde auf eine Aufführung des ‚Waffenschmied' vorbereitete. Nach einer Erörterung des tiefen Sinnes der kulturpolitischen Arbeit und einer Skizzierung des Lebensbildes Lortzings gab er seinen Zuhörern eine lebendige Darstellung der Oper und ihrer Schönheiten", flötete das Amtsblatt am 23. Dezember. Im Heereslazarett Heinrich-Collin-Straße hatte es mittlerweile ein weiteres Kulturamts-Verwundetenkonzert gegeben. Diesmal war es lustiger als am Wilhelminenberg zugegangen, worum sich Heinz Sandauer mit dem Rundfunkorchester, das Bohèmequartett, Else Rambausek und Richard Eybner bemüht hatten. Fürs erhebende Gefühl sorgte Balladensänger Oeggl.

Am 23. Dezember veranlaßte das Kulturamt Weihnachtsspiele, Volkslieder und sonstige Musik vor den Buden Am Hof. Die Symphoniker führten dort unter Leitung von Hans Heinz Scholtys fünf frohe Weisen für den Wiener Weihnachtsmarkt von Alfred Uhl, zwei Stücke zur Weihnachtszeit von Carl Führich und die Weihnachtsmusik von Karl Hermann Pilß erstmalig auf.

Die weiblichen Gefolgschaftsmitglieder des Kulturamtes hatten währenddessen 200 Packerln mit Zigaretten und Schreibutensilien für Verwundete geschnürt, für Fronturlauber ist ein Sonderstandesamt am 24., 25. und 26. Dezember eingerichtet worden. Alle jüdischen Hauseigentümer aber müssen sich bis spätestens 10. Jänner 1940 in der Hauptabteilung Wohnungs- und Siedlungswesen melden, und dies bedeutet für die Betroffenen und ihr Eigentum nichts Gutes.

Eben genanntes Siedlungswesen lag der Gemeindeverwaltung 1939 nach Maßgabe des schon knapper werdenden Baumaterials am Herzen. Mit der „GESIBA", wo einst Neubacher tätig war, konnte eine „SA-Dankopfer"-Siedlung, mit der Berliner Kriegsopferversorgungs GmbH eine „General Alfred Kraus"-Siedlung begonnen werden. Die Baufachleute der Gemeinde waren aber nicht nur damit beschäftigt, sondern vertieften sich, bevor sie alles Denkmalpflegerische aus Kompetenzgründen abgeben mußten, auch gründlich in die Probleme des Monumentalen. Sie zerbrachen sich ihre Köpfe um die Neuaufstellung des Otto-Wagner-Denkmals im 1. Bezirk, um die Errichtung eines Ziehrer-Denkmals auf dem Konstantinhügel im Prater sowie um ein Giordani-Mal und um den oftgenannten Walther von der Vogelweide. Wenn man bedenkt, daß Otto Wagner und Karl Michael Ziehrer erst 20 Jahre später ihre endgültige Bleibe fanden und Walther von der Vogelweide froh sein konnte, nach dem Zweiten Weltkrieg erneut in seinem geliebten Bozen zu stehen, so scheint die Eitelkeit aller menschlichen Bestrebungen wieder einmal dargetan. Von Signor Giordani wollen wir gar nicht erst viel reden. Besagter hatte bereits dem Giordani-Hof in Wien V, Margaretengürtel, wo nun auch sein Denkmal zur Aufstellung gelangen sollte, den Namen gegeben. Bis 1934 hieß diese Anlage Mateotti-Hof und war mit einer von Siegfried Charoux gestalteten Hinweistafel auf die Ermordung dieses italienischen Sozialistenführers geschmückt. Im Schicksal des Bologneser Gemeinderates Giordani sahen die Faschisten eine Art Gegenstück zu Mateotti.

Die Gemeinde beobachtete das Stadt- und (im Einvernehmen mit anderen) das Landschaftsbild, ergriff Maßnahmen zur „Ausrichtung der Werbung im Straßenraum" (laut Verwaltungsbericht) und bereitete die Übernahme der Landesbildstelle Wien-Niederdonau aus der staatlichen Verwaltung vor, die dann mit 1. April 1940 erfolgte. Diese Landesbildstelle, die auch das von der Landkarte getilgte Nord- und Mittelburgenland versorgen sollte, würde für Schulfilme und Leihapparate sowie für eine Lichtbildersammlung didaktischen Inhaltes verantwortlich sein. – Während des ganzen Jahres 1939 war das Übergangsverfahren, nach dem die Abt. HVO 3/VI im Auftrag der Landesleitung Wien durch die Reichstheaterkammer alle Zulassungen für Varietés, Zirkusse und ähnliche Vorführungen erteilte, aufrecht erhalten worden. Natürlich hatte diese Reichstheaterkammer ihren Protektionskindern auch direkt die Zulassung erteilt. Das Kulturamt hatte mit der HVO 3/VI keinen direkten Kontakt und mußte sich daher nicht um jene 56 Bettelmusiklizenzen und 16 Geldspielapparatkonzessionen kümmern, die 1939 von der genannten Abteilung verliehen wurden. Im Kulturamt war man bis auf wenige Fälle auch nicht am verzwickten System der Ausbürgerungen, des Heimatrechterwerbes, der Rückeinbürgerungen, der Amtsheimatrechte, der Sondereinbürgerung von Südtirolern, der Familienforschung, dem Heimatrollen- und Matrikelwesen sowie der Ermittlung fremder Staatsbürgerschaften interessiert, womit sich die Gemeinde in Zusammenarbeit mit staatlichen Dienststellen und der Partei herumschlagen mußte. „Außer den vermehrten persönlichen Vorsprachen von Beamten, den zahlreichen schriftlichen Anfragen der Reichsstelle für Sippenforschung, Zweigstelle Wien, ferner den verschiedenen, oft sehr heiklen Erhebungen des Sippenamtes der NSDAP-Gau Wien nahm auch die Zahl der Zuschriften der Gestapo zu. Neu hinzu kamen die zahlreichen Anfragen des Reichsgesundheitsamtes, Sammelstelle für Erbvorhersageforschung in Berlin-Dahlem, und die Richtigstellung oder Ergänzung der Erhebungsbogen des hiesigen Gesundheitsamtes, Abteilung für Erb- und Rassenpflege, Sippenregistratur." Dies meldet lakonisch der Verwaltungsbericht hinsichtlich einschlägiger Tätigkeit, ohne auf die Tragödien, die sich dahinter verbergen, irgendwie einzugehen. Und dann steht es schwarz auf weiß: „Durch das Gauamt für Sippenforschung wurden Auszüge aus dem Verzeichnis jüdischer Autoren zur Erhebung und Ergänzung auf Grund der Behelfe der Abt. HVO 3/IX übermittelt." Wer da wohl aller die Verzeichnisse erhalten und angewendet hat?

Die bevorzugt behandelten Beamten, und derer gab es nach den 1939 erfolgten Durchführungsbestimmungen und Ministererlässen eine erkleckliche Zahl, waren jedenfalls zum Durchgreifen bereit. Diese „alten Kämpfer", deren illegale Partei- oder Formationszeiten voll auf das Besoldungsdienstalter angerechnet werden mußten, sind damals ein dienstrechtlicher Begriff geworden. Am 11. August 1939 wurde das seit dem 28. Mai 1938 bestehende Verordnungsblatt für den Amtsbereich des Bürgermeisters von Wien in das Verordnungsblatt für den Reichsgau Wien umgewandelt, in dem ab nun alle Rechtsvorschriften veröffentlicht werden, die im Bereich der staatlichen Verwaltung (Verordnungen auf Grund des Ostmarkgesetzes) und der Gemeindeverwaltung (Satzungen) des Reichsgaues Wien erlassen werden. Am 2. Februar 1940 soll das ,,Amtsblatt der Stadt Wien" mit obgenanntem Organ zusammengelegt werden. Alle diese Publikationen atmen den Geist der Hitler-Zeit, wie ihn ja auch die alten Kämpfer von sich geben, die man in den Rathausgängen und -stuben immer wieder bei begeisterter Interpretation der Wehrmachtsberichte, der braunen Kultur und ihrer hervorragenden Diener sowie der großen NS-Epoche nach dem Kriege antrifft. Tatsächlich scheint der Friede öfters greifbar nahe zu sein, denn ihr Führer macht immer wieder Angebote, die auf die Anerkennung der deutschen Suprematie ohne weitere Kampfhandlungen hinauslaufen. Er bespricht sich mehrmals mit dem Duce Italiens, der Anfang September 1939 mit seiner bewährten Schallplatte vor einer Viermächtekonferenz zwecks Einstellung der Feindseligkeiten und Befriedigung der deutschen Ansprüche bei den englischen ,,Plutokraten" keinen Erfolg mehr gehabt hat. Im Rathaus herrschen stramme Zucht und gläubiges Vertrauen, das der NSDAP und ihren Exponenten allein gilt: Wehe, wenn da ein Beamter den neuen Kultusgesetzen gemäß die Gläubigkeit ausdehnt und etwa Pfarrkirchenrat werden will. Die Personalgewaltigen bedrohen und beschimpfen ihn so lange, bis er ,,freiwillig" auf alles verzichtet. ,,Die Zusammenarbeit mit der NSDAP vollzieht sich in der Weise, daß die Wünsche der Partei im Wege des Beigeordneten, bisweilen auch direkt dem Inspizierenden . . . bekanntgegeben werden, worauf er das Entsprechende veranlaßt." Mit diesen Worten charakterisiert der Verwaltungsbericht die Situation am Ende des Schicksalsjahres 1939.

ANMERKUNGEN

Zum Kapitel „Die letzten Jahre"

Nach Ausführungen Karl Hartls Ende der 70er Jahre gab es knapp vor 1938 keine österreichische Filmproduktion mehr, denn die deutsche Cautio-Treuhandgesellschaft hatte nebst einigen größeren österreichischen Druckereien auch die Tobis-Sascha-Filmgesellschaft in Wien aufgekauft. Kaum waren die Anschlußtage vergangen, trat Dr. Goebbels in Verhandlungen mit Willi Forst wegen des Aufbaues einer sogenannten ostmärkischen Filmkunst ein. Doch Forst hatte eigene Projekte. Daher übernahmen Karl Hartl, Karl Hirt und der Berliner Hach die ehemalige Tobis, die sich zwei Jahre später in die „Wien-Film" verwandelte. Hartl glaubt, daß diese Gesellschaft in der Themenwahl eine Flucht in die Vergangenheit angetreten hatte, nur ihr „Heimkehr"-Film wäre tendenziös gewesen. Gegen den „Lueger"-Film der Wien-Film soll vor allem Hanns Blaschke interveniert haben. Tatsächlich wurde der Streifen vor 1945 nicht fürs Publikum freigegeben, obwohl er in der Presse bereits angekündigt worden war. Die damit verbundene finanzielle Einbuße dürfte jedoch ohne weiters verkraftet worden sein.

Nach Rudolf Henz existierten vor 1938 Übelstände, die den unter den Literaten vorhandenen Willen zur Kritik am Nationalsozialismus sowie deren Eintreten zugunsten Österreichs lähmten: Eine Fülle junger Autoren aus den Bundesländern mühte sich gegen die vor allem in Wien sitzende, meist jüdische Prominenz, die über die Provinzler die Nase rümpfte. Angesichts der drückenden wirtschaftlichen Gegebenheiten handelte es sich dabei wohl um Existenzfragen schlechthin. Henz, der sich von seiner Position in der RAVAG aus bemühte, diese Frontstellung zu mindern, registriert auch den Versuch Zernattos im Feber 1938, einen einzigen großen Schriftstellerverband unter Zusammenfassung aller bisherigen zu gründen. Henz vermittelte Max Mell als Präsidenten, doch der Bund schwamm samt seinen Mitgliedern sehr schnell in ein anderes Fahrwasser.

Das „Bekenntnisbuch österreichischer Dichter", das vom Bund deutscher Schriftsteller Österreichs im Wiener Krystall-Verlag nach den Märzereignissen schleunigst herausgegeben und auf offiziellen Veranstaltungen verteilt wurde, stellte zunächst eine Art Legitimation für jene dar, die der Entwicklung zur Stunde einigermaßen positiv gegenüberstanden. Als Vorsitzender des Bundes fungierte abermals Mell, Geschäftsführer war Stebich, im Vorstand saßen Ortner, Spunda, Wenter, Weinheber, Schreyvogl, Jelusich, Graedener und Hartlieb.

Zum Kapitel „Vor dem Germinal"

Zwecks Ergänzung der in diesem sowie auch im folgenden Kapitel geschilderten Ereignisse scheint es unerläßlich, im Band 3, also in „Finale in Wien", jene Abschnitte nachzulesen, die sich „Die große Erinnerung" und „Der Tod des Malers Moll" betiteln. Dort wird nämlich versucht, darzulegen, wie die erste Anschlußzeit mit ihrer bisher nicht gekannten Fülle und Art von Veranstaltungen von der Prominenz als stärkende Gedächtnisreserve in den düsteren Kriegsalltag der beiden letzten Jahre des 3. Reiches mitgenommen wurde.

Die braune Front in Österreich knapp vor 38, ja sogar teilweise im Reich, der Schuschnigg und Schmitz gegenüberstanden, war keineswegs so geeint, wie dies meist den Anschein hatte. Allerdings verschaffte die Kenntnis dieser Risse den österreichischen Politikern die Illusion, man könnte sich dazwischenklemmen und dabei Nutzen ziehen. So weit gingen aber die Möglichkeiten nicht! 1937 bekämpften sich der Landesleiter der illegalen NSDAP in Österreich, Hptm. Josef Leopold, und der mit österreichischen Parteiangelegenheiten in Berlin befaßte SS-Gruppenführer Wilhelm Keppler. Papen trat vorsichtig an Kepplers Seite, desgleichen die Illegalen F. Rainer u. O. Globocnik, die bei Hitler zeitweise als engere Landsleute verkehren durften. Leopold und sein Freund Tavs sind trotz ihres Radikalismus bezüglich einer politischen Umwälzung in Österreich jener Gruppe von Nationalsozialisten zuzuordnen, die nach der Machtübernahme eine weitgehende Autonomie gegenüber dem Reich aufrechterhalten wollten. Sie erschien ihnen eigentlich selbstverständlich, zumal sie sich als die wahren Garanten der Revolution und der künftigen braunen Führung Österreichs erachteten. Wie weit Leopold mit dem Reichskriegsminister Blomberg Verbindung hielt und wie weit dessen Sturz auch Leopolds Zukunft beeinflußte, kann wohl nicht mehr exakt festgestellt werden. Jedenfalls, Anfang 1938 wurde er samt Tavs und dem sogenannten Siebener-Ausschuß vom Reich her preisgegeben und von der österreichischen Staatspolizei prompt ausgehoben. Major H. Klausner übernahm die Landesleitung der illegalen NSDAP. Seyß-Inquart und Jury legten ihm möglichst legale Methoden nahe, die dann einerseits zum Erfolg führten, andererseits die österreichische NSDAP in ihrer Bedeutung herabminderten.

Der Ansicht L. Reichholds zufolge wurden die volkspolitischen Referate innerhalb der Vaterländischen Front als gemäßigte NS-Krätzl unter Walter Pembaur erst Ende 1937 voll tätig, da vorher vieles am Widerstand der meisten VF-Landesführer scheiterte. Bereits Anfang März 1938 glaubte die oberste NS-Führung auf die Methoden der „Volkspolitiker" verzichten zu können und überließ der illegalen österreichischen NSDAP unter Hubert Klausner, Odilo Globocnik und Friedel Rainer das Wenige, was angesichts der deutschen Interventionsarbeit noch aus eigenem zu tun war.

Am 11. März 1938 erfolgte um 21 Uhr die Besetzung der VF-Zentrale Am Hof durch die Nationalsozialisten unter Führung Hanns Blaschkes auf stürmische Weise. Stunden vorher hatte Richard Schmitz die sogenannte Betriebsmiliz der städtischen Unternehmungen bewaffnen und die Wiener

Frontmiliz alarmieren lassen. Der Zusammenstoß blieb jedoch überall aus. Beim ersten Versuch der Übernahme des Rathauses soll Lahr nur von 15 SA-Leuten begleitet worden sein. Etwas später hat ihn bereits in seinem Rathausbüro ein prominenter Führer der Wiener Illegalen namens Sobolak mit entsprechender Verstärkung an Mannschaften aufgesucht. Lahr war als rangältester Vizebürgermeister von Seyß-Inquart zum „kommissarischen Leiter der Rathausverwaltung" bestellt worden. Bei Verhandlungen im Roten Salon des Rathauses während der späten Abendstunden verweigerte Schmitz zunächst hartnäckig die Amtsübergabe an Lahr und Gratzenberger. Die Rathauswache ließ zwar zur selben Zeit bewaffnete Wiener SS (Deutscher Turnverein) ins Rathaus eindringen, weigerte sich jedoch, die eigenen Waffen abzugeben, bis am Morgen des nächsten Tages ein Bundespolizeikontingent anrückte und die Entwaffnung vornahm.

Der bisherige Magistratsdirektor Hießmanseder hat schnell unter Lahr sein Pensionsgesuch überreicht und ebenso rasch bewilligt erhalten. Am 13. März beantragte der neu ernannte Magistratsdirektor Horneck bereits die Amtsenthebung von Lahr, Kresse und Genossen in ihrer Eigenschaft als bisherige Vizebürgermeister, d. h. auch Erstgenannter hatte seine Schuldigkeit getan und konnte gehen. Über sein Schicksal wird übrigens im 3. Band dieser Schilderung noch Erwähnung getan. Am 16. März löste Neubacher die Nachfolgeorganisation des Gemeinderates seit 1934, also die „Wiener Bürgerschaft", formell auf.

Richard Schmitz mußte bekanntlich auf sieben Jahre ins KZ Dachau gehen. Erst nach und nach folgte man seiner Familie Möbel und anderes, was in seiner Dienstwohnung als Privateigentum kenntlich gewesen war, aus. 1943 starb Frau Josefine Schmitz. Damals war es üblich geworden, daß KZ-Häftlinge bestimmter Kategorien beim Ableben naher Angehöriger bis zu maximal vierzehn Tagen Lagerurlaub erhielten. Man erinnere sich in diesem Zusammenhang an den ironischen Ausspruch Dr. Goebbels, daß das Josefstädter Theater ein KZ auf Urlaub sei (siehe 3. Band). Die Familie Schmitz erreichte 1943 durch wiederholte Interventionen in Berlin, daß Richard Schmitz noch rechtzeitig aus dem Konzentrationslager Dachau nach Wien transferiert wurde. Urlaub im eigentlichen Sinn war dies nicht, denn er mußte in einer Zelle des Gestapo-Hauptquartiers am Morzinplatz leben, von wo ihn mehrere Bewacher täglich zu seiner todkranken Frau ins Spital eskortierten.

Vizekanzler a. D. Emil Fey lebte noch einige Tage relativ ungeschoren, bis ihm hinterbracht wurde, daß er bei der offiziellen Wiederaufrollung der Vorgänge im Juli 1934 eine besonders tragische Rolle spielen sollte. Er beging daraufhin samt seiner Familie Selbstmord, doch sind die näheren Umstände dieser Tragödie bis heute nicht völlig erhellt worden.

Zum Kapitel „Die Kulturämter kommen"

Dem ekstatischen Jubel, der Adolf Hitler bei seinen ersten Besuchen empfing, lag eigentlich eine tief ärgerliche Massenstimmung zu Grunde, die schnell auf sehr breite Schichten übergriff, welche bislang nur als skeptische Zuseher des politischen Geschehens fungiert hatten. Sie waren bis jetzt weder nationalsozialistisch gesinnt noch aktiv für den Anschluß eingestellt gewesen, hatten allerdings auch keine sonderlichen Sympathien für die Wiener Regierung und ihr System aufgebracht, im Gegenteil, sie ärgerten sich laufend über diese. Nun identifizierten sie endlich Staatsform und Staat, wie dies ja, wenn auch aus anderen Gründen, vom bisherigen Kabinett immer gewünscht worden war. Ihr Ärger steigerte sich in Wut, wozu die anscheinend schwächliche Abdankungsart des bisherigen Systems ebenso wie die ersten kräftigen Psycho-Injektionen der braunen Propaganda beitrugen. Bedächtigkeit und Zurückhaltung gehörten nicht eben zu den starken Charaktereigenschaften der Betroffenen, die nun auf die Straßen liefen.

Im Frühling 1938 kam es vor, daß frömmelnde Frauen ihren Nachbarn erklärten, Hitler sei stets ihr zweiter Gott gewesen, und Führerbilder einer Art Heiligenverehrung in den Fenstern aussetzten. Die über Nacht in beschlagnahmten Häusern eröffneten Ortsgruppen der NSDAP wurden Wallfahrtsstätten von Arbeitslosen, wohlsituierten Bürgern, Zuträgern, großdeutschen Damen mit Sehnsucht nach Konversation und Gschaftlhubern, die alle voller Vorschläge waren und damit ihre Vergangenheit vergessen machen wollten. Dorthin wurden auch die Buben und Mädchen Wiens beordert, nachdem man die Schulen für mehrere Wochen geschlossen hatte. Alle Jugendlichen sollten, selbstverständlich mit Ausnahme der Judenkinder, für Botengänge, Türlaufmachen und Wachestehen verwendet werden oder als kleinere Demonstrantengruppen für die Dauerhochstimmung in den Straßen dienen. Dem Führer galt eine sich noch weiter steigernde kultische Verehrung, die von bislang öffentlich geübten, konfessionellen Riten ablenken sollte. In diesem Sinn dichtete eine damals wie später ob ihres sonstigen Werkes anerkannte Lyrikerin in ihrer „Stimme der Ostmark“ wie folgt: „Betend wallt ihm entgegen – Freudeweinendes Volk, – Sich selbst als Gabe zu bringen, – Gewillt zu größtem Bekenntnis.“ Trotz allem gab es in den nächsten Monaten noch etwas Geld für sakrale Denkmäler, ehe 1939 ein Stichtag jede weitere Gemeindehilfe für Sakralbauten unmöglich machte.

Zum Kapitel „Geistespause und DAF-Theater“

Die Bemühungen der Pausenredaktion galten immer wieder dem herübergeretteten Teil der österreichischen Literatenkreise, zu denen auch noch Gerhart Hauptmann herbeigeholt wurde, der 1939 in Wien zur Aufführung seines neuesten Stückes „Ulrich von Lichtenstein“ mit Käthe Dorsch, Alma Seidler, Ewald Balser, Fred Hennings u. a. am Burgtheater erscheinen wird. Die Pause glaubt offiziell, daß hier in Wien laut Seyß, Mühlmann, Blaschke und deren Berichterstattern das schriftstellerisch Wertvollste zu Hause ist. Der Generalkulturreferent des Reichsleiters Schirach wird sich später seinerseits an diese literarische Ostmarkperiode erinnern, aber seine Beurteilung würde die redaktionellen Wertsucher anno 1938/1939 gelinde erschrecken.

Referent Thomas stellt nämlich kanpp nach dem Krieg in seinem Buch ,,Bis der Vorhang fiel" folgendes fest: ,,Jedes Jahr legte Joseph Gregor, Mirko Jelusich und F. K. Ginzkey eine neue Arbeit auf den Buchmarkt. Und jedes Jahr berichtete die Presse von einem neuen Stück der Wiener Erfolgsdramatiker Josef Wenter, Friedrich Schreyvogl und Hermann Heinz Ortner. Auch gab es einige Lyriker von Rang und Erzähler-Talente, die aufhorchen ließen. Aber waren das nicht Romane, Dramen und Gedichte, die ebensogut in Berlin oder sonstwo geschrieben werden konnten?"

Nach den Märztagen 1938 verfiel der Begriff Österreich eine Zeitlang allgemeiner Verachtung. Denen, die dabei nicht mittun wollten, blieb zunächst nur die innere Flucht in die Vergangenheit. Die ehemalige Reichs- und Residenzstadt sowie nachherige Bundeshauptstadt wurde mit der Würde einer Reichs- und Gaustadt gewissermaßen in die Luft gehängt. Niemand begriff diesen neuen Nimbus oder brachte ihn mit der Reichsunmittelbarkeit Wiens, wie wir ihn aus kurzen Perioden der Geschichte kennen, in Zusammenhang. Die ehemaligen Bundesländer aber hatten auf brauner Seite viel weniger umsonst geopfert: Das Heimatbewußtsein der Steirer, Kärntner, Salzburger, Tiroler usw. war auch unter den dortigen Nationalsozialisten viel zu stark, als daß man zugunsten deutscher Einheitlichkeit darüber hinwegsehen konnte. Ursprüngliche Absichten, wonach Tirol an Bayern und Vorarlberg an Schwaben angeschlossen werden sollten, mußten bald ad acta gelegt werden, die Umbenennung von Ober- und Niederösterreich in Ober- und Niederdonau wurde nie volkstümlich. Das Bewußtsein der Eigenständigkeit, das 1938 geschickt gegen Wien gerichtet und damit zunächst von der Berliner Bevormundung abgelenkt wurde, regte sich in jedermann weiter, wobei sehr achtgegeben werden mußte, daß auf diesem Umweg nicht plötzlich wieder das österreichische Moment erreicht würde. Sogar die einzelnen Gauleiter, soweit sie nicht aus dem Altreich importiert wurden, erinnerten sich in der Periode des braunen Niedergangs dieser emotionellen Gegebenheiten und hatten hiebei Mühe, die großdeutsche Unterordnung zu wahren. So etwa Hofer bei seiner Wendung zugunsten Südtirols ab 1943 oder Rainer bei seiner Abschiedsansprache an die Kärntner anno 1945. Nur Eigruber in Linz wird bis zum bitteren Ende radikal und rachsüchtig im Sinne Hitlers bleiben, obwohl sein Salzkammergut allgemein ,,Jammergut" benannt wurde.

Aber kehren wir noch einmal in die Monate vor dem Anschluß Österreichs mit ihren Spätfolgen der Feber- und Juliereignisse 1934 zurück. Der Besuch Dr. Schuschniggs in Berchtesgaden wird von einer etwas oberflächlichen Geschichtsschreibung oft mangelhaft interpretiert, weil sie in ihm ein spontan hervorgerufenes, überraschendes Ereignis erblickt. Tatsächlich stellt er den Endpunkt einer Verhandlungskette dar, in die beide Seiten auf verschiedenen Ebenen seit dem Juliabkommen 1936 verwickelt waren, wobei der Relation Hermann Göring-Guido Schmidt besonders große Bedeutung zukam. Schuschniggs Staatssekretär Dr. Guido Schmidt genoß das Vertrauen und darüber hinaus eine Art persönliche Zuneigung seines Kanzlers ebenso wie die Gunst des preußischen Ministerpräsidenten Göring in erstaunlichem Maß, ohne deshalb zur ,,nationalen Opposition", die Staatssekretär Zernatto in die Vaterländische Front einbauen sollte, zu zählen. Schmidt besaß besagtes Vertrauen Schuschniggs schon seit dem gemeinsamen Schulbesuch der Stella Matutina, während er um die Gunst Görings ab 1936 zähe ringen mußte. Das Juliabkommen 1936, das den Schlußstrich unter den Dollfuß-Krieg bedeuten sollte, wurde von Deutschen und Österreichern sehr verschieden aufgefaßt. Für Berlin war es ein lästiger Kompromiß ohne sonderliche Langzeitwirkungen, für Wien ein Heilsbuch, mit dem man die Unabhängigkeit im Rahmen einer Art Herzens-Bündnis aller Deutschen verteidigen wollte. Schuschnigg und Schmidt setzten auf Göring, während sie Hitler mißtrauten. Das Gegenteil wäre anfangs vielleicht richtiger gewesen! Jedenfalls warf die Reichsführung unisono den Österreichern die weitere Unterdrückung der Nazis vor, wogegen die Österreicher ihre außenpolitische, wirtschaftliche und militärische Bereitwilligkeit zur Kooperation anpriesen. Im Herbst 1937 schien Guido Schmidt den damaligen Reichsjägermeister Göring fast zu einem Jagdbesuch in Tirol überredet zu haben, woran sich ein versöhnliches Treffen mit Schuschnigg schließen sollte. Mitte November kam die Absage, garniert mit neuen Forderungen und der Dazwischenschaltung des Botschafters von Papen. Ein trauriger Bittbrief Schmidts, der natürlich vergebens war, schloß diese Verhandlungsrunde ab.

Gleich nach Weihnachten wurde weiterverhandelt, Schmidt fuhr geheim noch einmal zu Göring. Dann hielt der Führer den Zeitpunkt für gekommen, selbst den Donnerer zu spielen und Schmidt samt seinem Kanzler auf den Obersalzberg zu locken. Der preußische Ministerpräsident verzog sich zugunsten des Reichsaußenministers etwas in den Hintergrund, um die Vorbereitungen für die Annexion zu übernehmen.

Nach dem 12. März 1938 sollte sich Göring entgegenkommender erweisen. Er holte Schmidt sofort nach Berlin, wo er allen austronazistischen Verdächtigungen entrückt war, und gab ihm später über Anraten Hitlers eine auf die deutschen Balkaninteressen ausgerichtete Industriefunktion. „Da hat der Hermann wieder einmal ein schwarzes Schäfchen unter seine Fittiche genommen“, soll Kaltenbrunner beim Erhalt der Nachricht über dieses Avancement ausgerufen haben: „Jetzt fehlt noch, daß der Schmidt in der SS auftaucht.“ Soweit kam es natürlich nicht, zumal Schmidt viel zu erfahren und zu schlau war, um nicht zu sehen, daß Deutschland in den Zweiten Weltkrieg hineinschlitterte. Jedenfalls äußerte er sich bereits Monate vor dem Polenfeldzug Wiener Bekannten gegenüber sehr pessimistisch über die Zukunft des Dritten Reiches.

Zum Kapitel „Die Verwaltungsgruppe VIII“

Die nach dem Umbruch im Frühjahr 1938 einsetzende Reform des Schulwesens mußte im Jahre 1939 fortgesetzt werden und sollte auch bis weit ins Jahr 1940 nicht abgeschlossen sein. Die zunächst hiefür notwendige Gebäudeverwaltung der städtischen allgemeinen Volks-, Haupt- und Sonderschulen hatte bis 15. Oktober 1939 noch die Amts- und Schulhäusergruppe der Mag. 22 zu besorgen. Ab 16. Oktober 1939 trat die neue Geschäftseinteilung in Kraft, durch welche die Verwaltung der städtischen Volks-, Haupt- und Sonderschulen, des Pädagogischen Instituts und der Pädagogischen Lehrbücherei einem neugeschaffenen Schulamt übertragen wurde, das unter der Bezeichnung HVO. 4/I dem Hauptverwaltungs- und Organisationsamt unmittelbar angegliedert wurde.

Laut Geschäftseinteilung oblagen diesem Schulamt die Zusammenfassung aller Administrationsangelegenheiten der städtischen Volks- und Hauptschulen und die Verwaltung der Schulgebäude selbst. Im ständigen Kontakt stand das Schulamt laut Verwaltungsbericht mit der Staatlichen Verwaltung des Reichsgaues Wien, Abt. II (Erziehung und Volksbildung), also dem früheren Stadtschulrat, dem die pädagogische Führung der Volks-, Haupt- und Sonderschulen zukam und der auch die Versetzung und Zuteilung der Lehrkräfte durchführte. Infolge der vielfältigen Einquartierungen, insbesondere durch die Überlassung von Schulräumen für Musterungen und sonstige wehrwirtschaftliche Zwecke, war ein ständiges Hand-in-Hand-Arbeiten mit der neuen städtischen Abteilung für Militärangelegenheiten notwendig. Für Schullokalüberlassungen an Gliederungen der NSDAP, an das Deutsche Rote Kreuz usw. wurden viele Ansuchen genehmigt. Auch für die Hitlerjugend waren in jeder Schule Räume reserviert.

Die Eingemeindung, d. h. die Schaffung Groß-Wiens, hatte die Übernahme von 97 Schulen des Landes Niederdonau durch die Stadtverwaltung zur Folge. Einen Teil dieser Schulen bezeichnet der Verwaltungsbericht Wiens als einer Großstadt unwürdig. Vor 1939 konnte jedoch nicht mehr an Neubauten oder größere Umbauten gedacht werden.

Als Privatschulen mit Öffentlichkeitsrecht führte die Stadt Wien im Schuljahr 1938/39 die Städtische Frauengewerbeschule XV, Sperrgasse 10, mit 244 Schülerinnen und die Städtische Koch- und Haushaltungsschule in der Brükkengasse 3 mit einer Zweigschule in Wien XV, Scharnhorstgasse 4, mit 146 Schülerinnen. Durch die Eingemeindung waren der Stadt noch die gewerbliche und hauswirtschaftliche Berufsfachschule und die öffentliche städtische Wirtschaftsschule in Mödling zugefallen. Beide wurden dort vorläufig mit demselben Lehrplan wie bisher weitergeführt.

Die Schaffung Groß-Wiens ging nach W. Mayer „mit Wissen und im Auftrag Hitlers“ vor sich. Ende April 1938 wird die Ausgestaltung Wiens nach dem Muster Groß-Hamburgs vorbesprochen. Auch Magdeburg als Binnenstadt wird wegen Beispielsfolgerungen genannt. Mayer stellt fest, daß innerhalb des Magistrates die für die Zeit des demokratischen Regimes und des Ständestaates typischen Bürokraten zugunsten einer möglichst geringen Erweiterung eintraten, während die betonten Nationalsozialisten eine möglichst umfangreiche Erweiterung befürworteten. Neubacher erklärte, seine Leute hätten im Frühjahr 38 den revolutionären Schwung auszunutzen gesucht, um jene Lösungen zu realisieren, die früher im Dickicht des Parteienstreites liegen geblieben wären. Es handle sich darum, daß die kommunale Verwaltung der Stadt bis an die Grenzen des neuen Groß-Wien reiche. – Also Zentralismus, und damit das sture Festhalten an einem Wiener Verwaltungserbübel, das erst in den 70er Jahren als solches erkannt worden ist, wenngleich guter Rat dagegen teuer blieb.

Den Rezensenten musikalischer Darbietungen in Wien wie anderswo im Dritten Reich waren bald sehr enge Grenzen gesetzt. „Verrissen" durfte überhaupt nichts werden, und das Witzwort, wonach „je preiser ein Werk gekrönt ist, desto durcher fällt es", wurde als Asphaltjournalismus in Acht und Bann getan. Die einst so berühmte Wiener Musikkritik paßte sich damit den ebenfalls auf dieses Niveau abgesunkenen Buchbesprechungen an. Im Gegensatz zu den einschlägigen Spalten in der Wiener Tagespresse vor 1934 und in angängigem Maß auch während der Ständestaatsära war nun alles durchwegs sehr positiv gehalten und die Lektüre wurde auf jede Weise empfohlen, wobei scheinbar der Wunsch des Reichspropagandaministers vorweggenommen wurde, daß die Buchkritik in ihrer bisherigen analytischen Form einem a priori wohlmeinenden „Buchbericht" weichen solle.

Das war gewiß nicht im Sinn der Wiener, aber diese wurden jetzt eben anders gesehen. Etwa so wie der Rathausfunktionär und Kreisleiter Hans Berner es in seinem Büchlein „Reichsstadt Wien" 1938/39 niederlegte: „Nicht der wurzellose, aus tausend Rinnsalen des Daseins zusammengesickerte allerweltstypische Großstadtmensch ist es, der Wien und das Wienertum ausmacht. Dieser Allerweltsschlurf, der ebenso auch in allen anderen Großstädten Unterschlupf gefunden hat und sich in den Niederungen des Daseins schlammig breit macht, mag weich, charakterlos, schlampig und innerlich richtungslos sein, aber so ist er überall, im Norden und im Süden und nicht nur an der schönen blauen Donau. Daß er in unserer Stadt ebensowenig zu Wort kommt wie anderswo und sich so wie überall einfügen muß in die Wertordnung der Menschen und Dinge, die der schaffende und aufbauwirkende Mensch Adolf Hitler formt und die von der Gemeinschaft her geordnet wird, ist die vordringliche Aufgabe, die sich der ehrbewußte und der großen Tradition seiner Heimatstadt verpflichtete Wiener stellt. Noch klebten bis vor kurzem da und dort klägliche Reste einer Vergangenheit, die weder deutsch noch wienerisch war, noch raunzen vielleicht da und dort krächzende Stimmen von der ‚guten alten Zeit', die doch nie gewesen ist. Aber die neue Zeit, die im Erstehen des Großdeutschen Volksreiches durch die Befreiungstat des Führers für Wien angebrochen ist, braucht keine Gespenster aus der Kapuzinergruft, keine rührseligen Erinnerungen aus Komteßchens Jugendzeit und wird auch nicht durch die Feuilletons alter, aber nicht gescheiter gewordener literarischer Märchenerzähler gestaltet." Damit haut Berner wieder auf den großdeutschen Aurel Wolfram los, der Ende 1939 mit seiner „Wiener Kulturgesellschaft" um Freunde wirbt.

Nun, ganz so war das nicht. Hören wir Walter Thomas, jenen Amtsverwandten Berners aus der staatlichen Verwaltung des Reichsgaues Wien, noch einmal über die in Frage stehende Periode, allerdings knapp nach Kriegsende:

„Wien schien das Refugium der Sorglosigkeit. Man promenierte auf dem Ring und in den Parks. Man ging in die Konzerte und Theater. Man speiste in den großen Hotels oder in abseitigen Lokalen im Schatten des großen Domes noch Dinge, die man andernorts längst nicht mehr kannte. Wie es Menschen gibt, die seit frühester Jugend dem Leide vorbestimmt sind, und solche, bei deren Erscheinen die Düsternisse sich scheu verkriechen, indes die Lichter der Daseinsfreude sich entzünden, so schien auch Wien für Not und Pein nicht geschaffen. Seine halkyonische Natur schien alles, was das Schicksal ihm zugedacht, mühelos zu verwinden. So glaubte man es aus den Gesichtern lesen zu können . . .

Aber niemand versteht sich darauf, unter der Maske lächelnder Artigkeit so zu hassen wie die Wiener. Keiner vermag die Verachtung so hinter der Undurchsichtigkeit artigster Höflichkeit zu verbergen. Und nie hat Wien tief innerlich so gelacht, als wenn irgendein brauner Tropf in eine zwangsmäßige, organisierte Massendemonstration hineinbrüllte, Wien sei nunmehr restlos und ohne Vorbehalt eine Stadt Adolf Hitlers geworden. Nein, eindeutig war das Gesicht dieser Stadt gewiß nicht. Und man spürte dies in der Berliner Wilhelmstraße. Denn wie oft vernahm ich aus dem Munde derer, die es wissen mußten, daß Hitler dieser Stadt mißtraue. Daß er sie hasse und fürchte. Aber Hitler verstand sich auf die Österreicher. Zumindest glaubte er es . . ."

Zum Kapitel „Die neue Blüte"

Da wir uns immer wieder mit der Neubenennung oder Bezeichnungsänderung von Wiener Verkehrsflächen beschäftigt haben, erscheint es angezeigt, zum Ausklang einige Worte anzuschließen: Der Leser wird sich vielleicht fragen, warum ausgerechnet Straßennamen derartig eingehenden Betrachtungen unterzogen werden, ja als Exempel für den Zeitgeist dienen sollen. Hiezu dürfen wir feststellen, daß die Ehrung einer Person durch das Verleihen ihres Namens an eine Verkehrsfläche, ein Haus, einen Park und ähnliches in der Praxis bedeutend eindrucksvoller ist als jedweder Orden, als Medaille, Ring, Diplom oder Grabstätte. Dementsprechend scharf sind alle politischen Widersacher seit 1918 auf die Namen ihrer Vorgänger im Straßenverzeichnis losgegangen, dementsprechend heftig hat die jeweilige Folgeherrschaft ihre mehr oder weniger prominenten Anhänger ins Straßenverzeichnis hineingedrängt. Orden und ähnliches sind, nahezu stets sofort erkennbar, an die politische Farbe ihrer Verleiher gebunden, sie entwerten sich bei Regimewechsel von selbst und werden daher erfahrungsgemäß kaum zurückverlangt. Die harmlos in täglichem Gebrauch stehenden Straßennamen scheinen viel gefährlicher zu sein.

Die Judenbedrückung, auf die wir in diesem Kapitel bei der Schilderung diverser administrativer Maßnahmen stoßen, erweckte im Gegensatz zu später noch sehr wenig allgemeines Mitleid. Manche spintisierten über die Lösung dieses Problems auf typisch österreichische Art. Nicht nur überzeugte Nationalsozialisten interessierten sich für die biologische Neuordnung, und es ist notwendig, damit im Zusammenhang folgendes festzuhalten: Die eigene Note des österreichischen, bzw. des Wiener Antisemitismus und seine Auswertung durch Hitler sollen nicht geleugnet werden. Aber die Feststellung erscheint sicher berechtigt, daß fast alle Österreicher 1938 und sicher auch später an der physischen Vernichtung der Judenschaft nicht das geringste Interesse gezeigt haben. Über boshafte Quälereien und über den Wunsch nach Entfernung aus dem Wirtschafts- und Kulturleben gingen nicht einmal radikale Antisemiten hinaus. Nach der Übernahme des jüdischen Machteinflusses und Besitzes dachten diese Elemente mit gewissem Bedauern an die nunmehr arm Gewordenen, die angeblich jetzt in Polen irgendwo siedeln und arbeiten mußten. Den Emigranten war man vielleicht etwas weniger gut gesinnt, wohl deshalb, weil ihnen ein halbwegs ungefährliches Leben gesichert zu sein schien, während ihre einstigen Neider für Führer und Reich immer größere Opfer bringen mußten. Mancher dürfte sich auch vor der Rückkehr und vor eventuellen Schadenersatzansprüchen der Vertriebenen gefürchtet haben. Aber eine planvolle Ausrottung der Juden wollte niemand wahrhaben, diesbezügliche Äußerungen hielt man zumindest für maßlose Übertreibungen und wies sie als Lügenpropaganda der Reichsfeinde zurück. Einige besonders Leichtfertige gaben der Meinung Ausdruck, die Juden sollten vielleicht völlig schmerzlos sterilisiert werden, was mit den in der Zeitschrift „Der Stürmer" zitierten Gerichtsurteilen auf „Entmannung" bei Rassenschande nichts zu tun hatte. Außerdem las man diese Zeitschrift nicht oder höchstens an abgelegenen Orten. Besagte Leichtfertige meinten auch, den Juden sollte außer der Sterilisierung nichts weiter geschehen.

Zum Kapitel „Verwandlung"

Die Wiener Fremdenführer, die in der Reichs- und Gaustadt ihre Tätigkeit ausüben wollten, mußten sich nach vorangegangener Schulung einer kommissionellen Prüfung unterziehen. Zur Bilanz des neugestalteten Wiener Verkehrsvereins gehört nebst dieser Obliegenheit auch seine Rolle bei der Gestaltung des Wiener Faschings 1939 und bei der Belebung der Sommerspielzeit durch die Veranstaltung von Freiluftspielen im Prater.

Nach einem Dutzend Monate im Dritten Reich gab es für die Kulturförderer noch einige Gustostückerln. So galt ihre Aufmerksamkeit nicht zuletzt dem umfangreichen Wagenpark des Historischen Museums der Stadt Wien: Zwei weitere Fahrzeuge, eine Kalesche und ein Phaeton, beide um 1800 gebaut und wohl die einzigen aus dieser Zeit noch erhaltenen Wagen, konnten von der Stadtverwaltung erworben werden. Weniger wertvoll, doch zeitkritisch interessant waren jene neuerworbenen 150 Zeichnungen für das Periodikum „Morgen" zwischen 1910 und 1920, worunter sich aus der ersten Weltkriegsstimmung stammende, hochwillkommene Karikaturen über Churchill und Lloyd George befanden.

Die Stadtbibliothek erwarb den Briefwechsel Anzengrubers mit Peter Rosegger und die Urschrift von Nestroys „Einen Jux will er sich machen". Auch die Korrespondenz von Eduard Strauß war dort angekommen und ergänzte nun den in Gemeindebesitz gebrachten Straußnachlaß, mit dem Blaschke eine Überraschung erlebt. Der Straußnachlaß, d. h. die beiden Straußsammlungen, die nunmehr sachgemäß in der Musikaliensammlung der Stadtbibliothek, in deren Handschriftensammlung sowie im Historischen Museum ruhten, waren keineswegs vollständig. Einige Zeit nach dem Zweiten Weltkrieg wird die Stadtverwaltung weitere wichtige Erinnerungsstücke, darunter die Originalpartitur der „Fledermaus", in ihren Besitz bringen. Wann Blaschke darüber informiert wurde, daß die Strauß-Familie mit nicht-arischen Vorfahren gesegnet sei, läßt sich nicht genau feststellen. Einem kleineren Personenkreis war die Sache bereits vor 1939 bekannt.

Zum Kapitel „Revision der Positionen"

Am 1. Feber 1939 hielt Joseph Bürckel in seiner neuen Eigenschaft als Gauleiter Wiens nach längerer Abwesenheit abermals in der Donaumetropole Einzug. Er wurde von Bürgermeister Neubacher so formell in Empfang genommen, wie wenn es sich um ein erstmaliges Zusammentreffen in einer fremden Stadt gehandelt hätte. Zwei Monate später, d. h. am 14. April, wurde das neue Ostmarkgesetz veröffentlicht, und am 10. Juni folgte jene erste Durchführungsverordnung, mit der die Administration Wiens wenigstens vorläufig klargelegt war. Schon am 1. Mai hatte Bürckel als Beauftragter der Partei nominell die Leitung der Verwaltung in Wien übernommen und Neubacher zu seinem allgemeinen Vertreter im Rathaus bestellt. Damit war letztgenannter allerdings in seiner Bürgermeisterherrlichkeit äußerst reduziert worden. Die Hauptarbeitsgebiete im Rathaus erhielten direkt von Bürckel sogenannte Beigeordnete zur kommissarischen Geschäftsführung, der Titel Stadtrat kam für sie in die Mottenkiste.

Am 11. Mai fand die erste Sitzung der Ratsherren der Stadt Wien statt, denen eine vorläufige Hauptsatzung vorgelesen wurde. Auf Grund dieser Satzung berief Bürckel noch 78 Beiräte als politische Funktionäre ins Rathaus, darunter 29 Männer, die für die neueingemeindeten Teile Groß-Wiens zuständig sein sollten.

Am 16. Oktober 1939 wurde mit dem Inkrafttreten einer neuen, vorläufigen Geschäftseinteilung für die Gemeindeverwaltung eine Art Schlußstein für die Revision aller Positionen gelegt. Ende Dezember begann der Bau des Donau-Oder-Kanals auf Wiener Gemeindegebiet. Nur wenige leitende Beamte der Stadtverwaltung überblickten diese Entwicklung. Die anderen fühlten nur, daß die Reichs- und Gaustadt dauernden Erschütterungen ausgesetzt war, etwa so, wie wenn man in einem alten Haus dauernd umstellt, bzw. mit viel Möbeln ein- und auszieht. Aber das sollte ja anscheinend im ganzen Südosten so werden. Wenn die Beamtenschaft jemals während der NS-Zeit – was nicht der Fall sein konnte – die „Topographie" des Literaten Alfred Gong erfahren hätte, wäre ihr bewußt geworden, daß es überall stets um die Geistervertreibung des Alten Österreich ging, das zu mitternächtlicher Stunde mit Weherufen durch die dunklen Räume schwebte.

PERSONENREGISTER

C

D

H

I

J

K

L

M

T

U

V

W

Z